Kohlhammer

Der Autor

Prof. Dr. Michael Winkler ist Inhaber des Lehrstuhls für Allgemeine Pädagogik und Theorie der Sozialpädagogik am Institut für Bildung und Kultur der Friedrich-Schiller-Universität Jena inne. Seine Arbeitsgebiete sind: Theorie und Geschichte der Pädagogik, Bildungstheorie, Friedrich Schleiermacher, Friedrich Fröbel, Kindheit, Familienerziehung, Theorie der Sozialpädagogik, Hilfen zur Erziehung, Übergang von Schule ins Berufsleben, Inklusion. Zahlreiche Auslandsaufenthalte, Gastprofessuren u. a. an der Universität Graz und Wien.

Michael Winkler

Kritik der Inklusion

Am Ende eine(r) Illusion

Verlag W. Kohlhammer

Dieses Werk einschließlich aller seiner Teile ist urheberrechtlich geschützt. Jede Verwendung außerhalb der engen Grenzen des Urheberrechts ist ohne Zustimmung des Verlags unzulässig und strafbar. Das gilt insbesondere für Vervielfältigungen, Übersetzungen, Mikroverfilmungen und für die Einspeicherung und Verarbeitung in elektronischen Systemen.

Die Wiedergabe von Warenbezeichnungen, Handelsnamen und sonstigen Kennzeichen in diesem Buch berechtigt nicht zu der Annahme, dass diese von jedermann frei benutzt werden dürfen. Vielmehr kann es sich auch dann um eingetragene Warenzeichen oder sonstige geschützte Kennzeichen handeln, wenn sie nicht eigens als solche gekennzeichnet sind.

1. Auflage 2018

Alle Rechte vorbehalten
© W. Kohlhammer GmbH, Stuttgart
Gesamtherstellung: W. Kohlhammer GmbH, Stuttgart

Print:
ISBN 978-3-17-035248-3

E-Book-Formate:
pdf: ISBN 978-3-17-035249-0
epub: ISBN 978-3-17-035250-6
mobi: ISBN 978-3-17-035251-3

Für den Inhalt abgedruckter oder verlinkter Websites ist ausschließlich der jeweilige Betreiber verantwortlich. Die W. Kohlhammer GmbH hat keinen Einfluss auf die verknüpften Seiten und übernimmt hierfür keinerlei Haftung.

Vorwort

Inklusion – Einhegung, Einschluss. Ein starkes Wort setzt sich durch, als Leitformel und Programm politischer, sozialer und pädagogischer Veränderung. Verlangt wird die Inklusion aller, die Hoffnung gilt einer inklusiven Gesellschaft. Das hört sich gut an, in Verbindung mit den neuen Leitvokabeln, die da lauten: Entwicklung und Teilhabe. Indes: Der Verdacht lautet, dass es weniger darum geht, Menschen einen Platz in einer Gesellschaft zu verschaffen und ihnen eine Möglichkeit zu eröffnen, ihre Lebensform zu finden und sie gestalten zu können, als individuelle Lebensform in einer Gesellschaft. Nein: Alle sollen gefangen, eingeschlossen und hinter die Grenzen einer Gesellschaft verbracht werden, die wohl als die beste alle Welten gelten soll. In der sie dann gut funktionieren sollen.

So recht möchte man das nicht glauben, schon gar nicht will man sich einer solchen Strategie anschließen. Einschließungspraktiken scheinen doch überwunden, spätestens seit der Kritik an den Inkarzerationsprozessen, denen psychisch Kranke ausgesetzt waren und sind. Antipsychiatrie und demokratische Psychiatrie sind zwar in mancher Hinsicht gescheitert, als Kritik des Wegsperrens bleiben sie präsent – sie sollten das wenigstens, wenngleich Skepsis gegenüber der Fähigkeit zur Erinnerung angesagt ist.

Inklusion für alle? Eine Utopie oder eine Dystopie? Könnte es sich um ein totalitäres Denken handeln, wie gut gemeint die Forderung nach Inklusion für jene klingt, die als behindert oder chronisch krank ausgeschlossen wurden oder sich – das markiert eine Differenz – als ausgeschlossen erleben. Gelingt Inklusion überhaupt ohne Exklusion? Wird nicht wieder eine Gruppe festgestellt, festgelegt und kategorisiert, nämlich die der zu Inkludierenden. Wer handelt eigentlich? Die, die doch schon drin sind und jetzt großzügig Inklusion durchsetzen, irgendwie paternalistisch und beruhigend gegenüber jenen, die sich bewusst und laut als Krüppelinitiativen artikuliert haben. Und so ganz nebenbei: Entstehen nicht schon wieder Unterschiede, nämlich zwischen jenen, die inkludiert werden sollen, und den anderen, die sich integrieren sollen? Wie die Geflüchteten, übrigens mit einer nicht unerheblichen Zahl von Menschen, die behindert, erkrankt, vielleicht traumatisiert sind, von Kriegserfahrungen, Vertreibung, Flucht, Hoffnungen und deren Enttäuschung.

Die Debatte wird generalistisch geführt, tritt als Totalstrategie auf, eindimensional und sozialtechnisch, wenig dialektisch. Sie nimmt nicht die konkreten Subjekte in den Blick, nicht die von diesen erfahrenen Lebenslagen, Lebensformen und Lebenspraktiken, schon gar nicht ihre Subjektivität. Mit ihrem Bezug auf die Menschenrechte hat sie einen universalistischen Anspruch, aber ihr fehlt sogar noch die entscheidende Idee, dass alle Menschen die Möglichkeit haben, in einer Gesellschaft als Menschen individuell eigenartig und eigenwillig zu wirken. Sie stellt sich kaum der Frage, wie diese Gesellschaft mit ihren Mitgliedern umgeht, die Frage nach einem guten Leben für alle klingt nicht einmal an. Inklusion bleibt abstrakt formalistisch und vereinnahmend, wird vorsichtig zurückhaltend, wenn es um die geht, die sich integrieren sollen. Vor allem: Sie zielt zwar – so zumindest die Lesart mancher – auf eine revolutionär andere politische Form der Gesellschaft, verzichtet jedoch auf eine kritische Untersuchung der gegebenen Gesellschaft. Selbst, wenn man jenen folgt, die die Debatte in den angelsächsischen Ländern gestartet haben und sich – wie Mel Ainscow wohl einmal gesagt hat – angesichts ihrer Dynamik ein wenig ›jetlagged‹ fühlen, selbst wenn man vorrangig pragmatisch und nicht theoretisch denkt, bleibt doch der Vorbehalt: Wie Möglichkeiten und Grenzen einer inklusiven Reform bestimmt sein sollen, wie nicht zuletzt in aller Inklusion die individuell subjektiven Rechte als solche geschützt bleiben. Übrigens auch das Recht, für sich zu bleiben. Und das gilt vor allem dann, wenn Inklusion auf Pädagogik bezogen wird. Mehrdeutigkeit bestimmt alle Pädagogik, macht möglicherweise sogar ihr Spezifikum und ihren herausfordernden Reiz aus. Sie kann nicht in eine Richtung aufgelöst werden – und das markiert wohl ziemlich präzise den Punkt, an welchem sich Pädagogik und Politik, vermutlich auch die Pädagogik und die neueren Spielarten einer Psychologie voneinander scheiden, die auf statistische Evidenz bei der Bestimmung von Problemlagen wie bei der Behauptung von Lösungen für diese abheben.

Inklusion verlangt, kluge Entscheidungen konkret zu treffen, im Bewusstsein darum, dass sie politisches und moralisches Urteilen verlangen, bezogen jedoch auf Individuen und die von ihnen zu wählenden Möglichkeiten der Lebensführung. Das Feld sollte sichtbar werden, in seinen Begrenzungen, auf der einen Seite die Inklusion als Einschluss in das Ganze, auf der anderen Seite die Freiheit und Autonomie der individuellen Subjekte. Hier zeigt sich der sachliche Grund dafür, von einer sozialpädagogischen Auseinandersetzung mit Inklusion zu sprechen. Die sozialpädagogische Perspektive unterscheidet sich jedenfalls von anderen darin, dass sie einerseits die Spannung zwischen gesellschaftlichen Bedingungen menschlicher Entwicklung und individueller Subjektivität und Selbstwahrnehmung zu wahren, wenn nicht sogar in dem Sinne aufzuheben sucht, den Hegel dem Begriff der Aufhebung gegeben hat; das Soziale, sei es in Gestalt der Gesellschaft oder eher der von Gemeinschaft, bleibt ebenso wichtig wie die subjektiven Fähigkeiten und Fertigkeiten, die in dem noch sich zeigen, was als eigene Lebensform beschrieben wird. Die eigene Lebensform fügt sich aus Sozialem und Individuellem, aus Natur und Geist – um es in einer Weise zu formulieren, die traditionell wirkt und doch im thematischen Zusammenhang nicht vergessen werden darf; sie entsteht bedingt durch Natur und Gesellschaft, immer im Zusammenhang mit Kultur, niemals aber determiniert, sondern immer aus einem Verhältnis heraus, das Subjekte praktisch gestalten. Sie verhalten sich gegenüber der Welt und gegenüber sich selbst.

Die sozialpädagogische Denk- und Handlungsweise bleibt vorsichtig gegenüber einem Vorrang der Sozialpolitik. Das hat nicht zuletzt einen Grund in dem fundamentalen Wandel, der der Sozialpolitik allzumal aufgrund der irritierenden Denkwechsel seitens der Sozialdemokratie widerfahren ist. Diese ist heute der Garant des falschen Neoliberalismus geworden, fataler weise in all ihren sozialpolitischen Maßnahmen. Die sozialpädagogische Denk- und Handlungsweise unterscheidet sich zudem darin, dass sie immer Veränderungen, Entwicklungen, mithin Prozesse im Blick hat, nicht bloß auf Strukturen setzt, sondern sich vergegenwärtigt, wie Menschen in diesen und an diesen lernend sich bilden. Sie bleibt der Pädagogik verpflichtet, nicht nur, weil pädagogisches Denken und Handeln das Tun der anderen ermöglichen und ihnen Lebensformen eröffnen möchte, die zu finden sie auf Unterstützung angewiesen sind. Vor allem jedoch: Sozialpädagogik lässt sich von einem durchaus emphatisch gemeinten Begriff des Subjekts und seiner Subjektivität leiten. So manche haben diesen dekonstruiert, einige haben das Subjekt für tot erklärt. Nur: Was bleibt dann eigentlich, um Menschen in ihrer Lebendigkeit, in ihrem Eigenwillen und der Absicht zu begreifen, sich selbst zu erfassen, zu entwerfen, zu bestimmen und zu verwirklichen? Das tote Subjekt, das dekonstruierte Subjekt, sie sind dann wohl Funktionen, vielleicht auch Algorithmen. Daran mag etwas sein. Soll es dabei bleiben?

Das Buch ist in mehrfacher Hinsicht ein Versuch. Ein Versuch, weil die Überlegungen gleichsam neben der Debatte entstanden sind, diese immer wieder kommentierend. Statt die Thematik einzuengen, sich zu fokussieren, das Problem auf den Punkt zu bringen, will das Buch Rahmungen anbieten. Dafür arbeitet es pointillistisch und nennt viele Punkte, an die eben zu denken wäre. Es versucht, vergleichsweise breit angelegt und zuweilen assoziativ Überlegungen anzustellen, die das Thema rahmen und diskutieren; man kann sagen, dass es Teil eines hermeneutischen Prozesses wurde, der das Geschehen zu verstehen suchte und sucht. Deshalb mäandriert es manchmal, in Bereiche hinein, die man nicht erwarten würde. Das ist Absicht.

Das Buch will also Denkmöglichkeiten für eine Hermeneutik eröffnen, die man verwerfen kann. Immerhin geht die Debatte täglich weiter. Deshalb hat das Schreiben viel länger gedauert als erwartet, am Ende war es gar nicht so recht abzuschließen. Ich bin überhaupt nicht sicher, ob ich ihm und seinen Gedanken morgen noch zustimmen werde. Es kann sein, dass mich jemand überzeugt, die Akzente demnächst anders zu setzen, andere Perspektiven zu sehen. Erstaunlicherweise finde ich das erfreulich, weil es zeigt, wie wir alle in einem Prozess der Veränderung des Denkens und Handelns stehen. Nicht leugnen kann es einen normativen Anspruch: Es geht mir allerdings darum, darüber nachzudenken, wie allen Menschen die Möglichkeit eröffnet werden kann, sich gut zu entwickeln, vor allem das Maß an Subjektivität und Autonomie zu finden, das jede und jeder für sich selbst wünscht – jenseits der Bedingungen, die man in der eigenen Verfasstheit findet und bewältigen muss.

Die Überlegungen stützen sich auf eine Reihe von Vorträgen und Beiträgen in Zeitschriften; vieles ist völlig neu entstanden, insbesondere in der Auseinandersetzung um die Reform der Kinder- und Jugendhilfe. So weit wie möglich habe ich Überschneidungen und Wiederholungen entfernt, ganz lassen sie sich nicht vermeiden. Überrascht bin ich über den Zuspruch, den meine Überlegungen häufig gefunden haben. Dankbar bin ich für alle kritischen Hinweise und Anregungen, besonders erwähnen will ich Reinhard Rudeck und Markus Hundeck. Die Geduld von Klaus-Peter Burkarth, der als Lektor das Projekt betreute, kann ich nur noch bewundern.

Michael Winkler

Inhalt

	Vorwort	5
1	Inklusion – Eine Annäherung	11
	Beobachtungen	11
	Notizen	13
2	Realitäten	21
	Bittere Einsichten	21
	Schwierigkeiten mit der Literatur	28
3	Inklusion – Back to the Basics	38
	Menschliche Praxis oder Humantechnologie	38
	Die UN-Konvention	43
4	Inklusion – Politik mit der Pädagogik	51
	Auftakt: Eine kleine Theorie moderner Politik	51
	Inklusion als ein Kampffeld	63
5	Inklusion als die Individualisierung des Politischen. Oder: Die harte Politik der »Krüppelinitiative«	73
6	Einschluss und Ausschluss in Gesellschaften. Eine Aufführung ohne Bühnenbild	83
	Die soziale Wirklichkeit der Inklusion – ein kleiner Umweg	85
	Exklusion und Inklusion – Perspektiven der Soziologie	87
7	Inklusion und die Gesellschaft der Gegenwart	95
	Über Alltag und Normalität als Bedingungen der Subjektivität	95
	Das Risiko der modernen Gesellschaften	99
	Inklusion ohne Gesellschaft – die unmögliche Erwartung	109
8	Inklusion – Nachfragen der Pädagogik. Oder: Die Verwunderung der Pädagogin	122
	Die Sorge um die Kinder und Jugendlichen – Aufklärung eines Missverständnisses	126
	Pädagogische Handlungslogik und pädagogische Haltung	132

Die Praxis der Erziehung und ihre merkwürdigen Elemente 141
Bescheidenheit – oder auch: die Grenzen des Geschehens 148

9 **Inklusion – eine ethische Frage** 152
Die fatale Ethik der Verbesserung 158
Die Chance der Inklusionsdebatte 162
Reden wir doch mal über Menschen 165

Literaturhinweise 169

1 Inklusion – Eine Annäherung

Beobachtungen

Fotobücher ersetzen heute das Fotoalbum, sie beendeten den Ärger mit den Klebeecken, die nur selten die Fotos festhalten. Spätestens bei der dritten Besichtigung fielen die Aufnahmen heraus, abgesehen von jenen, die man selbst herausgenommen hat. Sie kamen niemals an ihren einmal vorgesehenen Platz zurück, den jetzt eine sinnlos gewordene, handschriftliche Bemerkung ziert.

Fotobücher gewinnen einen besonderen Reiz dann, wenn sie thematisch geordnet und arrangiert sind: Eines zeigt die ersten fünf Jahre in den Leben zweier Kinder, eines Mädchens und eines Buben. Sie verbringen viel Zeit miteinander, seit ihre Mütter sich zufällig kennen lernten, wie das manchmal in kleineren Ortschaften so passiert. Familien brauchen bekanntlich andere Familien, um ihren Alltag zu bewältigen. Die Kinder treffen sich regelmäßig und wachsen mehr oder weniger gemeinsam auf, sind sogar bei den Familienfeiern des anderen mit dabei. Sie gehören dazu, anderes erwartet keiner, Oma und Opa des einen sind für das andere Kind ebenfalls als solche da, weil seine eigenen Großeltern weit entfernt wohnen. Selbst wenn sich die beiden Kinder streiten, gehen sie doch ungewöhnlich fürsorglich miteinander um.

Eines der beiden Kinder ist chronisch krank. Das Mädchen hat Krampfanfälle und muss mit einer Sonde ernährt werden. Sein Schluckreflex ist gestört. Es hat Schmerzen und muss immer wieder aus dem gemeinsamen Zusammenhang mit anderen herausgenommen werden, um ernährt zu werden. Eigentlich möchte es mit den anderen essen, doch gelingt ihm das nicht. Wenigstens einmal wurde das Gehirn nicht genug mit Sauerstoff versorgt, weil eine Fehldiagnose gestellt wurde, übrigens gegen das bessere Wissen der Eltern. Ohnedies ist der Kampf der Eltern mit Ärzten, Kassen und eigenmächtigen Lieferanten von Hilfsmitteln kaum darzustellen. Eine aussichtsreiche Therapie zur Entwöhnung von der Sonde wurde abgelehnt. Sie war vorgeblich zu teuer, obwohl sie billiger gewesen wäre als der Klinikaufenthalt zur Umgewöhnung. Jetzt steht wieder eine stationäre Aufnahme vor der Türe, den Termin hat die Klinik festgesetzt. Sie ignoriert schlicht, dass beide Eltern berufstätig sein müssen, weil andernfalls nicht zu finanzieren wäre, was das Kind über den genehmigten Bedarf hinaus benötigt.

Gleichwohl: seine Lebensform bleibt eingebettet in das Gesamt der Aktivitäten aller. Wenn die das so mittragen. Andere »schauen schon mal seltsam«, berichtet die Mutter und kann es kaum fassen, wenn die eigenen Verwandten ihr den Gedanken an ein zweites Kind nahelegen: Wenn *die* mal nicht mehr ist, habt ihr dann wenigstens eines; da fallen Worte, als wäre das Mädchen ein Ding, das man sich besser nicht angeschafft hätte. Aber für Ersatz sollte man sorgen.

Das kleine Mädchen hat sich zuletzt gut entwickelt. Sie zeigt sich zunehmend als eigenständige Person, wie alle Kinder in diesem Alter, sogar gegenüber ihrem jungen Freund, der das gelassen hinnimmt. Sie kann renitent sein. Gerade überspringt sie Verzögerungen in ihrer Entwicklung. Wenn schon trotzig, dann aber richtig. Dennoch sucht sie intensiv Aufmerksamkeit bei Erwachsenen. Wem sie vertraut, den beansprucht sie, verdrängt manchmal sogar das andere Kind: *Ich, mir, mein!* Beide regulieren das jedoch in einer bemerkenswerten Weise. Das eine Kind billigt dem anderen zu, dass und wie es sich die Zuwendung selbst von Oma und Opa holt, über die zu verfügen es selbst schon genießt. Die Kinder sind altruistisch, kooperieren übernehmen die Perspektiven anderer – seit Anbeginn ihrer Freundschaft haben sie widerlegt, was Piaget unterstellte, nämlich den kindlichen Egozentrismus, und bestätigen die Befunde von Wygotski, der eine elementare soziale Zuwendung erkannt hat. Michael Tomasello, der Evolutionsbiologe und Erforscher des Verhaltens von Primaten und Kindern, folgt ihm und hat experimentell belegt, wie schon sehr kleine Kinder miteinander und mit Erwachsenen kooperieren, dabei etwas zeigen, was er Shared Intention nennt.

Das nun könnte entscheidend sein: Kinder, Menschen überhaupt wirken zusammen, in einer gemeinsamen Praxis, in der sie als konkret Verschiedene miteinander agieren. Sie erkennen die Absichten des anderen, bemerken seine Bedürftigkeit; getragen von einem offensichtlich fundamentalen Altruismus bemerken sie, wie andere einer Hilfe bedürfen, damit alle in einer gemeinsamen Praxis agieren und leben können. Dabei spielt nur bedingt eine Rolle, wenn die eine oder der andere mit einem Handicap zu tun haben – übrigens durchaus leidend und belastet. Kooperation könnte sogar die Grundlage der erfolgreichen und zugleich doch einer unerwarteten menschlichen Evolutionsgeschichte sein. In der Kooperation gleicht sich alle Differenz nämlich aus, hin zu einer Erweiterung dessen, was im 19. Jahrhundert noch als menschliche Lebenskraft bezeichnet wurde. Vor allem Kindern gelingt es auf eine hervorragende Weise, dafür den Blick ihrer Mitakteure aufzunehmen und zu übernehmen, diesen sich zu eigen zu machen. Allerdings, so schränkt Tomasello ein, nur bis zu dem Zeitpunkt, an dem sie in öffentlich getragene Erziehung kommen (vgl. Tomasello 2010). Diese operiert meist mit Formen des Vergleichs und des Wettbewerbs, lässt aus Gemeinsamkeit Gegensatz und Konkurrenz entstehen. Dann wird Behinderung plötzlich wichtig als Diskriminierungsmoment. Oder anders: Wir alle, unsere Gesellschaft lassen Behinderung zum Problem werden, weil wir vielleicht Angst vor Gemeinschaft, vor gemeinsamer Lebenspraxis haben.

Notizen

Warum schicke ich das voraus, sozusagen als Gebrauchsanleitung für die folgenden Überlegungen? Aus rhetorischen Gründen, um Erfahrung zu dokumentieren oder um ein »berührendes Beispiel« zu geben, wie unlängst ein Buch über Praktiken der Inklusion beworben wurde? Wahrscheinlich nicht. Zumal ein Buch doch selbstverständlich und so geschrieben sein sollte, dass seine Sätze und die mit diesen ausgesprochenen Gedanken sich als klare nachvollziehen lassen. Man muss ihnen ja nicht zustimmen.

Der Grund ist ein anderer. Eine Gebrauchsanleitung ist nötig, weil die angestellten Überlegungen keine – wie das im Newspeak der Gegenwart gerne formuliert wird – eindeutige Message haben. Deshalb bewegen sich die Gedanken zuweilen im Widerspruch – vielleicht, weil die Wirklichkeit nicht frei von Dialektik bedacht werden kann. Praktiker in einschlägigen Handlungsfeldern, in der Arbeit in Fördereinrichtungen oder in inklusiv gestalteten Lebens- und Lernzusammenhängen sprechen davon, dass sie sich in den letzten Jahren wie in einer Achterbahn bewegt haben. Von der Schließung der Förderschulen und der Inklusion im Regelsystem bis zu einer nicht mehr zu befriedigenden Nachfrage nach Plätzen in vorgeblich oder sogar wirklich besonderen Einrichtungen konnten sie innerhalb kurzer Zeit nahezu alles erleben. Ganz abgesehen davon, dass die oft mühsame und anstrengende Arbeit mit Kindern einfach weitergehen musste, die mehr Zeit für ihre Entwicklung brauchen, Geduld, Herausforderung und Zuwendung, die sich eben deutlich von Kindern unterscheiden, die weniger Unterstützung und Begleitung brauchen. Und das Dilemma bleibt, dass man einerseits jene sieht, die sich vehement gegen die Bezeichnung als behindert wehren, diese als die eigentliche Einschränkung ihres Lebens sehen, die nach einem erfolgreichen Studium klagen, wegen ihrer schweren Sehbehinderung auf eine beschützende Einrichtung verwiesen zu werden – übrigens nicht als erfahrene Fachkraft, sondern als Fall –, dass man andererseits begreifen muss, wie Kinder mit ungeheurer Anstrengung und über Wochen lang eine Bewegungspräsentation einüben, die andere in einem Nachmittag erfassen und beherrschen. Die hier vorgetragenen Überlegungen haben also Sympathie für die Praxis, wissen aber, dass diese oft kontingent bleibt und vom Engagement der Beteiligten abhängt. Diesen wird manchmal zu viel abverlangt. Deshalb sollten Begriff und Programm der Inklusion nicht noch weiter überanstrengt werden, sondern kritisch befragt werden; vielleicht muss die menschliche Lebenspraxis, die Formen, in welchen Menschen handeln und sich entwickeln, doch eher bruchstückhaft, konkret betrachtet werden, nicht unter den Prämissen eines großen Programms und Projekts, das sich dann doch weit von der Wirklichkeit entfernt hat, die hier und heute bewältigt sein will.

Gewiss haben das Programm der Inklusion und die Auseinandersetzung um sie eine Entwicklung vorangebracht, die längst überfällig war. Schulbehörden haben Kinder und Jugendliche in Sondereinrichtungen verwiesen, die mit wenigen flankierenden Hilfen ihren Weg in einem Schulsystem hätten finden können, das für alle Kinder geöffnet ist. Das Gesundheitssystem agiert in einer

Weise, bei der sich sogar Satire schämt: *Sie brauchen einen Rollstuhl? Wozu denn das. In Ihrem Alter hat man es doch nicht eilig.*

Die Lage ist dennoch komplizierter. Inklusion gilt als das neue pädagogische Prinzip, aber das – wie es hier genannt wird – pädagogische bzw. als solches gemeinte System ist in fatale Widersprüche geraten. Beginnend vielleicht damit, dass es als Bildungssystem bezeichnet wird, wenngleich in Rückübersetzung des englischen Ausdrucks *education*, der auf vorrangig öffentlich verantwortete, institutionelle und curricular geordnete, bzw. auf den systematischen Kompetenzerwerb ausgerichtete Instruktionen abhebt. Schon die Erziehung in der Familie (*upbringing*) fällt aus dieser Denkweise heraus und muss gesondert bezeichnet werden. Mit fatalen Effekten für die Inklusionsdebatte in Deutschland. Die kann dann nämlich so tun, als ginge es nicht um Familien. Noch schwerer wiegt, dass der Begriff der Bildung gleichsam *undertheorised* verwendet wird. Er wird nur noch auf Schule bezogen, seine entscheidenden Bedeutungsinhalte werden ausgeblendet. So verschwindet zum einen die für ihn fundamentale Idee der Freiheit. Autonomie und Mündigkeit spielen keine Rolle mehr. Dann wird der Bezug des Begriffs der Bildung auf das Verhältnis zwischen der Besonderheit und Eigenart von Menschen aufgegeben (die nicht notwendig auf Individualität beschränkt sein muss, sondern sogar kollektive Veränderungsprozesse meint). Endlich geht die Hintergrundannahme verloren, dass in Bildungsprozessen das menschliche Subjekt seine natürlichen Möglichkeiten entdeckt und durch seine eigene Auseinandersetzung mit den Artefakten der sozialen und kulturellen Welt so entfaltet, dass es sich selbst zu beherrschen vermag.

Man mag das alles als philosophisch zurückweisen; vermessen lässt sich Bildung in diesem Sinne sicher nicht, doch gibt das traditionelle Verständnis des Begriffs eine Richtschnur dafür, wie Menschen miteinander umgehen können. Es zeigt an, mit welcher Komplexität zu rechnen ist, wenn Entwicklung, Lernen und Selbstbestimmung sich verbinden. Die Dimensionen des Geschehens können nicht auseinandergerissen werden. Dennoch geschieht gerade dieses: Einerseits sollen alle Kinder und Jugendlichen inkludiert werden, sollen Schulen mit Vielfalt umgehen, ohne dass so recht gesagt wird, was das bedeutet, wie es geschehen soll. Natürlich: idealerweise so, dass die Lehrerin jedem Kind maßgeschneiderte Aufgaben stellt und es dann individuell bewertet: 31 Aufgabenstellungen, 31 Bewertungen, nur der Test wird dann standardisiert für alle durchgeführt, der nach einem Jahr dann die Rückmeldung gibt. Jedenfalls spricht man sogar davon, dass Inklusion das Markenzeichen der modernen Unterrichtsgestaltung darstellt. Alle Kinder sollen in eine Schule, die mit Binnendifferenzierung arbeitet. Verbunden damit werden Förderschulen als Teufelswerk bezeichnet; sie sollen verbannt werden, manchmal in einer Art Kirchenkampf, dann nämlich, wenn sie in freier Trägerschaft geführt werden. Schon erweitert sich dieser Bann auf die Hauptschule. Manchmal wird indes nur die Nomenklatur verändert, manche sprechen von Regelschule oder von Mittelschule, auch die *Realschule plus* wurde eingeführt (was dann nach der Minusvariante fragen lässt). Im Ergebnis geht es um die Schule für diejenigen, die nicht in das Gymnasium gehen – die in mancher Großstadt schon zur Schule für alle geworden ist. Alle anderen finden sich dann auf der Resterampe.

Nein, natürlich nicht, solche Worte verwendet nur die Politik. Institutionelle Trennungen sollen vermieden werden. Dafür spricht allerdings, dass solche Unterscheidungen Chancen – was immer dieser Ausdruck meint – verringern und Lebenswege zementieren. Man könnte von einem Übermut, wenn nicht sogar von einer Hypertrophie des Bildungsdenkens sprechen; in einer Gesellschaft, die von Ungleichheit bestimmt wird, schafft das Bildungssystem kaum Gleichheit, schon gar nicht Gerechtigkeit. Darauf hat nicht nur Bourdieu immer wieder hingewiesen. Vielleicht wird vom Bildungssystem einfach zu viel verlangt. Als Beleg könnte man ja anführen, dass Bildungspolitiker, über Bildung schreibende Journalisten, vor allem die sogenannten Experten einfach nicht lernen, sondern weiter ihren Hoffnungen nachhängen. Zudem Bei all dem wird geradezu notorisch die Frage nach der Individualität vermieden. Die Frage etwa, ob und wie weit es nicht doch sinnvoll wäre, nach Graden der Behinderung zu unterscheiden; oder die Kinder, die Jugendlichen, ihre Eltern zu befragen, was sie wollen. Mit offenem Ergebnis übrigens. Andererseits: Zunehmend werden Familien und ihre Erziehung in Misskredit gebracht, sie sollen mehr leisten und zugleich gelten sie als Risiko für das Aufwachsen. Institutionelle und – was immer das heißt – professionelle Erziehung werden als die bessere Alternative gesehen. Verschwiegen wird, dass Anstalten keine sicheren Lebensorte sind, dass sie vor allem total werden können. Über Hospitalismus und totale Institutionen wird nicht mehr gesprochen. Das Erinnerungsvermögen selbst der Wissenschaft reicht nicht weit, allzumal, wenn politisch Anderes gefordert wird. Vor allem jedoch: Gegen alle Forderung nach Inklusion steht, dass und wie Schulen sortieren sollen, immer schon, heute aber nur nach Leistung, die an objektiven Kriterien, an Standards gemessen wird (vgl. Biewer 2012). Wie soll das eigentlich gehen, wenn die Voraussetzungen subjektiv und höchst unterschiedlich sind. Wie wird der Handstand objektiv bewertet, wenn die Arme fehlen?

Platt formuliert: Es geht um den Erfolg bei PISA oder um Inklusion. Es geht um den Sieg im globalen Kampf um die besten Köpfe und das größte Wirtschaftswachstum oder um eine gute Gesellschaft, die alle Menschen achtet und in ihrer Lebensform unterstützt. Ob sich beides verbinden lässt, sei dahingestellt; das Bildungssystem verdichtet allerdings die gesellschaftlichen Widersprüche (Höhne 2013), schafft es vor allem, sie zu verkehren, in einer Art von Fetischisierung: Soziale Ungleichheit wird in individuelle umgeformt, um dann eben doch wieder reproduziert zu werden. Man kann dazu erneut eine Menge bei Bourdieu lernen. Meistens so, dass sich die Beteiligten das dann selbst zuschreiben; die Lehrerinnen und Lehrer gelten dann als untauglich, weil es ihnen nicht gelingt, diese Widersprüche aufzuheben. So tendieren Schulen angesichts der an sie gerichteten Leistungsanforderungen dazu, schneller denn je, Kinder und Jugendliche auszusortieren, die sich negativ auf die Testleistungen auswirken. Selbst Eltern bemühen sich inzwischen um medizinische Diagnosen für ihre Kinder, damit diese mehr Rücksichtnahme seitens der Schulen erleben. Der Preis wird gerne gezahlt, dass sie dafür selbst in die Nähe des Sonderfalls rücken. Notorisch sind die Diagnosen zur Lese-Rechtschreibschwäche, dann die zu AD(H)S, obwohl hier der Gesetzgeber einen Riegel vorgeschoben hat. Die zunehmende Medikalisierung von Kindheit und Jugend belegt: Behinderung wird sozial erzeugt, von ganz unterschiedlichen Akteuren, zuweilen um Vorteile in einem Wettbewerb zu erhalten, der in Frage gestellt werden muss.

Es ist sehr viel mehr an gemeinsamen Leben möglich, als sich viele vorstellen wollen. Allzumal die Radikalität, mit der Inklusion gefordert worden ist, vielleicht sogar die Schärfe eines Begriffs, der paradoxerweise unklar ist und doch schneidend wirkt, haben mehr Denkprozesse und Handlungen ausgelöst, als dies vorher der Fall war. Der Umgang mit Menschen, die als behindert bezeichnet wurden und werden, meist gegen ihren erklärten Willen, Etikettierung und Stigmatisierung hatten skandalöse Züge. Sie erschrecken heute noch, im Nachhinein, weil bewusst geworden ist, wie die Nationalsozialisten Menschen mit Behinderung grausam gequält und ermordet haben, allzumal in Einrichtungen, die Hilfe versprachen und menschenverachtende Experimente durchführten. Sie erschrecken in der Gegenwart und machen wütend; gleichgültig kann keiner mehr sein, wenn auf dem Schulhof einer den Anderen als behindert bezeichnet: *Du Spasti* gilt als Jugendjargon. Worte der Verachtung verbieten sich. Aufs Ganze einer gesellschaftlichen Entwicklung gesehen, weist Inklusion in die richtige Richtung, zumal wenn man bedenkt, wie Spaltungen in dieser Gesellschaft voranschreiten. Das Programm erzeugt wohl ein solches Echo, weil es alle berührt und nicht bloß Menschen, die als behindert gelten – manchmal macht sich die Hoffnung breit, dass es jetzt schon Wirkungen auf die Mentalitäten erzeugt hat. Diese Hasssprache wird nicht mehr einfach hingenommen.

Dennoch ist das Konzept kontaminiert, vielleicht durch seinen politischen Erfolg (und weil eine begründende und zugleich kritische Theorie fehlt): Der frühere Thüringer Kultusminister Christoph Matschie hatte laut Bericht der *Ostthüringer Zeitung* (vom 17.4.2013) Inklusion mit folgenden Worten auf die Agenda gesetzt: Es komme »weniger auf die Rampen« an, die in eine Schule führen, sondern auf die Anstrengung, ein gemeinsames Lernen verwirklichen zu wollen. Das hört sich prima an und bestätigt sogleich, was Kritiker vermuten: es geht um Symbolpolitik, vielleicht um Gesetze, in deren Kleingedrucktem unter der Überschrift »Kosten« zu lesen ist: keine. Man muss gar kein eingefleischter Marxist sein, um daran festzuhalten, dass die materiellen Verhältnisse und Bedingungen vorrangig zu verändern sind, das Bewusstsein wird dem Sein folgen. Wir brauchen also die Rampen, den Platz für den Rollstuhl, die Zeit für die Kinder und Jugendlichen, die es sich mit der eigenen Entwicklung ein wenig schwerer machen. Und wir brauchen das ausgebildete Fachpersonal, das weiß, wie mit Behinderung umzugehen ist, wie Umwege zu entdecken und zu gehen sind, wenn die Sinne sich nicht so ausgebildet haben, wie unsere Welt vorrangig eingerichtet ist. Inzwischen aber drängt sich der Eindruck auf, dass nicht einmal mehr von Rampen oder Fachpersonal die Rede ist. Böse formuliert, durchaus absichtsvoll zweideutig: Inklusion ist erledigt!

Keiner entkommt dem Problem der Sprache. Begriffe, Worte können verletzen, so gesehen bedarf es allerdings einer Haltung, die als Political Correctness bezeichnet wird und mit Dekonstruktion einhergeht. Man sollte die Macht der Worte nicht unterschätzen, die Arbeit an der Sprache ist unerlässlich, soll Zivilisation nicht preisgegeben werden – eben, weil sie immer wieder durch Sprache infrage gestellt wird. Sprache schließt Menschen aus, es gibt Formen der kategorialen Vernichtung, wie es George Steiner genannt hat, was den Juden im Nationalsozialismus zuerst angetan wurde. Sie wurden nicht mehr zur Kategorie der Menschen gezählt, aus dem Geltungsbereich des Begriffs der Humanität ausgeschlossen. Solche Vorgänge haben eine lange Tradition, deshalb ist Wachsamkeit angesagt: Noch bis in das 20. Jahrhundert hat man der Landbevölkerung eine eher tierische Existenz zugeschrieben – manchmal war das sogar als Kritik an den Lebensverhältnissen gemeint, mit welchen Kleinbauern, Knechte oder Landarbeiter zu kämpfen hatten. Die Arbeit an der Sprache, die Arbeit mit den Begriffen und an ihr, ist endlich so wichtig, weil Menschen die Bezeichnungen übernehmen, die ihnen von anderen angetan werden: Unterschicht etwa, die Zuordnung zu einer Klasse oder Schicht, das höhnische Gelächter sogar noch über einen Namen, der einem gegeben wurde und der nach Auffassung mancher Zugehörigkeit und Status signalisiert. Die Mechanismen der Abwertung funktionieren fast überall, sie sortieren Menschen nach Klassen oder als nicht zugehörig. Stigmatisierung wirkt am Ende dann in einem Prozess der Selbstzuordnung; der Labelling Approach hat gezeigt, dass und wie Menschen die Fremdzuschreibung übernehmen und sich zu eigen machen. Ich bin dann eben doch ein solcher – das legt einen fest, eröffnet zuweilen auch Handlungsspielräume.

Aber kann es überhaupt anders gehen? Werden nicht einfach Ordnungen geschaffen, im Zusammenspiel einer für alle unvermeidlichen Kooperation und als Antwort auf Ungleichheit? Selbst, wenn man Trittbrettfahrer in Rechnung stellt (wie alle Anthropologen und Evolutionsforscher tun), Menschen sind verschieden – und nicht wenige Bezeichnungen für sie ergeben sich aus der Differenz ihrer Talente und Tätigkeiten. So gesehen dienen Bezeichnungen als ein Hilfsmittel, um die Ungleichheit in einen Zusammenhang zu bringen, der das Ganze wahrt. Festlegungen werden also vorgenommen, weil eine Gesellschaft andernfalls ungeordnet auseinanderbricht. Dann: Helfen Bezeichnungen nicht auch, eigene Herkunft und den eigenen Ort zu bestimmen? Stellen wir uns mit Zuordnungen und Bezeichnungen nicht auch vor und dar? Ist die Person, die wir zu sein vorgeben, nicht immer eine von uns gewählte Maske, Teil eines Dramas oder eine Komödie, die wir spielen – in welchen wir uns selbst spielen, weil wir gar nicht wissen, wer wir sind oder sein wollen? Entlastet nicht die Rolle, die uns zugerechnet und von uns aufgenommen wird? *Meine Aufgabe ist, mehr können Sie mir nicht zumuten, ich verwahre mich entschieden gegen die Erwartung, dass ich ...* Wenn dem aber so ist, wenn also der Verweis auf Behinderung nur als Ausdruck spezifischer und eigenartiger Leistung zu werten ist, dann tritt ein seltsames Paradox auf, das auf den ersten Blick zynisch erscheint: Dann muss Behinderung sogar benannt werden. Es geht um eine Besonderheit, die sozial und kulturell Aufmerksamkeit verdient, nicht in der Indifferenz der Differenz verschwinden darf. Das scheint abwegig, eine ziemlich wilde These. Historisch aber gibt es Belege für solche Denkweisen. Manche Gesellschaften haben diejenigen heiliggesprochen oder als weise Seher gefeiert, die heute als psychisch krank diagnostiziert werden.

Dann: eine kritische Theorie reagiert allerdings auf die Versuche, Inklusion als ein sozialpolitisches Glaubensbekenntnis zu verstehen, um gesellschaftliche

Veränderung voranzutreiben oder gar die Revolution des Bildungswesens betreiben zu wollen. Glauben kann Menschen dazu bringen, die Realitäten zu übersehen und still zu halten, selbst wenn sie Grausamkeit ausgesetzt sind. Gegenüber der frohen Botschaft der Inklusion sollte ein wenig der Zweifel gesät werden. Diese wird nämlich zu einem Zeitpunkt und in Kontexten verkündet, die für das Erhoffte aversiv sind oder es sogar in sein Gegenteil verkehren. Die eine These lautet: Inklusion könnte gut und hilfreich sein, wenn und sofern sie mit einer ebenso radikal wie konsequent verfolgten Vorstellung von demokratischer Zivilgesellschaft verbunden ist. Einiges spricht hingegen dafür, dass Inklusion sich als Teil der politischen, ökonomischen und sozialen Strategien erweist, die als Neoliberalismus bezeichnet werden. Das geschieht einmal mehr widersprüchlich: Menschen wird ihre konkrete Existenz genommen, indem sie von sozialen Zwängen befreit werden, die ihnen mit der Bezeichnung Behinderung auferlegt sind – und damit verlieren sie zugleich soziale und kulturelle Ressourcen. *Du bist nicht behindert, sondern ausgeschlossen; jetzt wirst du als Individuum eingeschlossen, frei und gleich wie alle anderen. Eingeschlossen in was? Du darfst mit unternehmerischer Verantwortung für Dich am Arbeitsmarkt teilhaben. Falls das nicht gelingt, musst Du halt Konkurs anmelden. Sehr schlecht für Dich.*

Zurecht kritisiert Bernd Ahrbeck, dass mit der Universalisierung von Inklusion und der damit verbundenen Ablehnung von Kategorisierungen eine gefährliche Illusion entsteht (Ahrbeck 2014). Kategorisierungen werden vermutlich nie verschwinden – was als ein Argument dafür gelesen werden kann, sie immer wieder zu attackieren, zumal sie etwa in Gestalt von statistisch begründeten Diagnose- und Therapiemanualen eher zunehmend Verbreitung finden. Zugleich besteht aber die Gefahr, dass die Ablehnung von Kategorisierungen dazu führt, nötige Hilfen und Unterstützungsmaßnahmen nicht mehr durchzuführen. Die stigmakritische oder sozialisationstheoretische Auflösung von Kategorisierung gefährdet dann unter dem Spardiktat öffentlicher Haushalte (vgl. Becker 2015) das mit Blick auf Behinderung und Krankheit gewonnene Fachwissen sowie die interdisziplinäre Zusammenarbeit. Wenn Differenzierung moderne Gesellschaften auszeichnet, irritiert die Preisgabe eines besonderen, durch Fachlichkeit und Professionalität ausgezeichneten Wissens. Was als Gewinn erscheint, etwa in Gestalt einer eher ganzheitlichen und sozialen Perspektive auf menschliches Leben, erweist sich als Durchsetzung von Willkür. Colin Crouch hat für England gezeigt, wie im Neoliberalismus und unter dem Diktat eines bloßen Zahlenwissens Expertise zu Lasten jener abgeschafft wird, die auf Wissen angewiesen sind, um ihr Leben zu führen oder es zu verteidigen (Crouch 2015). So kommt der moderne, marktradikale und neoliberale Kapitalismus ohne Festlegungen aus; soziologisch gesehen handelt es sich um eine formale, durch Abstraktion vollzogene Inklusion. Dem steht aber ein ganz anderer Vorgang gegenüber, nämlich der der Normierung und der Standardisierung, der mathematisch-statistisch begründeten Verteilung, kurz des Normalismus, die in die Manuale des Human Treatment eingehen (vgl. Link 2006, 2013). Bekannt sind vor allem ICD und DSM V, die WHO führt noch andere, die im Kontext der Inklusionsdebatte eine Rolle spielen. Sie liegen dem Management zu Grunde, das nach Kriterien der Objektivität und evidenzbasierten Wahrheit das Humankapital bewerten und bearbeiten will; Diagnose und Therapie durch Experten. Allzumal die staatlichen Organe drücken neue Ordnungsmuster durch. Stets erscheint alles objektiviert und transparent. Das Teilhabegesetz folgt einem Katalog, der Unterstützung davon abhängig macht, ob fünf von neun Punkten in der Einschränkung der selbständigen Lebensführung gegeben sind. Wir machen es uns nicht einfach und denken vom autonomen Subjekt her. Sein Bedarf lässt sich dann doch objektiv bestimmen. Für jeden Tag? In jeder Situation. Man braucht wenig Fantasie, um sich die abkürzenden Formulierungen zu denken, mit welchen die Menschen kategorisiert werden, sie werden vermessen, berechnet und in digitale Zähleinheiten gebracht (Mau 2017): Das ist ein echter Fünfpunktler, der aber schon ein Sechspunktler für die Person mit Mehrfachbehinderung. Einklagen kann das ohnehin keiner: Die Erhebung wird delegiert an neutrale, private Institute und Institutionen. Schon heute macht sich kein Kultusministerium die Hände mit Standards schmutzig, die doch irgendwie demokratisch legitimiert sein müssten; dafür sind die Experten zuständig. Übrigens so, wie das bei Hartz IV der Fall war. Demokratie? Partizipation? Teilhabe? Das wird beschworen, bleibt aber ohne institutionelle Regelung.

Inklusion verbessert die Lebenssituation von Menschen, sofern diese in sozialen Prozessen ausgeschlossen wurden; sie geht aber damit einher, dass allzumal die pädagogischen Leistungen suspendiert werden, die jene Fähigkeiten und Fertigkeiten initiieren und sichern, welche einem Subjekt die Teilhabe an einer politischen, sozialen und kulturellen Welt erst ermöglichen. Die Deklaration der Inklusion allein, die Proklamation des Menschenrechts auf Teilhabe, bedeutet nämlich noch lange nicht, dass dieses verwirklicht wird; es bedarf dazu objektiver ebenso wie subjektiver Voraussetzungen, die erst erworben und entwickelt werden müssen. Oder anders: Inklusion ohne Bildung ist nicht möglich; Bildungsprozesse setzen zwar systematisch betrachtet Subjektivität voraus, gelingen aber nicht ohne Organisation von hinreichenden Settings, um diese Voraussetzungen, um Fähigkeiten und Fertigkeiten umfassend anzueignen.

Inklusion kommt manchmal naiv und zynisch daher. Sie reduziert Behinderung und Krankheit, lässt den Ernst von Lebensformen und die Komplexität außer Acht, die mit diesem verbunden sind. Man kann sie nicht auf soziale Phänomene reduzieren; die MS-Erkrankte, die alle zwei Tage Betaferon spritzen muss, führt ein anderes Leben – zumal ihr die Aussichten auf den Beruf verstellt sind, für den sie studiert hat. Behinderung oder eine chronische Krankheit sind Tatbestände; den Betroffenen fehlt etwas oder sie müssen Umwege in ihrer Bildungsarbeit gehen. Eine allein soziale Definition von Behinderung bleibt, so Andreas Kuhlmann, unterhalb der erlebten und gelebten Realität und verkennt, wie er geschrieben hat, die Grenzen unserer Lebensform. Oder anders formuliert: Wer sich nur auf Gesellschaft, auf den Zugang zu dieser und ihre Strukturen bezieht, ignoriert die Wirklichkeit menschlicher Besonderheit und konkreter Bedürftigkeit. Wer blind ist, braucht Hilfe, braucht einen anderen Unterricht; Experimente in der Physik müssen *erfühlt* werden. Das geht nicht so nebenbei in einer Schule, die in ihrer Didaktik und Methodik auf ein Zeigen mit dem ausgestreckten Finger aufbaut, das geht nicht mit Lehrern, die das nicht gelernt haben.

Die Debatte ignoriert zugleich die soziale und kulturelle Bedingtheit von Behinderung und Krankheit. Das scheint im Widerspruch zur eben angeführten Kritik am sozialen Reduktionismus. Aber die Inklusionsdebatte übersieht, wie Gesellschaften und Kulturen Behinderungen und Krankheiten erzeugen, und zwar nicht bloß im Sinne von Stigmatisierungs- und Ausgrenzungsprozessen, sondern als reale Beschädigung des menschlichen Lebens, als Krankheit, als Verletzung. Als Störung körperlicher und geistiger Fähigkeiten, die aus der Ausbeutung menschlicher Arbeitskraft entsteht – manchmal hat man den Eindruck, dass die Inklusionsdebatte fast ein wenig weltfremd bleibt, übrigens noch gegenüber jenen, die mehrfach und schwerstbehindert sind, die buchstäblich in jedem Moment ihres Lebens darum kämpfen, überhaupt zu leben. Manche Forderung in der Inklusionsdebatte erscheint seltsam luxuriös gemessen an der realen Dramatik, die der eine oder die andere Behinderte täglich zu meistern hat und meistert.

Menschliches Leben darf nicht weggeschlossen oder ausgegrenzt werden. Aber Subjekte haben das Recht, die Balance zwischen Privatheit und Öffentlichkeit selbst herzustellen. Krankheit und Behinderung greifen das Selbstgefühl an, schränken Freiheit ein; Andreas Kuhlmann hat solche Grenzen der Lebensform verdeutlicht und an die Objektivität von Einschränkungen erinnert, die Freiheit zu einem mühsamen Geschäft machen (Kuhlmann 2011). Es gehört zu den Eigentümlichkeiten des Inklusionsdiskurses zu übersehen, dass Menschen die Möglichkeiten einer Gesellschaft und Kultur wahrnehmen, die ihnen in ihrer Verfasstheit vorenthalten wurden. Man muss an seinem Leben nicht leiden, kann es dennoch als beschädigt empfinden. Nicht jeder will sein Leben in Anstrengung und Mühe öffentlich bewältigen, um eine Art politisch motivierten Voyeurismus zu befriedigen; mancher verzieht sich schon bei einer einfachen Krankheit in die eigenen vier Wände. Inklusion erzwingt Präsentation sowie Performanz – und sei es zur Darstellung auf dem Arbeitsmarkt. Das soll und muss jeder selbst entscheiden, selbst wenn sich regelmäßig herausstellt, wie das Miteinander alle Beteiligten wachsen und sich entwickeln lässt. Menschen sind sozial. Dennoch sollte man vorsichtig sein gegenüber den Erfolgsmeldungen, allzumal etwa aus anderen Ländern: Sichtbar werden dort Menschen mit deutlich weniger belastenden Handicaps, als dies etwa in Behindertenwerkstätten hierzulande der Fall ist. Ob sie wirklich besser leben? Sie sollen das entscheiden.

2 Realitäten

Bittere Einsichten

Das große Wort von der Inklusion, seine schon fast hypermoralische – und dennoch, wie sich später zeigen wird, eher ethikvergessene – Ladung, verbunden mit dem Wissen darüber, dass Ausgrenzungsprozesse stattfinden, erzeugen eine kommunikativ schwierige Situation. Die »heilige Inklusion«, wie Jantzen sie ironisch nennt (Jantzen 2012), macht es kaum möglich, nüchtern von Erfahrungen zu berichten, die allzumal im Schulsystem gemacht werden. Zumal Erfolgsmeldungen verbreitet werden, die einen kaum unberührt lassen. Vielleicht gibt es keinen Anlass zur Skepsis, vielleicht klagen doch nur wieder einmal die Lehrerinnen und die Lehrer. Allerdings: Wie steht es nun um die Ausbildung der Lehrerinnen für einen inklusiven Unterricht? Man zweifelt schon, ob das nun vorgesehene einzige Modul im Rahmen einer ohnedies vergleichsweise immer noch schmalen pädagogischen Ausbildung zu ersetzen vermag, was ein umfassendes sonderpädagogisches Studium vermittelt. Zumal man nicht vergessen darf, wie die Kinder und Jugendlichen sich nach Art und Weise ihrer Beeinträchtigung unterscheiden, beginnend schon bei den Formen einer Sinnesbeeinträchtigung. Physikunterricht für eine blinde Schülerin muss nun einmal anders gestaltet werden als der für eine hörgeschädigte. Vor allem jedoch: Die Erfahrungen verraten Bitterkeit. Bitterkeit darüber, dass erfolgreiche Projekte nicht weitergeführt werden, weil sie sich als personalintensiv und daher zu teuer erwiesen haben. Man hat den Eindruck, dass zuweilen das Etikett Inklusion noch an der Klassentür klebt, während im Innenraum davon nur mehr wenig zu spüren ist: Die zweite Lehrkraft fehlt, eine sonderpädagogisch ausgebildete Betreuerin kommt nur stundenweise, mehr als beraten kann sie ohnedies nicht mehr, weil sie an mehreren Schulen eingesetzt wird. Eltern machen zudem Druck. Sie meinen, dass ihre eigenen Kinder durch die Verhaltensoriginalität der zwei als förderungsbedürftig eingestuften abgelenkt werden; manche fühlen sich selbst zurückgesetzt.

Spätestens im Frühsommer 2017 spricht sich der Unmut seitens der Lehrerinnen und Lehrer fast explosionsartig aus; zumindest berichtet die Tagespresse wohl bundesweit ausführlich über eine im Auftrag des Verbands Bildung und Erziehung (VBE) durchgeführte, sehr offen angelegte Untersuchung durch Forsa (vgl. z. B. Schmoll 2017a, b). Diese hatte ergeben, dass knapp mehr als die Hälfte der befragten Lehrerinnen und Lehrer Inklusion zwar grundsätzlich begrüßt, die Zustimmung aber über die Jahre gleichgeblieben ist. Forsa spricht von anhaltender Skepsis. So könnte man vielleicht sagen: Nur die Hälfte stimmt für Inklusion, zugleich empfehlen nahezu alle Lehrerinnen und Lehrer, Förderschulen prinzipiell beizubehalten. Vorbehalte richten sich vor allem gegen die Rahmenbedingungen, unter welchen Inklusion verwirklicht werden soll. Kritik wurde beispielsweise an der fehlenden oder unzureichenden Vorbereitung und Ausbildung geübt, zudem zeigte sich, dass sogar noch die baulichen Gegebenheiten eine Aufnahme von Schülerinnen mit körperlicher Behinderung verhinderten. Deutlich wird zudem, dass die Lehrerinnen und Lehrer Inklusion als gesamtgesellschaftliches und eher volkspädagogisches Programm ansehen, das etwa der Förderung von Toleranz und sozialem Lernen dient, während jedoch wenig positive Effekte im fachlichen Unterricht gesehen werden. Inklusion wird wohl eher strategisch gesehen, nämlich als eine – im Fall des gemeinsamen Unterrichts unbedingt erforderliche, ansonsten aber generell gewünschte – Möglichkeit, dass Lehrerinnen und Sozialpädagoginnen gemeinsam die pädagogische Arbeit leisten. Solche Tandemlösungen werden offensichtlich favorisiert, um der öffentlich und politisch mit den Stichworten Bildung und Betreuung geäußerten Erwartung gerecht zu werden, nach der Schule Unterricht und Erziehung zu leisten habe – wobei die Mehrzahl der Bundesländer in ihren Regelstrukturen keine Doppelbesetzung vorsieht. Zwei Drittel der Inklusionsklassen werden daher nur von einer Lehrerin oder einem Lehrer unterrichtet, denen keine sozialpädagogische Fachkraft zur Seite steht – ohnedies muss man allerdings Bedenken anmelden, weil Sozialpädagoginnen keineswegs eine behindertenoder integrationspädagogisch einschlägige Ausbildung haben, erst recht nicht, wenn sie Sozialarbeit studiert haben. Zwar mögen in solchen Studiengängen sozialpolitische Debatten um Menschenrechte oder Integration eine Rolle spielen, spezifisch sonderpädagogisches Können wird jedoch eher selten zugänglich. Letztendlich wird Inklusion auf ganz fatale Weise zu dem Thema, das nun den wachsenden Ärger des pädagogischen Personals an den Schulen und vor allem an einer hochproblematischen Bildungspolitik fokussiert, die zwar mit vielfachen Reformen glänzen will, letztlich aber nur eine neue Expertenkultur etabliert hat, die sich um Beobachtung, Standardisierung und Messung bemüht, das tägliche Elend aber schlicht ignoriert. Die Lehrerinnen und Lehrer fühlen sich allein gelassen und überlastet, beginnend bei den Alltagsproblemen und kaum endend dort, wo sie die großen gesellschaftlichen Herausforderungen bewältigen sollen. So ist denn Inklusion durchaus in den Hintergrund getreten, weil nun doch wieder Integration geleistet werden soll – nämlich für junge Menschen und mit diesen, die als Geflüchtete und Asylbewerber ins Land gekommen sind, zunehmend zerrissen zwischen den Hoffnungen des »Wir schaffen das« und einer Enttäuschung, die dann mit dem schweizerischen »Wir schaffen sie raus« ausgedrückt wird.

Zunehmend lauter und nachdrücklicher wird inzwischen vorgetragen, dass Inklusion sich als Sparprogramm erweist; Medienkommentare stellten sogar eine Verbindung zwischen dem Ausgang der Wahlen 2017 in Nordrhein-Westfalen und der Bildungspolitik der von SPD und Grünen geführten, abgewählten Landesregierung unter der Ministerpräsidentin Kraft her. Hier wurde und wird besonders auf die Inklusionspolitik im Bildungssystem verwiesen. Nicht ganz unproblematisch übrigens. Denn Inklusion wird nun geradezu schuldig gesprochen für ein Desaster, das den ganzen pädagogischen Bereich auszeichnet. Werden so Menschen mit Behinderung unversehens dann doch wieder, wenn nicht erst recht verantwortlich gemacht? Nach dem Motto: Wenn sich nicht alles nun auf Euch richten würde, dann stellte sich das Ganze vielleicht doch noch ein wenig besser dar. Eine marode Infrastruktur, massiver Mangel an pädagogischen Fachkräften, unzureichende Ausbildung reichen schon für sich hin, um einen politischen Wechsel zu wünschen; mit der vergleichsweise rücksichtslosen und wenig erklärten Durchsetzung des Inklusionsprogramms wurde wohl das Maß des bislang geduldig Hingenommenen überschritten. Massive Verärgerung löste aus, dass die bislang als Projekte geförderten und von allen Beteiligten als erfolgreich und gut erlebten integrativen Schulen nun auf das Normalmaß der staatlichen Ausstattung reduziert werden. Weil alle Schulen gefälligst Inklusion zu leisten haben, kann und darf es besondere Unterstützung nicht mehr geben.

Das macht auf eine fatale Logik aufmerksam, die alle Bereiche des pädagogischen Sektors auszeichnet und den Beschwörungen der Bildungsrepublik schlicht Hohn spricht: Wann immer ein Element in diesem Sektor besondere Aufmerksamkeit gewinnt, rutschen andere aus dem Blick. Der Elementarbereich wird zu Lasten der Hilfen für Jugendliche aufgewertet, die doch vorgeblich in Ganztagsschulen betreut werden. Nur: Wirklich durchgesetzt wurden diese dann doch wieder nicht – und wenn, dann oft genug zu Lasten von Aktivitäten und Angeboten, die nicht minder pädagogisch relevant sind. Ganztagsschulen schränken das Interesse an Vereinen ein, und der Freiwilligen Feuerwehr geht der Nachwuchs aus. Dabei ist gar nicht sicher, ob die in befristeten Programmen bereitgestellten Mittel etwa des Bundes dann auch wirklich abgerufen werden. Vom viel und als beispielhaft gelobten Bundesprogramm für die Einrichtungen von Kindergärten und Kitas haben die Kommunen 2017 nach Presseberichten nur ein Viertel der Gelder abgerufen; verständlicherweise vielleicht, weil sie dafür sorgen müssen, dass Fachkräfte in den andernfalls leerstehenden Gebäuden tätig werden. Nur: Wo gibt es die?

Und noch einmal drängt sich der Eindruck auf: Zwar sind in den letzten Monaten zahlreiche Publikationen erschienen, die Inklusion pragmatisch verhandeln, eher im Blick auf die Organisation wenigstens des Schulunterrichts sowie in dem auf Didaktik und Methodik. Insofern scheint eine Art Normalisierung eingetreten, das Geschäft wird selbstverständlich, so dass man über gute oder gar bessere Wege streiten kann. Das hätte etwas Beruhigendes an sich, selbst wenn man als Pessimist vielleicht zum Verdacht tendiert, dass einfach die Luft aus dem Thema heraus ist. Aber: Könnte es sein, dass die Inklusionsthematik mit ihrer Aufmerksamkeit für Menschen mit Behinderung und Krankheit eben doch in Hintergrund gerückt ist, vielleicht für die Frage nach der Integration von Geflüchteten und Flüchtlingen?

Hinzu kommt: Inklusion wird als Binnendifferenzierung des Unterrichts realisiert. Dafür gibt es inzwischen eine Vielzahl von Vorschlägen und didaktischen wie methodischen Empfehlungen. Sie überzeugen in den einschlägigen Fachzeitschriften, provozieren aber unvermeidlich die Frage, ob und wie der

Aufwand alltäglich betrieben werden kann. Faktisch bedeutet er nämlich, dass die Inhalte in Umfang und Anspruch höchst unterschiedlich aufbereitet werden müssen, dass die Präsentation der Inhalte und ihre Aneignung in der Intensität der Zuwendung wie im zeitlichen Rahmen auf die jeweiligen Fähigkeiten der Schülerinnen und Schüler abgestimmt werden müssen, dass am Ende bei Leistungsfeststellungen die Erwartungshorizonte wie die Bewertungen selbst individualisiert erfolgen; letztlich werden Schüler einer Klasse nach unterschiedlichen Kriterien beurteilt und benotet. Die Behauptung, dass eine solche Differenzierung stets geboten sei, unterschätzt ein wenig das im Rahmen von Inklusion erforderliche Ausmaß. Nicht zuletzt entsteht ein fatales Problem (vgl. Brodkorb 2013): Während auf der einen Seite Unterricht in jeder Hinsicht, also methodisch, inhaltlich sowie in den Bewertungen individualisiert werden soll – und übrigens auch kann, wenn und sofern Lehrerinnen dafür die Möglichkeit eröffnet wird –, drängen auf der anderen Seite Politik, Verwaltung und Öffentlichkeit darauf, die Schulen »glücklich zu standardisieren« (Horvath 2012). Sie sollen vergleichbar werden, was ein wenig absurd ist angesichts der Tatsache, dass Schulen in einer Region gebunden und eigentlich dort exklusiv sind. Man kann nicht auf einem Markt der Schulen wählen, es sei denn man gehört zu den Privilegierten, die sich eine Privatschule oder später ein Internat leisten können. Schulen stehen auch nicht im Wettbewerb miteinander, sie sollen alle gleich gut sein. Dennoch werden sie in ein Ranking gebracht, das sie an Standardwerten misst; wie diese zustande kommen, bleibt völlig offen, ebenso wie die Frage darnach, ob und wie weit Schulen und Lehrerinnen diese realisieren können. Wie soll das auch zusammengehen: Leistungsorientierung, Messung der Leistung und Vergleich einerseits, andererseits die Erwartung, dass kein Kind zurückgelassen werden darf. Wer bleibt dann auf der Strecke?

Im Hintergrund steht dabei *zum einen* eine Herstellungsideologie, die Bildungsprozesse als Optimierung und Perfektionierung versteht, Menschen als Objekte fasst, die bearbeitet und verbessert, am Ende in einen idealen Zustand gebracht werden können, der sich an dem misst, was eine Gesellschaft vorgibt. Die nicht zuletzt die dauernde Betriebs- und Funktionsfähigkeit von Menschen erwartet. *Good Functioning* hat die Psychologie als Devise ausgegeben – im Kleingedruckten steht dabei, dass die Individuen sich möglichst selbst optimieren und dazu anhalten sollen, stets besser und fitter zu werden. Nur wurde vergessen, dass Fitness dann doch angepasst bedeutet, an Normen, die sozial und kulturell durchgesetzt und auf die Fitnesstracker aufgespielt wurden, die noch die Zahl der Schritte zählen. Ironischerweise wird – *zum anderen* – zugleich eine zutiefst gegensätzlich wirkende Theorie angeboten, nämlich die Lehre vom Konstruktivismus. Menschen erzeugen sich demnach selbst, erfinden sich und ihre Welt im eigenen Kopf, als Leistung ihres Gehirns – das dabei recht eigenständig, nämlich bloß biologisch gesteuert arbeitet. Ein logischer Schluss wäre: Es geht darum, dass Menschen sich nicht nur selbst abrichten, dabei auf alle Formen eines pädagogischen Handelns, auf Erziehung und Unterricht verzichten – man kann Fachkräfte so nahezu vollständig einsparen, mit Ausnahme jener, die das Resultat erfassen und bewerten sollen. Die Testindustrie hat sich schließlich hervorragend aufgestellt.

Nun kann man all dies auf das Konto jener Widersprüche buchen, die Richard Münch am Bildungswesen und seinen Veränderungen in den letzten zwei Jahrzehnten identifiziert hat (Münch 2009). Dennoch bleibt die bange Frage, ob die Widersprüche überhaupt gesehen und erkannt werden oder auf Kosten – notabene – aller Beteiligten auf diese verschoben werden.

Denn: Inklusion als Grundprinzip verkennt, was eine sorgfältige Analyse von Gesellschaft zeigt, dass es zu allererst um eine kapitalistische Gesellschaft geht, sodann um eine ge-, wenn nicht zerbrochene Gesellschaft, in der die Ausgrenzung, die Exklusion sich insofern verändert hat, als sie gewissermaßen im Inneren der Gesellschaft angekommen ist, vielleicht sogar schon in die Seelenstruktur der Menschen reicht. *Das Paradox der Inklusionsforderung besteht also darin, die individualisierten Individuen darauf zu verpflichten, sich in einer Gesellschaft zu bewegen, die geradezu notorisch asozial geworden, chronisch desintegriert ist.* Die Individuen erfahren liquide soziale Formen mit geringer institutioneller Qualität – und sie erleben diese vor allem dort, wo es um die Garantien ihrer Lebenssicherheit und ihrer Freiheit geht. Sie leben – wie Zygmunt Bauman es beschreibt – ein *Liquid Life*, längst wirklichen Mitwirkungsmöglichkeiten entzogen, allein dem Konsum verpflichtet, getrieben in eine Existenzform des Projekts, der Performativität, der Selbstgestaltung (Bauman 2000, 2005). Mit Inklusion wird man nirgends mehr angeschlossen oder eingebettet, die Einzelnen sollen sich in einer diffusen Welt bewegen, in der ihre Besonderheit nicht wirklich interessiert und schon gar nicht zum Anlass von Hilfe werden muss. *Du siehst nicht? Du kannst dich nicht ordentlich bewegen? Ist doch völlig gleich – mach doch einfach Dein Ding.* Anders formuliert: Wer über Inklusion redet, muss über die Qualität einer Gesellschaft sprechen, in der Menschen inkludiert werden; zu tun haben wir gegenwärtig mit einer Gesellschaft hochgradiger Individualisierung, in der das Miteinander, die Solidarität füreinander, in der Gemeinschaft kein großes Gewicht mehr haben und eher subversiv realisiert werden. Das bedeutet wiederum: Inklusion in eine Gesellschaft der Individuen führt dazu, dass diejenigen auf sich gestellt werden, die auf die Sorge, die Aufmerksamkeit anderer angewiesen sind. Man kann das als paternalistisches Argument kritisieren – nur weiß jeder, der mit einem chronisch erkrankten Menschen zusammenlebt, wie wichtig es doch ist, beispielsweise an die tägliche Medikamenteneinnahme zu erinnern.

Deshalb gewinnen das Konzept und die Realisierung von Inklusion dort besondere Stärke, wo sie klar begrenzt und pragmatisch verfolgt worden sind. Das begann zögerlich, nahm dann ein wenig Fahrt auf, um gelegentlich in schwierige Situationen zu führen. Das Programm der Inklusion und die Debatte um diese machen dabei nicht nur auf Defizite sowohl in der infrastrukturellen Ausstattung allzumal des alltäglichen Lebens für alle Menschen wie im alltäglichen Umgang miteinander aufmerksam; sie sind kritisch angelegt, beschränken sich jedoch nicht auf eine oft folgenlose Mängeldiagnose. Nein: das Programm und die Debatte führen dazu, dass sehr konkret Veränderungen angestoßen worden sind, die vielleicht noch keine Auswirkungen zeigen, aber mit einigen Realisierungschancen einhergehen. Inklusion ist eben kein Thema blumenreicher Sonntagsreden mehr, sondern wenigstens im Ansatz als Wirklichkeit zu erkennen, damit sicher auch in den Schwierigkeiten, die mit der Gestaltung solcher Wirklichkeit einhergehen. Aber darin liegt die Differenz zu einer Politik bloßer Semantiken, wenn nicht: bloßer Symbolik: Die klingt meistens schön, verschweigt das Kleingedruckte. Bei der Inklusion gibt es Probleme, massive sogar – aber das kann man bei allem Alltagsärger als ein gutes Zeichen werten: Probleme gibt es nur dort, wo gehandelt wird, sie sind dann dazu da, gelöst zu werden, Step by Step, wie Karl Raimund Popper und Otto Neurath empfohlen haben. Inklusion ist keine Ideologie – sie war es zumindest nicht, selbst wenn manche schnell versucht haben, sie zu einer solchen zu erheben.

Step by Step. Das geht nicht ohne bittere Einsichten: Die *eine* lautet, dass heute oftmals Inklusion steht, wo eben erst von Behinderung gesprochen wurde. Es gehört freilich zum politischen Geschäft, dass Worte ausgetauscht werden, im Glauben, dass damit die begrifflichen wie sachlichen Differenzen erledigt sind. Sie sind es nicht, sie tauchen wieder auf, alter Wein in neuen Schläuchen. Aber immerhin: Vielleicht wurden Denkprozesse angeregt, selbst wenn die Mechanismen weiter wirken, die als Stigmatisierung analysiert werden. Nun wirkt die Bezeichnung Inklusionsplatz oder Inklusionskind als formierende Formulierung. Behinderung wird zum Inklusionsfall. Welch ein Gewinn! Vor allem: Es könnte sein, dass die Ablehnung der Stigmatisierung selbst eine abwertende Anthropologie verrät. Vielleicht verbirgt sich hinter dem Urteil eines Menschen darüber, dass eine Andere oder ein Anderer behindert, eingeschränkt, handicapped sei, längst ein anderes Motiv, nämlich die Bereitschaft zu unterstützen und zu begleiten. Warum muss in jedem Fall ausgeschlossen sein, dass der Zivilisationsprozess fortgeschritten ist, dass Begriffe, die manchen noch als abwertend erscheinen, längst neutral oder wenigstens pragmatisch verwendet werden? Zugegeben: diese Vorstellung klingt naiv oder utopisch, Übergriffe auf Menschen mit Behinderungen finden statt, allzumal der herablassende Gebrauch des Ausdrucks ›behindert‹ oder der vom ›Spasti‹ durch Kinder und Jugendliche auf dem Schulhof scheint eher von Verrohung zu künden. Aber das könnte nur die halbe Wahrheit sein. Die andere besteht darin, dass die Sensibilität für den Umgang von Menschen miteinander und dem, was sie sich dabei antun, gewachsen ist; der Umgang von Schulkindern miteinander war durchaus schon grausamer. Vor allem: Vielleicht weist eine solche Utopie der Umkehr einer pragmatisch relevanten Bedeutung eine bessere Richtung als die Forderung nach Inklusion.

Die *zweite* Einsicht liegt darin, dass sehr wohl danach gefragt werden muss, ob und wieweit ganze Gesellschaften, wie weit menschliches Handeln auf Normalitätsmuster angewiesen sind und ohne diese nur mit großen Schwierigkeiten funktionieren können – und das ist sehr vorsichtig formuliert: Vielleicht organisiert sich jegliches soziales und individuelles Leben in der Auseinandersetzung mit Normalitätsvorstellungen. Die Formulierung ist bewusst so gewählt, weil vermutlich vorrangig eine Imagination von Normalität das Leben bestimmt, die bei strenger Nachfrage sich als schwankend und stets klärungsbedürftig erweist. Möglicherweise ist dabei der Umgang mit Menschen viel komplizierter, als er auf den ersten Blick erscheint; dass und wie oft die Frage gestellt wird, ob dieses oder jenes noch normal sei, deutet das an. Menschen versuchen offensichtlich, sich selbst innerhalb bestimmter Guidelines ihrer selbst zu vergewissern, gegenüber anderen, gegenüber ihrer Gesellschaft und in ihrer Kultur. Sie balancieren ihre Urteile aus, greifen auf eine Vorstellung von Normalität zurück, die ihnen verfügbar und gewiss scheint, um sie dann doch neu zu fassen und sich wiederum selbst situieren zu können. Unbestritten: manche würdigen Andere in diesem Vorgang herab, oft übrigens aus Unverständnis und einem Mangel an Wissen, wie diese insbesondere gegenüber *Fremden* sichtbar werden. Wenn ich nicht weiß, was das Schächten eines Tieres bedeutet, ordne ich dieses als abartig ein – Begegnung, Auseinandersetzung, Erfahrung können helfen. Dabei gibt es wohl eine Grenze, die nicht übersehen werden darf: Die Grenze besteht darin, dass viele Menschen Handlungen, Situationen und Personen als *nicht normal* empfinden, die das Funktionieren des Ganzen scheinbar oder vielleicht sogar wirklich infrage stellen. Das abwertende Urteil gegenüber anderen, gegenüber Fremden, gegenüber Befremdenden und eben gegenüber Menschen mit Behinderung oder Einschränkung gilt weniger diesen selbst, sondern hat mit der Zwanghaftigkeit zu tun, nicht nur selbst gut funktionieren zu wollen oder gar zu müssen, sondern den Bestand des Ganzen wahren zu wollen. Es ist in der Tat sozialer Zwang, der sich hier ausspricht, ein Zwang, dem wenig individuelle Souveränität korrespondiert. Aber in ihm spricht sich Verantwortung aus. Diese muss ernst genommen werden, weil an sie angeknüpft werden kann. Hier nämlich wird möglich, was sonst nur abstraktes Programm bleibt, zu verdeutlichen, wie alle Menschen das gemeinsame soziale Leben bereichern, ihm die Normalität erhalten können.

Die dritte Einsicht: Die Debatte zur Inklusion übersieht, dass es nicht *die* Behinderung schlechthin, nicht *die* Erkrankung gibt. Vielmehr müssen graduelle Unterschiede gesehen und verstanden werden. Hilfe oder Unterstützung hängen in einem hohen Maße von Bedarfen ab, die selbst sogar noch schwanken. Unbestritten ist, dass in der Vergangenheit Verwaltungen, allzumal das Schulsystem, sich an vergleichsweise einfachen Mustern ausgerichtet haben; der Verdacht der Behinderung hat genügt, um Ausgrenzung vorzunehmen, die Frage nach den konkreten Handlungsfähigkeiten und erst recht die nach den Potenzialen wurden gar nicht gestellt. Es wurde schematisch gehandelt. Dem stellt Inklusion ein prinzipielles Denken entgegen – aber: es verfällt selbst dem Schematismus. Dabei sollte es dazu führen, dass viel intensiver nach Fähigkeiten und Möglichkeiten gesucht wird und diese entwickelt werden. Dennoch bleibt das Problem, das als Klassifizierung bezeichnet wird. Klassifizierung kann aber dabei helfen, konkrete Hilfeformen und Hilfewege zu erkennen, Klassifizierung muss aber auch begreifen, dass und wie es Grenzen einer hilfreichen und entwickelnden Unterstützung geben kann. Vielleicht sind diese Grenzen nur heute gegeben, vielleicht fällt eines Tages etwas ein, das die Überschreitung der Grenzen ermöglicht und allen Beteiligten neue Entwicklungschancen eröffnet. Aber dafür braucht es eine andere Vorstellung als die der Inklusion. Nämlich die Vorstellung einer grundsätzlichen Achtung des Humanen eingedenk des Wissens darum, dass uns die Vielfalt der Humanität sich vielleicht nicht erschließt. Dennoch muss nach ihr gefragt werden.

Das führt nun zu einer vierten Einsicht – sie ist eigentlich dramatisch: In der Debatte um Inklusion dominiert ein strukturelles Denken. Genauer: es herrscht ein Denken vor, das nur zwei Zustände kennt, inkludiert oder exkludiert. Ein oder aus. Binäres Denken. Übergänge, Veränderungen, Wandlungsprozesse, Transitionen oder Passagen, sie alle scheinen ebenso wenig denkbar wie die Situationen und Lagen *dazwischen*. Das überrascht: Menschliches Leben, allzumal menschliche Praxen gestalten sich weit weniger eindeutig, nicht selten haben wir mit Schwankungen zu tun, selbst und ganz besonders der der eigenen Befindlichkeiten. Will ich immer dazu gehören, eingeschlossen sein? Möchte ich nicht einmal eine Randposition einnehmen? Lebensformen können als gelungen erscheinen und erfahren werden, die anderen einer Verweigerung nahekommen. Aber sie können doch als gutes, als ganzes Leben wirklich geworden sein.

Diese Dimension eines durch subjektive Praxis bestimmten – und ich wähle den Ausdruck bewusst in seiner Mehrdeutigkeit – Lebenswandels fehlt in den Inklusionsprojekten und -programmen. Sie ist aber näher an der menschlichen Wahrheit, um die es dann letztlich doch gehen sollte und muss.

Schwierigkeiten mit der Literatur

Dass der Begriff der Inklusion kaum geklärt werden kann, hat sich schon abgezeichnet; die UN-Konvention für die Rechte der Menschen mit Behinderung verwendet den Begriff selbst kaum, eigentlich nur in der englischen Fassung. Sie bietet dafür aber doch eine ziemlich anregende Theorie für eine komplizierte soziale und vor allem pädagogische Praxis. Vielleicht sollte und könnte man es dabei belassen und gleich die Konvention intensiv weiter diskutieren, statt sie wie eine Monstranz in einer Prozession vor sich her zu tragen. Andere Dokumente wie etwa die einschlägigen Schriften der UNESCO bieten sich zudem an, zumal mit ihren Hinweisen darauf, dass von den Kindern, die nicht zur Schule gehen – vor zehn Jahren etwa 75 Millionen weltweit, heute, trotz Steigerung der Geburtenzahlen, rund 60 Millionen – rund ein Drittel als behindert oder chronisch krank gelten müssen. Nebenbei: Vieles deutet darauf hin, dass unter den Geflüchteten die chronisch Kranken oder die Menschen mit Behinderung einen hohen Anteil haben, übrigens unabhängig von den physischen und psychischen Traumatisierungen durch die erzwungene Migration. In jedem Fall gilt: Höchstwahrscheinlich handelt es sich um wechselseitige Interaktionsprozesse: Armut, Behinderung und Krankheit, Ausschluss bilden ein wenig magisches Viereck, dem mit »Bildung für Alle/Education for All« begegnet werden soll und kann. Dass sich die Lage möglicherweise zuletzt wieder verschärft, aufgrund von Kriegen, Vertreibung und Flucht, aufgrund zerstörerischer internationaler Wirtschaftsprozesse, aufgrund eines gut hinter dem Wort Globalisierung versteckten, dann doch schon fast wieder imperialen Kapitalismus, darf nicht verschwiegen werden. Die Situation der Kinder und ihrer Familien ist so schrecklich, dass es Mühe macht, sie zu benennen. Vielleicht liegt darin die größte Gefahr überhaupt, dass das Elend Dimensionen gewonnen hat, die sprachlos machen – übrigens ganz besonders, weil und sofern die wohlhabenden Staaten dieser Welt dieses Geschehen in jeder Hinsicht verschärfen. Es scheint offensichtlich einfacher, über Terroristen und deren Abwehr zu reden, als darüber, wie man Kinder und Jugendlichen wenigstens Lesen und Schreiben, Rechnen sowie die elementaren Überlebenstechniken beibringt.

Trägt es zur Klärung bei, wenn die einschlägige Literatur durchgesehen wird? Das gehört sich zumindest, der Bericht über den Forschungsstand und damit die verfügbare Literatur sind geradezu Verpflichtung. Dabei kann man eine Irritation kaum vermeiden, allzumal, wenn man bewusst eine Außenperspektive wählt, sich der Debatte mit dem neugierigen Blick desjenigen nähert, der die Wichtigkeit und Bedeutung einer Thematik vermutet, mit ihr schon im Alltag oder in populären Medien bekannt wurde, dennoch oder gerade deshalb Grundlagen für sein Urteil sucht. Doch scheitert man an einem solchen Versuch, vor allem angesichts einer längst nicht mehr zu überblickenden Menge an Literatur (vgl. etwa: inklusion-online). Inklusion ist zu einem derart inflationär gebrauchten Stichwort geworden, dass nahezu jegliche Literatursuche vergeblich wird; selbst Protagonisten des Konzepts notieren, wie aus der anfänglichen Unkenntnis und Verweigerung inzwischen eine Unkenntlichkeit des Konzepts entstanden ist, für die aber dann doch wieder Fachvertreter der Sonderpädagogik – im konkreten Fall: Ahrbeck – verantwortlich gemacht werden (Hinz 2013). Man würde heucheln, wollte man den Anspruch erheben, einen einigermaßen vollständigen Überblick über die verfügbare Literatur zu gewinnen; erst recht gilt das für die Sichtung der Forschungsliteratur. Hier zeigt sich allerdings ein Paradox – wenngleich der Vorbehalt weiterhin gilt, dass eine Übersicht nicht wirklich möglich ist. Daher vorsichtig formuliert: Forschung zur Inklusion scheint sich weniger häufig zu finden, zumindest, wenn sie den Standards einer methodisch arbeitenden Erfahrungswissenschaft gehorchen soll, ebenso bemerkenswerterweise, wenn sie sich im Feld theoretisch-argumentativer Untersuchungen bewegt. Etwas zugespitzt: Wenn es um Inklusion geht, scheint die Grundhaltung aller Wissenschaft häufig verloren, die als Reflexion und Kritik bezeichnet wird – und im Ergebnis keineswegs Ablehnung eines Vorhabens bedeuten muss, wohl aber die Prüfung seiner Implikationen und möglichen Konsequenzen (vgl. aber z. B.: Budde/Hummrich 2014). Eher praxisnahe Publikationen bleiben skeptisch, hoffen und warnen mit Mehrdeutigkeit der Formulierung: »Inklusion funktion(alis)iert« (Thema Jugend 2016).

Die Beiträge zur Debatte wirken unentschieden. Selten fehlt das Wort »Herausforderung« in den Überschriften. Selbst wenn Beobachtungen, Analysen und Beschreibungen vorgelegt werden, bedienen sie sich eher futurischer Konzepte (vgl. Hinz et al. 2016). Endlich geben sie sich auf eigentümliche Weise festgelegt und ermöglichen kaum eine freie, selbständige Urteilsbildung; sie sprechen positionell: Man muss für Inklusion sein oder hat sich gegen sie entschieden, Abwägung, Offenheit oder reflektierende Mittellage kommen kaum vor, ein auf Prinzipien ausgerichtetes Denken überlagert die Rücksicht auf die Eigenart von Fällen, auf Lebenslagen und Lebensformen. Viele Beiträge zur Debatte kommen einigermaßen polemisch daher – was übrigens nicht gegen sie spricht, es dennoch mühselig werden lässt, wenn man nach Sachargumenten sucht (vgl. etwa Speck 2015, Wocken 2015). Programmatiken und Projekte überwiegen, zudem bleibt die Literatur in der Gesamtheit so heterogen, dass sie nicht einmal in eine Übersicht gebracht werden kann. Manchmal erfährt man wenig über Inklusion, obwohl das Wort im Titel eines Buches steht. Zumal wohl manches Werk der Behindertenpädagogik oder zur Differenzierung des Unterrichts nun als Beitrag zur Praxis inklusiver Pädagogik neu aufgelegt wird. Vorzeichen und Titel wechseln, die Inhalte nur bedingt. Selbst in den stärker methodisch ausgelegten, allzumal auf Binnendifferenzierung des Unterrichts angelegten Beiträgen begegnet manches, das seit Jahrzehnten bekannt und vertraut scheint. Warum soll aber nun gelingen, was in der Vergangenheit scheiterte, nicht wegen mangelnden Könnens, sondern aufgrund von dann vielleicht doch strukturell bedingten Hindernissen.

Es fällt bislang sogar schwer, so etwas wie einen – bei allen Vorbehalten gegenüber diesem Begriff – diskursiven Zusammenhang zu beschreiben, um Positionen oder Argumentationslinien in diesem sichtbar zu machen. Joachim Schwohl und Tanja Sturm sprechen schon 2010 als Herausgeber des Bandes »Inklusion als Herausforderung schulischer Entwicklung« immerhin von einem »erziehungswissenschaftlichen Diskurs« (Schwohl/Sturm 2010), der nicht frei von Widersprüchen sei, gleichwohl Perspektiven eröffne. Sogar die Deutsche Gesellschaft für Erziehungswissenschaft hadert einigermaßen damit, ihren Sachverstand einzubringen (vgl. Erziehungswissenschaft 2015). Im Januar 2017 legt sie eine Stellungnahme vor, die Inklusion als Aufgabe der Erziehungswissenschaft bestimmt, dabei eine enge Verbindung zu den von ihr bislang verfolgten Themensträngen sieht. Inklusion stellt für sie ein »Diskussionsangebot dar, sich mit der (impliziten) Normativität erziehungs- und bildungswissenschaftlicher sowie pädagogischer Konzepte, Theorien und Modelle auseinanderzusetzen und Behinderungen und Benachteiligungen, die in pädagogischen Organisation respektive Interaktionen hervorgebracht werden, zu beschreiben und zu reflektieren. Damit können Ausgangspunkte für die Formulierung von Perspektiven der Überwindung respektive der Reflexion von Widersprüchen gewonnen werden«. Die Sätze lassen längeres Ringen um Kompromissformeln ahnen; die Erziehungswissenschaft bleibt vorsichtig zurückhaltend, zumal sie das Problem einer politischen Kontamination sieht: »Die politische Programmatik der Inklusion liefert der Erziehungswissenschaft keinen unmittelbaren Auftrag. Vielmehr ist die Disziplin aufgefordert, den Gegenstand vor dem Hintergrund ihrer disziplinären Perspektive und ihrer wissenschaftlichen Standards aufzugreifen, zu bestimmen und zu konkretisieren«, wobei dies dann in einer Reihe von Unterpunkten ausdifferenziert wird (DGfE 2017). Deutlich wird, dass sie sich als Disziplin versteht und daher zur Zurückhaltung verpflichtet sieht, untergründig könnte man zumindest – ein wenig optimistisch – meinen, dass sie einem pädagogischen Denken verhaftet ist, insofern Schwierigkeiten mit der starken politischen Orientierung des Projekts hat. Zugleich lässt sich eine Praxis der Wissenschaft beobachten (um erneut eher pauschal und bewusst undifferenziert zu formulieren), die das Inklusionsprojekt einigermaßen gierig aufgreift, vermutlich, weil sich dann doch wieder Drittmittel acquirieren lassen, möglicherweise jedoch, weil sich die Beteiligten selbst im politischen Geschäft positionieren können. Das verschafft heute Reputation. Folgt man einem durch Max Weber geprägten Wissenschaftsverständnis, überrascht dann doch, wie insbesondere die auf Empirie sich berufenden Bildungswissenschaftlerinnen sich geradezu selbst eilig in Debatten einmischen, die sie doch nur beobachten und vielleicht mit Befunden alimentieren sollten. Das Muster von der Wissenschaft für die Praxis, geschmäht als typisch für die Geisteswissenschaftliche Pädagogik, feiert eher unerfreuliche Urstände als Bildungswissenschaft für die Politik.

Zurück zur Literatur: Üblicherweise beginnen Literaturrecherchen bei Nachschlagewerken oder Handbüchern. Im Falle der Inklusion bereitet schon dies Schwierigkeiten, wenn und sofern man explizit wissenschaftlich ausgerichtete Übersichtswerke zur Thematik sucht; in disziplinärer Hinsicht fehlt dann wohl tatsächlich die gegenständliche Vergewisserung, wie die Stellungnahme der wissenschaftlichen Gesellschaft der Erziehungswissenschaft anklingen lässt. Wer sich grundlegend informieren will, muss dann doch auf die Handbücher zur Behindertenpädagogik zurückgreifen, die inzwischen sehr ausführlich und differenziert Inklusion darzustellen versuchen (vgl. Dederich et al. 2016). Anders hingegen die Lage bei den selbst wiederum programmatisch, pragmatisch oder praktisch ausgerichteten Handbüchern. Hier kann schon von Unübersichtlichkeit gesprochen werden, zumal die Verlage das Feld als erfolgversprechendes Betätigungsfeld erkannt haben; die Not ist groß, der Bedarf an Rezepten und Handreichungen wächst noch, zumal die Nachrichten über scheiternde Inklusion ebenfalls zunehmen. Ein Nebeneffekt der Debatte besteht wohl darin, dass zunehmend mehr Kinder als verhaltensauffällig oder gar schwierig wahrgenommen werden, den gelegentlich – nicht immer – wachsenden Anforderungen in den Schulen diejenigen gegenüberstehen, für die nun zugleich noch weniger Zeit zur individuellen Förderung verfügbar ist; da entwickelt sich ein seltsamer Teufelskreis.

Als dann eher formale Gemeinsamkeit der Texte stellt sich jedenfalls vornehmlich die Verwendung des Ausdrucks Inklusion her. Zuweilen erschöpft sich in dieser Wortverwendung der je gewählte Fokus der Debatte und die Einheit des Gegenstandes: Symbolpolitik, inhaltsleer und bedeutungslos. Debattenbeiträge wirken zuweilen ein wenig erratisch und solitär, für sich stehend, ohne Bezüge auf andere – es sei denn in Distanzierung. Positiv formuliert: Sie ruhen in sich, mehr oder weniger als Privatsystem, nicht jedoch in einem Denkzusammenhang, der das Thema, die mit ihm verbundenen Problemstellungen oder gar sachlich-gegenständliche Einsichten zu verbinden sucht. Das hängt auch mit der Ausweitung der Debatte zusammen, in der Inklusion als generelle Forderung verstanden wird, die auf universelle Menschenrechte abhebt und so eine – im weitesten Sinne des Ausdrucks – sozialpolitische Forderung erhebt, der es dann um eine Querschnittaufgabe geht. Sie bezieht sich dann auf sämtliche Systeme, Bereiche, Institutionen und Praktiken einer Gesellschaft.

Die Literaturrecherche begegnet daher einschlägigen Beiträgen in Zeitschriften für eine Vielzahl von relevanten Feldern, in religionspädagogischen Zeitschriften ebenso wie in solchen, die sich mit Jugendarbeit befassen (so z. B. Zeitschrift für Pädagogik und Theologie 2015, Thema Jugend 2016). Dies allerdings verstärkt zwar den Eindruck einer breit geführten Debatte, macht die Angelegenheit aber zusätzlich diffus. Alle wollen Inklusion. Aber in der Regel tragen solche Beiträge feldspezifische Klärungen des Verständnisses von Inklusion vor, so dass damit eigentlich neue Anfragen an Grundlagen und Grundlegung entstehen. Inklusion erscheint unbedingt und überall als zustimmungsfähig, wird aber nun für jedes System und jeden Bereich neu geklärt, ohne dass die Frage nach dem beantwortet wird, was sie denn nun eigentlich auszeichnet. Angst vor einem Substanzialismus und Überhöhung ins Allgemeine verbinden sich mit dem Effekt, dass die Diffusität im Inklusionsbegriff zunimmt, zumal eine Allgemeinpädagogische Erörterung fehlt. So zahlt man den Preis für die Aufgabe von Grundlagenforschung und Prinzipiendebatte in der Pädagogik, muss sich beim Allgemeinen dann in die Menschenrechte flüchten (vgl. kritisch Bittner 2016). Nur selten finden sich Themenhefte oder Sammelbände, die wenigstens gemeinsame Perspektiven auf die Thematik teilen, wie etwa die psychoanalytisch inspirierte Auseinandersetzung mit Inklusion, die von Rolf Göppel und Bernhard Rauh herausgegeben wurde, um nicht zuletzt nach Haltung und Einstellung von pädagogischen Fachkräften zu fragen (Göppel/Rauh 2016). Um die könnte es aber tatsächlich gehen.

Ansonsten gilt: Die Diskussion ist unübersichtlich, geordnet vielleicht durch Abgrenzungen von Inklusionisten gegenüber ›den Anderen‹, einen – wie kontrovers auch immer – inneren Zusammenhang entdeckt man nicht. Man fragt sich schon, wie Lehre und Ausbildung jener erfolgen soll, die in inklusiven Handlungsfeldern arbeiten. Indem dann einfach die – man versteht die Worte schon nicht – *inklusive Kindheit* behauptet wird (so der Titel eines neuen Handbuchs). Neuerdings beobachtet man, dass und wie Abgrenzungen zurückgenommen werden, die Gemeinsamkeit gestiftet haben. Etwa die Abgrenzung gegenüber der Behinderten-, Sonder-, Verhaltensauffälligen- oder Integrationspädagogik. Die schien ein wenig böse, wird nun aber doch reklamiert, versteht sich aber vorsichtshalber selbst als Inklusionspädagogik; Türschilder sind leicht auszuwechseln. Immerhin zeigt dies dann auch an, dass sich auf Fachwissen nicht verzichten lässt, selbst wenn es nun unter der falschen Flagge segelt. So mischen die Vertreterinnen und Vertreter der ›alten‹ Disziplinen im ›neuen‹ Rahmen der Inklusionspädagogik dann eben doch mit. Christian Lüders gesteht sogar, bei dem Versuch eigentlich gescheitert zu sein, eine thematische Eingrenzung auf den Zusammenhang von Inklusion mit der Kinder- und Jugendhilfe vorzunehmen.

So fehlen Ansätze einer Theorie, die thematische Ordnungen zumindest weisen könnte; das ist nicht ganz trivial, weil damit auch die Möglichkeit methodisch durchgeführter empirischer Forschung eingeschränkt wird. Über die Effekte von Inklusion weiß man eigentlich sehr wenig (vgl. etwa Hubert/Wilbert 2012, Martschinke/Kopp/Ratz 2012, Rea/McLaughlin/Walther-Thomas 2002). Rekonstruktiv angelegte, biographische, mithin qualitative Studien fehlen wohl weitgehend, immerhin kann man Anregungen aus der Forschung zur Gemeindepsychiatrie finden, deren Befunde sich vielleicht übertragen lassen. Die angelsächsischen Protagonisten haben zwar eine Theorie versprochen, wurden aber durch den Erfolg ihrer Manuale überrannt; man kann davon ausgehen, dass sich diese Tendenz verstärkt, wenn nun Übersetzungen und Adaptionen der

Manuale für Deutschland vorliegen. Man ist gespalten, weil sich diese Manuale allerdings als Prüfinstrumente eignen, um der Realität des Umgangs mit Menschen auf die Spur zu kommen, die als behindert bezeichnet werden oder chronisch erkrankt sind. Indes: Abgesehen davon, dass selbst die diagnostischen Instrumente häufig wenig Konsequenzen nach sich ziehen – als Beispiel wären die Sprachtests im Vorschulbereich zu nennen –, tendiert eine so geschärfte Beobachtung zur Objektivierung noch jeder Praxis und erst recht der Personen. Es tritt ein seltsamer Positivismus ein. Denn sowohl die Handelnden wie die von Handlungen Betroffenen werden nun zu bloßen Vollstreckern oder Adressaten von Vorgaben, die von Experten gemacht wurden; zwar verstecken sich diese hinter der Behauptung, ihre Empfehlungen, ihre Diagnosen und Therapien seien doch evidence based. Das macht die Sache jedoch kaum besser, denn in jedem Fall werden die Akteure der Lebenspraxis enteignet und einer im Kern strukturellen Macht ausgesetzt. Nur: Im Hype um die Wissensgesellschaft sind kritische Konzepte wie das von der strukturellen Gewalt außer Geltung gesetzt worden. So fehlen die Offenheit und die nötige Phantasie, Lebenslagen und Situationen gemeinsam zu verändern. Tatsachen werden festgestellt, in aller Doppeldeutigkeit des Ausdrucks: Schon Wahrnehmung und Beschreibung finden jenseits der Einsicht in die damit vollzogene Deutung statt, das beobachtete Datum wird dinglich und fremd zugleich, so bestimmt, dass es nun feststeht. Wie eingemauert, wie zementiert. Die unheimliche Logik aller Manuale besteht darin, dass sie sich in methodisch geordnete Prozesse verwandeln, die abgearbeitet werden, um am Ende in einer Datenbank und durch die digitale Verarbeitung Macht über menschliche Praxis zu gewinnen. Man kann einwenden, dass solche Objektivierung Schutz gegenüber Willkür schafft. Das trifft zu – und ist doch falsch zugleich, weil es die Willkür tilgt, die der menschlichen Besonderheit gerecht werden kann, allzumal wenn es um Prozesse geht, die zuweilen experimentell durchgeführt werden müssen. So lange das Wissen um manche Behinderung oder Erkrankung fehlt oder wegen ihrer Eigenartigkeit fehlen muss, kann die Erfahrung zwar vor Irrwegen schützen, braucht die Begegnung aber dennoch den Mut zu einem Abenteuer mit einem Menschen, der einem fremd erscheint. Alle Manuale und Techniken sprengen Dialektiken, die mit den Spannungen und Widersprüchen menschlich sinnlich praktischer Existenz zu tun haben, welche immer wieder verantwortlich reflektiert werden muss.

Die Literatur zur Debatte um Inklusion wirkt erratisch und akzidentiell, zuweilen ein wenig modisch, dann vorrangig in der Rezeption angelsächsischer Konzepte befangen. Rasch sind wohl Linien aufgenommen worden, die durch die Neuartigkeit der verwendeten Ausdrücke glänzen, inhaltlich aber kaum zur Klärung beitragen; oft genug geht es vorrangig darum, auf dem Markt der als wissenschaftlich geltenden Auffassungen ein weiteres Produkt zu platzieren: So spielen zuletzt die Diversity Studies eine wichtige Rolle, übrigens erneut mit einem technischen Einschlag, nämlich hin zu einem Diversity Management; sie richten sich also auf Steuerung, die effizient werden soll. Allerdings bleibt eine grundlegende Unterscheidung festzuhalten: Während Inklusion vorrangig in der Perspektive eines Zusammenhangs des sozialen und politischen Ganzen entworfen wird, dem diejenigen angehören sollen, welche in ihrer Unterschiedlichkeit

33

gesehen werden, denken die Diversity Studies in der Tat von der Differenz her, machen Unterschiedlichkeit in allen Bereichen und Dimensionen menschlichen Lebens zum Thema, um sie dann eben zu organisieren. Vielleicht ist da sogar der Gedanke der Inklusion klüger. Eine neue Perspektive findet sich seit Kurzem, nämlich die auf die Intersektionalität. Sie macht aufmerksam darauf, dass Stigmatisierung und Diskriminierung keineswegs auf eine soziale Praxis beschränkt sind, sondern sich ein Persönlichkeitsbild ergibt und letztlich verhärtet, weil die Zuschreibung von Merkmalen in unterschiedlichsten Feldern zusammen wirkt: *Du bist behindert, Du erhältst Hartz IV, Du hast Migrationshintergrund* – so entsteht eine Konstruktion, die einer Zwickmühle ähnelt, aber nahe an die etwas hilflose These rückt, die von der Partikularisierung der Individuen ausgeht. Wo auch immer sich ein Mensch bewegt, er ist doch schon ausgeschlossen und gezeichnet. Forschungsstrategisch bedeutet dies, dass der Vielzahl von sozialen und kulturellen Kontexten wenn nicht sogar Milieus nachgegangen werden muss, um Menschen in ihrem Leben angemessen zu begreifen. Kritisch wird man allerdings einwenden, dass ein solcher Ansatz schon konzeptionell – gleichwohl vielleicht realistisch – das menschliche Subjekt zerlegt, ihm aber damit den Status einer einheitlichen und selbst aktiven Person abspricht; man wird auf eine ziemlich aussichtslose Art und Weise durch die Kontexte determiniert, in welchen man sich bewegt, die eigene Identität erweist sich als gestückelt, vielleicht gar nicht mehr vorhanden. Oder anders gesagt: Intersektionalität erweist sich als Rache eines Ansatzes, der die Subjektivität als obsolet aufgegeben und die Vielfalt der Milieus als Realität gesetzt hat. Das könnte eine schreckliche Realität aussprechen, die für alle psychiatrische Diagnosen nahelegt, Psychosen oder die Spaltung der Person. Bestätigung dafür findet sich kaum. Vielmehr zeigen rekonstruktiv biographische Studien, wie Menschen an Souveränität und Autonomie festhalten, ganz besonders in Krisensituationen, in welchen ihnen der Boden unter den Füßen zu entgleiten droht.

Noch an diesem Beispiel zeigt sich, wie die Diskussion über Inklusion auf eine Auseinandersetzung mit länger zurückreichenden Linien verzichtet. Subjektivität, Identität oder Autonomie scheinen Konzepte, die erst durch die Debatte um die Postmoderne erledigt wurden, heute vielleicht durch eine Form radikaler Instrumentalisierung dementiert sind. Eine differenzierte Sicht findet sich bemerkenswerterweise in der 2016 erschienenen dritten Auflage des *Handlexikons der Behindertenpädagogik* (Dederich et al 2016). Das Handbuch bietet im Grunde die gegenwärtig umfassendste Darstellung von Inklusion, wobei es eine mehrdimensionale Präsentation gewählt, aber den Versuch einer Theorie aufgegeben hat: Inklusion wird historisch, soziologisch, pädagogisch und didaktisch vorgestellt und diskutiert, eine eigene politische Perspektive wurde bemerkenswerterweise nicht aufgenommen. Von diesem Handlexikon abgesehen sucht man in der Debatte nach historischen oder zumindest historisch ambitionierten Darstellungen von Inklusion vergeblich. Vermutlich hängt dies mit einer tiefgehenden Ablehnung der Traditionen von Sonder-, Heil-, Integrations- oder Behindertenpädagogik zusammen. Allerdings beggnen in der Auseinandersetzung um Inklusion vielfach Protagonisten der Sonderpädagogik. Manche haben sich politisch radikalisiert, weil sie in ihren Arbeitsfeldern keine weiter reichenden Perspektiven entdecken konnten, andere distanzieren sich von ihrer Herkunft, da ihnen diese ungeheuerlich erschien. Dabei wirkt sich freilich aus, dass – wie die Vielzahl der Bezeichnungen noch indiziert – Behindertenpädagogik kontroversiell und insofern ein leichter Gegner in wissenschafts- und professionspolitischen Konflikten ist.

Die Inklusionsdebatte versteht sich demgegenüber als radikaler Perspektivwechsel, sie möchte einen paradigmatischen Wechsel vollziehen, mithin konsequent die Tatsachen und Tatbestände neu konstruieren – um an die Terminologie der Wissenschaftshistoriker Fleck und Kuhn anzuschließen. Man kann ohnedies darüber streiten, ob eine wissenschaftliche Beschreibung, Analyse und Klärung menschlicher Praxis überhaupt gelingen kann, ohne die doppelte Historizität zu beachten, die mit einer solchen Untersuchung verbunden ist: Die Praxis selbst, der Gegenstand einer solchen Untersuchung, ist eingebunden in geschichtliche Prozesse, die Begriffe und Theorien zu ihrer Deutung sind immer mit einer ebenfalls historischen Semantik vermittelt. Etwas herzloser formuliert: Man muss sich selbst nicht künstlich dumm stellen, wenn ein neues Konzept konstituiert und durchgesetzt werden soll. Kaum anders die Inklusionisten: Die Auseinandersetzung mit dem Werk etwa von Bleidick fehlt weitgehend, Ansätze einer kritischen Pädagogik der Behinderten klingen nur bei jenen an, die selbst als Protagonisten für diese gelten können. Wolfgang Jantzen trägt zwar zur Debatte bei, ziemlich kritisch übrigens. Jantzen zeigt, wie ein sozialwissenschaftliches und vor allem politisches Verständnis von Behinderung an die kulturpsychologischen und handlungstheoretischen Theorien Wygotskis zumindest anschließen muss. Ebenso zeigt er die Verbindungen zur demokratischen Psychiatrie eines Basaglia oder eines Jervis. Jenseits seiner Bezugnahmen findet sich von all dem wenig in den Debatten um Inklusion. Diese stehen ein wenig erratisch für sich, werden dekontextualisiert oder fast esoterisch geführt, manchmal drängt sich der Eindruck eines politischen Glaubensbekenntnisses auf. Zugleich fällt auf, dass und wie kritische Stimmen geradezu ignoriert werden: Zwar sind eine Reihe von Büchern erschienen, die meist mit einer Grundsympathie für das Vorhaben der Inklusion auf dunkle und verdunkelte Seiten sowie auf mögliche Nebenwirkungen hinweisen; nicht zuletzt die Frage nach der Kosteneinsparung tritt in den kritischen Analysen in den Vordergrund.

Noch stärker ignoriert scheinen die mit der kritischen Behindertenpädagogik eng verbundenen Ansätze zu einer kritischen oder auch demokratischen Psychiatrie, die ihrerseits nicht folgenlos für die interessanteren Fassungen von Antipädagogik gewesen sind. Etwas irritiert stellt man fest, dass die Inklusionsdebatte zwar abstrakt die Utopie einer anderen Gesellschaft behauptet, sich dann aber schon bei einer mittleren Ebene der Überlegungen eher zurückhält. Ihr fehlen Züge einer Kritik der Organisationen und Institutionen, im Gegenteil: Inklusion verlangt Einbettung aller in das Bildungswesen der Gesellschaft, wobei ein weiter Begriff von Bildung zur Anwendung kommt, in der inzwischen vertrauten Trias von Bildung, Betreuung und der – freilich sachlich wie theoretisch in der Regel vergessenen – Erziehung: Bildung umfasst alles, wird jedoch vor allem als scholare Instruktionspädagogik verstanden, wobei ein konstruktivistischer Zungenschlag sich so auswirkt, dass auf Lehrkräfte zu Gunsten der Lernenden ver-

35

zichtet werden kann. Die Professionellen kontrollieren dann den Lernstand. Betreuung aber gilt dann eben doch jenen, denen noch die Perspektive der Mündigkeit abgesprochen wird. Endlich das institutionelle Arrangement. Was wäre, wenn dieses strukturell ungerecht ist und mit Ausschließungen operiert? Was wäre, wenn Institutionen stets in der Gefahr stehen, aufgrund ihrer organisatorischen Form total zu werden?

So fehlt der Inklusionsdebatte weitgehend die flankierende Forderung nach demokratischen Ordnungen, nach anderen Formen der Machtausübung, vor allem aber die nach einer Öffnung der Anstalten, ohne diese als stützende Systeme und Alltagswelten zu zerstören. Noch mehr gilt dies auf der unteren Ebene: Die Betroffenen bleiben seltsam unbefragt, sie kommen gelegentlich nur dort zu Wort, wenn Eltern etwa berichten, dass es ihren Kindern in inklusiven Schulen gut gehe. Man könnte dies als eine Form der Postdemokratie bezeichnen, die nur zulässt, dass die guten Urteile bekannt werden, in der ansonsten die Devise zählt: Man frage nicht die Frösche, wenn man den Teich trockenlegt. Als Gesprächspartner dienen dann nur jene, die als Experten geheiligt worden sind.

Diese Kritik am Fehlen einer demokratischen Perspektive kann für einen ganzen Debattenstrang und die ihn repräsentierende Literatur geltend gemacht werden, der hier nur erwähnt, aber nicht ausführlicher behandelt wird: Allzumal in den Jahren 2016 und 2017 wurde intensiv über eine Reform des Kinder- und Jugendhilferechts gestritten, wie es im Achten Sozialgesetzbuch festgehalten ist. Ziel war die sogenannte Große Lösung – ein Ausdruck, der bei historisch Gebildeten unvermeidlich Schnappatmung auslöst. Die Idee bestand darin, möglichst alle Regelungen in ein einheitliches Gesetz zu bringen, welche die Lebenssituation junger Menschen bestimmen oder berühren; insbesondere die oft fatalen Erfahrungen mit den Zuständigkeiten bei nicht nur seelischer Behinderung gaben Anlass zusammen zu führen, was einerseits in die Zuständigkeit der Jugendhilfe und andererseits in die des Gesundheitssystems fällt, bzw. zu den in SGB IX geregelten Tatbeständen der Rehabilitation zählt. Befürworter der Reform sahen in dieser eine Chance, ein Gesetz zu entwickeln, das Kindheit und Jugend in den Fokus nimmt, pädagogische und durch die soziale Lage bedingte Hilfebedürftigkeit und eine, die mit Behinderung oder Erkrankung zu tun hat, hingegen nur als Fälle der Lebenssituation von Kindern und Jugendliche zu sehen. Auch verbanden nicht wenige die Hoffnung, dass mit der Reform Kinder und Jugendliche wieder erstrangig als Adressaten des Gesetzes gesehen bzw. genauer: mit einem subjektiven Rechtsanspruch ausgestattet wurden. SGB VIII spricht bekanntlich bislang den Anspruch auf Hilfe den Eltern bzw. Personensorgeberechtigten zu, was nicht zuletzt auch von jenen kritisiert wird, die eine Verankerung der Kinderrechte im Grundgesetz fordern. Doch konnten weder das Procedere der Reform noch ihr Inhalt sonderlich überzeugen: Über lange Zeit hielt sich das zuständige Ministerium bedeckt, um dann die Fachöffentlichkeit mit zuweilen eigenartigen Konzepten zu überraschen; von demokratischer Beteiligung konnte keine Rede sein. Inhaltlich zeigten sich einige seltsame Vorstellungen: Familie wurde als näheres soziales Umfeld verstanden, vor allem aber zeichnete sich eine Schematisierung und Technisierung des Handlungsverständnisses ab, die sich an den üblichen – zum Teil aber schon von der WHO verworfenen – Manualen ausrichtete, vor allem jedoch einen Leistungsbegriff ins Zentrum stellte, der wenig mit der Komplexität pädagogischen Handelns zu tun hat.

Unbestritten: Im Kontext der Auseinandersetzungen entstand eine Vielzahl von Veröffentlichungen, die zwar auch das Thema der Inklusion berührten, jedoch mehr politisch ausgerichtet waren und weniger als fachlich oder sachlich tragfähig bzw. weiterführend gelten können. Zumal in der Auseinandersetzung weitgehend Gesetze und Vorschriften außer Acht bleiben mussten, die mit Schule zu tun haben. Schon dies sprach eigentlich gegen das Vorhaben, weil nämlich Schule eine wichtige Rolle dann spielt, wenn Bedarf an Unterstützung durch die Kinder- und Jugendhilfe notwendig wird; zugleich kann man die Inklusionsproblematik kaum lösen, ohne das zu berücksichtigen, was sich ein wenig euphemistisch als Bildungssystem versteht. Wenn es denn tatsächlich die Vision einer umfassenden Vorstellung von Regelungen für Kinder und Jugendlichen geben sollte, dann müsste Schule zumindest im Blick bleiben – wobei man ohnedies auch kritisch einwenden kann, dass umfassende gesetzliche Regelungen am Ende auch bedeuten, die Freiräume aufzuheben und einzuschränken, die Kinder und Jugendliche für ein gutes Aufwachsen und die Ermöglichung ihrer Autonomie unbedingt benötigen. Der 15. Kinder- und Jugendbericht erliegt auch ein wenig einer solchen Tendenz zur Totalverrechtlichung von Kindheit und Jugend, obwohl ironischerweise sein Berichtsauftrag nicht zuletzt der Suche nach Freiräumen für junge Menschen gegolten hat.

Wie auch immer: Im Grunde brach die Debatte ab, nachdem die Reform von der Tagesordnung der politischen Gremien abgesetzt worden ist; sie wird vielleicht noch einmal Gegenstand einer Studie zur Produktion von Sozialpolitik oder Jugendpolitik werden. Virulent bleibt die Debatte gleichwohl. Man wird abwarten müssen, welche Reformvorschläge künftig präsentiert werden, weil sich zumindest die Politik der Inklusionsthematik wird kaum entziehen können. Die UN-Konvention erzwingt hier Rechenschaft.

Im Ergebnis führt die Sichtung der Literatur jedenfalls zu einem ziemlich unbefriedigenden Ergebnis: Zweifel stellen sich unvermeidlich ein, ob überhaupt noch Neues zum Thema gesagt oder geschrieben werden kann; vermutlich entdeckt man irgendwo, dass schon festgehalten wurde, was einem selbst einfällt. Zwar kann man sich durch Lesen vor Entdeckungen schützen, wird aber ständig von einem schlechten Gewissen geplagt: Hat man vielleicht Wichtiges übersehen und behauptet Originalität, wo man doch schon längst Epigone ist? Hat man im eigenen Durchgang durch die Literatur das Wesentliche der Inklusion nicht begriffen – möglicherweise, weil man sich keiner Position zuschlagen möchte oder konnte? Und endlich treibt bei dieser Thematik stets die Sorge um, mit einer Angelegenheit konfrontiert zu sein, die sich möglicherweise als fatal erweist: Ein wichtiges und notwendiges Vorhaben, das aber gänzlich falsch angelegt ist, weil es kategorialen Missverständnissen erliegt, eine Utopie verspricht, die aber dystopische Züge hat, Politik geltend macht, wo fachlich pädagogisches Denken und Handeln erforderlich wäre, entschieden daher kommt, wo ethische Abwägung und moralische Urteilsfähigkeit gefordert sind, die Menschen in ihrer existenziellen Bedürftigkeit berühren.

3 Inklusion – Back to the Basics

Menschliche Praxis oder Humantechnologie

Dem Begriff der Inklusion fehlt wie vielen Ausdrücken der pädagogischen und politischen Sprache ein klarer Inhalt. Streng genommen besagt er nun wirklich nicht mehr als *Einschluss*. Allerdings spricht das noch gar nicht gegen das Wort und seine Verwendung; es schließt nicht einmal aus, dass es sich um einen Begriff handelt, selbst wenn man an solche strengere Maßstäbe legt. Es sollte nämlich schon erkennbar sein, was seinen Bedeutungskern und seinen Bedeutungshof ausmacht, wenigstens aber sollte möglich sein, zu rekonstruieren, welche semantischen Linien zu ihm hinführen, in welchen Kontexten er gebraucht wurde und wird. Manchmal ergeben sich daraus nicht unwichtige Hinweise darauf, ob und wie weit es einen gedanklichen Hinterhalt geben könnte, der unversehens zu einer bestimmten Verwendungsweise führt und eine Vorstellung einschleichen lässt, die am Ende sogar praktisch relevant wird. Nicht zuletzt wirkt die begriffsgeschichtliche Vergewisserung als Antidot gegenüber giftigen Verkehrungen oder Umdeutungen: Wie jener, die aus dem Empowerment das Fordern und Fördern hat werden lassen. Boshaft gesagt: da hat sich die Soziale Arbeit arg aufs Kreuz legen lassen, mit einer eigenen Schuld, weil sie meinte, um des modischen Gewinns ein Konzept aufnehmen zu müssen, das mit ihrer Sprache nicht wirklich viel zu tun hatte.

Bei Inklusion handelt es sich jedenfalls um einen Ausdruck, der aus dem Bereich der Naturwissenschaften, aus der Mineralogie kommt; jede Bernsteinsammlerin weiß um die Einschlüsse, die manchen dieser Harz-Steine erst besonders attraktiv und wertvoll machen. Tote Fliegen faszinieren besonders als Inklusionen. Zugegeben, der Verdacht könnte falsch sein: Aber erneut wandert wohl ein Bild aus der Natur in den Zusammenhang des sozialen und praktischen Geschehens ein, einmal, weil es an Ursache-Wirkungs-Verhältnisse erinnert, dann technische Gestaltung als Möglichkeit nahelegt. Solche Tendenzen der Übernahme technischen Denkens sind längst ubiquitär geworden, sie folgen der Durchsetzung ökonomischer Begriffe, stellen sich in jedem Fall gegen Offenheit und entscheidungsabhängige Gestaltung, geben zudem das – falsche – Versprechen der Gewissheit. Der Einschluss erfolgt dann halt – die arme Fliege hatte wenig Zeit zum Diskutieren, als sie am Harz festklebte.

Menschen sind jedoch nicht-triviale Maschinen, wie sogar Niklas Luhmann zugestehen musste. Naturwissenschaftlich-technisches Denken hat eher wenig mit Kommunikation und Interaktion zu tun, mit Verstehen, Verständigung und

Entscheidung. Den Physiker kann schon erschüttern, wenn er als Vater nicht auf das Ursache-Wirkung-Verhältnis hoffen darf, der Statistiknerd rettet sich vor seinen Zwillingen ins Büro. Kinder sind unberechenbar. Subjektive Praxis geht hingegen mit Sinnhaftigkeit einher, die von den Beteiligten erinnert wird; sie waren Handelnde, vielleicht sogar Leidende. Technik wird exekutiert, um am Prüfstand vermessen zu werden – wobei sie selbst dies nicht immer ganz zuverlässig erfüllt, zudem den Materialbruch riskiert, wenn man nicht die Einstellungen optimiert.

Naturwissenschaftlich-technisches Handeln bedeutet: Menschen werden als zu Behandelnde gesehen, als Fremde objektiviert. Den Umgang mit ihnen zeichnen Machtgefälle und Herrschaft aus. Genauer: Im Hintergrund steht zum einen die Vorstellung von Funktionen und Defekten. Die Psychologie hat hier den Weg gebahnt, indem sie das *Good Functioning* zum Maßstab erhoben hat. Ihre statistischen Manuale, ICD X oder XI, DSM IV oder DSM V, erfassen das Handeln und Leiden, das Fühlen und Denken von Menschen, um noch jede Eigenart als Störung zu identifizieren und der Behandlung würdig zu erklären. Immerhin: Wer so rechnet, muss doch im Hintergrund eine Vorstellung von der richtigen Existenzweise haben, die sich zumindest statistisch abbilden lässt. Angesichts der Axiomatik und Spiritualität mathematischer Operationen, wie sie den Statistiken zu Grunde liegen, mag das zwar irritieren – aber vielleicht ist Gott weniger tot als Nietzsche glaubte, sondern rechnet sich jetzt in unser aller Leben. Statistik als Anthropologie, als starke Wesensaussage scheint zumindest machtvoll zu sein und widersetzt sich allen Relativierungen, die *das Menschliche* dann doch lieber historisch und gesellschaftlich, vor allem sinnlich-praktisch bestimmt sehen wollten. Im Hintergrund steht dann eine überzogene Idee der Machbarkeit, durch Steuerung und Organisation wird außer Kraft gesetzt, was vielleicht doch als individuelle Eigentümlichkeit Achtung und Anerkennung verdient. Der Vorgang soll beherrscht werden, in seiner Naturgesetzlichkeit. Vom Arzt erhofft man sich das meistens, man begibt sich bewusst in seine Hände und hofft, dass das Ergebnis dem Plan entspricht. Was sich nicht bearbeiten lässt, wird übrigens häufig in die Rubrik Schicksal verschoben – je mehr wir wohl an Naturwissenschaften und Technik glauben, kalkulieren wir dann doch mit Gott.

Man kann all dies wollen, wenngleich mit der Auslieferung an Natur und Technik wenig von dem übrigbleibt, was als Freiheit und Würde bezeichnet werden kann. Eigentümlicherweise steckt im Konzept der Inklusion, vielleicht als Überbleibsel seiner naturwissenschaftlichen Herkunft, die Vorstellung, dass eine optimale Gestaltung von Gesellschaft, eben ihre inklusive Form, und die Anwendung einer juristischen Sozialtechnik die soziale Seite der Behinderung zum Verschwinden bringen. Manche sprechen das explizit aus, spielen damit jenen in die Hand, die mit Pränatal-Diagnostik oder Präventiveingriff jedes Risiko vermeiden wollen. Wer sich dem Screening nicht unterzieht, wer den Fötus nicht untersuchen lässt, Fruchtwasseranalysen sich verweigert, dem wird der Versicherungsschutz verweigert. Der Gemeinschaft der Versicherten dürfen nicht die Kosten auferlegt werden, weil Einzelne sich der Untersuchungen entzogen oder dem Abortus nicht zugestimmt haben, wenn sich ein Gendefekt vermuten lässt. Schon vor zwanzig Jahren hat Elisabeth Beck-Gernsheim angesichts der damals geführten Debatte um Genetik darauf hingewiesen, dass es um die Verbesserung des Menschenmaterials gehen könnte (Beck-Gernsheim 1988); damals deutete sich die Pflicht zur genetischen Optimierung an, Platon und Aristoteles freuten sich. Die Debatte schien abzubrechen, als Bildung der neue Optimierungsmechanismus erschien. Jetzt spielen beide Konzepte sich die Bälle einander zu, zumal hier wie dort die Psychologen zur Diagnostik blasen: Zu Beginn des Lebens geht es um ein »Aussieben von Leben«, das als untauglich, gefährdet oder riskant erscheint (Braun 2016). Obwohl ein medizinischer Nutzen nicht zu erkennen ist, erwägen die deutschen Krankenkassen eben, die Kosten für die Früherkennung des Down-Syndroms zu übernehmen, für nichtinvasive Verfahren, die mit Hilfe einer Blutuntersuchung Chromosomenzahlveränderungen feststellen können – und weniger gefährlich sind, als die Fruchtwasseruntersuchungen. Dann folgen die präventiven Operationen für Fälle, in welchen ein erblich bedingtes Risiko für Krankheiten besteht – berühmt berüchtigt wurde die Schauspielerin Angelina Jolie, die sich – nach Pressemeldungen – Brüste und Eierstöcke entfernen ließ, um einer Erkrankung zu entgehen. Endlich wird Bildung zur neuen Leitkategorie, weil sich mit ihr die Subjekte noch die verpflichtenden Standards selbst zu eigen machen und sich überwachen können; man macht sich eben fit. Deutlich wird: Es geht in allen Fällen um technische Bearbeitung von Menschen, genauer: um eine Abtrennung des bearbeitbaren Materials von dem, was philosophisch mit Person, Subjektivität, Individualität und Wille, in einer alten psychologischen Denkweise als Seele, in soziologischer Hinsicht als Lebensform verstanden worden ist. All diese Konzepte werden aufgegeben, weil sie sich nicht operationalisieren, nicht vermessen lassen, vielleicht metaphysisch oder gar als transzendental erscheinen.

Solche Denkspuren der Naturwissenschaft und Technik verschwinden nicht; irgendwie bleibt LaMettries »L'homme machine« präsent. Sie verschwinden schon gar nicht, wenn sie sich in einen sprachlich-mentalen Zeitgeist fügen, der Modernität behauptet, aber Expertenherrschaft beansprucht. Wie anders ist es zu verstehen, wenn die Inklusion als Diversity Management betrieben wird. Da wird Verschiedenheit organisiert, gesteuert, optimiert, effizient gestaltet. Objekte sollen richtig positioniert, Aufwand und Ergebnis in ein gutes Verhältnis zu einander gebracht werden. Handhabung entscheidet. Um Menschen geht es nicht wirklich, weil über die dann doch anders gesprochen werden muss und kann, übrigens auch und ganz besonders in sozialen Organisationen (Froese 2016). Hinter- und untergründig bleiben diese Denkspuren der Technik wirksam, als Intuition zuweilen als Hoffnung, zumal das moderne Denken häufig mit Herstellungsphantasien operiert. Flankierend ist mancher Begriff schon positiv umgedeutet worden: Risiko oder Prävention. Bildungs- und Sozialpolitik, ganz besonders die Soziale Arbeit schwören Öffentlichkeit und Politik gerne auf vorbeugende Maßnahmen ein. Längst werden überall die Netze für Familien aufgespannt. Sie fangen auf oder eben auch ein. Sie nehmen Menschen Möglichkeiten, über die sie doch selbst entscheiden sollten. So eindeutig sind die Gefahrenlagen keineswegs, zumal die dann eben doch nicht bearbeitet werden, die eine klare Prognose zulassen: Einkommen, Wohnraum und die für ein soziales Leben erforderlichen Kontakte.

So gesehen ergibt sich ein widersprüchliches Bild: Einerseits Klarheit, nämlich die eines naturwissenschaftlich-technischen Denkens, das mit Verfügung und Messbarkeit einhergeht. Andererseits aber dann doch die Unklarheit und Ungewissheit, die viele Denkmöglichkeiten, Vorstellungen und Idee eröffnet. Allerdings: Für das pädagogische Denken, allzumal für pädagogische Professionalität ist beides gar nicht so ungewöhnlich, der Anspruch auf Methodik und ein mit Erfahrung gestütztes Handeln einerseits, das offene, unbestimmte, sich auf individuelle Personen mit ihren Eigenarten und auf die Besonderheit der Situation einlassende Denken andererseits. Nicht genug damit: es soll schon ein Denken sein, das als wissenschaftliches ausgewiesen sein kann, vielleicht eher philosophisch, aber doch um ein Gegenstandsverständnis angesiedelt, das bestimmt und unbestimmt zugleich ist. Das weiß, was Pädagogik ist – um im besonderen Fall dann eine besondere Pädagogik zu erfinden, die diesem Fall, diesem Kind gerecht wird. Mit Takt, wie Herbart gesagt hat. Die Pädagogin sollte wissen, in welchem Feld sie sich bewegt, mit welchen Momenten, Strukturen und Prozessen sie zu tun hat – und wie sich diese ständig neu konfigurieren, so dass sich eben nicht definieren lässt, was Erziehung konkret bedeutet. Bei all dem handelt es sich um komplexe Vorgänge, die weder linear ablaufen, noch mit einfacher Organisation erledigt sind; zu viel spielt mit- und gegeneinander, wie sich in manchen Schlüsselphasen zeigt. In der Pubertät etwa. Daher braucht man eben die offen-unbestimmten Begriffe, um sich das vorstellen zu können; es war sicher kein Zufall, wenn seit Ausgang des 18. Jahrhunderts, nämlich durch Schiller, und ganz besonders im 19. Jahrhundert, bei Fröbel, deutlich gemacht wird, dass menschliche Bildungsprozesse mit Spiel zu tun haben. Pädagogik, das Spiel der Erziehung muss also gleichsam zwischen Genauigkeit und Ungewissheit neu gefunden, wenn nicht erfunden werden. Mit Unterstützung einer Wissenschaft, für die Jakob Grimm den schönen Ausdruck »ungenaue Wissenschaft« gefunden hat.

Pädagogisches Handeln mit Personen und in Situationen ist nämlich konstitutiv auf Erinnern, Verstehen und Verständigung angewiesen, auf Auseinandersetzungen, die der Geltung von Urteilen gelten, seien sie auf eine Sache gerichtet oder auf eine Norm; sie können sogar verworfen werden: Pädagogik steckt hier immer in der Zwickmühle, dass ihre Protagonisten etwas präsentieren oder repräsentieren, das ihnen wertvoll erscheint, für das sie einstehen wollen oder müssen. Dennoch erfahren sie, wie die jüngere Generation manches ablehnt, das von der älteren Generation, von Eltern allzumal als wichtig angesehen wird; nicht immer dauerhaft, manchmal aber doch, weil so am Ende eine Entwicklung möglich ist, die sich dem Erkalten von Gesellschaften entgegenstellt. Die Kritik, nicht nur durch die jüngere Generation, macht eine heiße Gesellschaft erst möglich. Die unmittelbar Beteiligten führt das in Auseinandersetzungen, welche jenen ähneln, die sich zwischen Arzt und Patient vollziehen, wenn es darum geht, Krankheit oder Gesundheit zu fassen: Krankheit mag zwar noch mit harten Kriterien festzustellen sein, doch bleiben stets Unsicherheiten, die viele Ärzte heute gar nicht bemerken, weil sie auf ihren Bildschirm und die Diagnostikmanuale starren; was der Patient berichtet, berührt sie kaum noch. Gesundheit aber kann nur gemeinsam bestimmt werden; Wohlbefinden lässt sich von sozialer Kommunikation kaum trennen. Pädagogische Praxis gelingt nur mit Verständigungsprozessen, vielleicht, weil sie immer mit Zeigehandlungen beginnt, mit Verweisen auf ›etwas‹, dem man Symbole und Bedeutungen zuordnet, die gemeinsam geteilt werden. Pädagogische Begriffe verweisen also auf ein Deutungsgeschehen, das auf eine ganz eigentümliche Art und Weise Vergangenheit, Erfahrung und Erinnerung, Gegenwart, Empfinden und Erleben, mit Zukunft, Hoffnungen und Perspektiven verbindet und auf eine Situation bezieht, die gemeinsam bewältigt wird. Pädagogische Begriffe müssen dann unbestimmt sein, weil sie eine weite Spanne des Erlebens umfassen: Für alle Beteiligten berührende und unvergessliche Glücksmomente, tiefe Enttäuschung und Verärgerung, endlich auch Grenzerfahrung: Wie lässt es sich aushalten, wenn Menschen dauernd Schleim absondern, schreien, andere zu attackieren scheinen, selbst, wenn die als aggressiv vermuteten Äußerungen schlicht ihr Leben und ihre Lebendigkeit signalisieren? Sie sind dennoch schwer zu ertragen, allzumal auf Dauer, die Kräfte jener sind auch beschränkt, die mit Menschen umgehen, die sich nur auf Umwegen ansprechen lassen. Manchmal macht sich unendliche Verzweiflung breit, etwa, wenn Entwicklungen abbrechen oder verloren scheinen, die neue Fähigkeitspotenziale andeuteten.

Inklusion ist aber kein pädagogischer Begriff – wie sehr er im Zusammenhang des gesellschaftlich organisierten Systems der Bildung und Erziehung Verwendung findet. Es gibt keine inklusive Pädagogik – ein solcher Ausdruck ist in jeder Hinsicht Unfug, weil alles pädagogische Handeln sich unausweichlich in der Spannung bewegt, dass Menschen sich als Subjekte begreifen, dass ihnen sichergestellt oder ermöglicht wird, sich frei und machtvoll in einer Gesellschaft und ihrer Kultur sowie gegenüber dieser sich zu verhalten, die Einfluss auf sie nehmen will. Das macht den Unterschied zur Sozialisation aus; der Begriff der Sozialisation fasst den Sachverhalt, dass Gesellschaften gleichsam übergriffig sind, sich bei den Menschen einnisten möchten, als zweite Natur, wie Durkheim sagt – der dabei meint, dieses zweite gesellschaftliche und damit eigentliche Wesen der Menschen sei ihr eigentliches. Da ist durchaus etwas dran – aber das pädagogische Handeln schafft eben noch eine zusätzliche Dynamik, die Distanz zur Kultur. Das kann schon Regeln folgen. Inklusion, ein Einschluss, eine Unterwerfung unter ein größeres Ganzes, lässt sich damit jedoch nicht verbinden. Die naturwissenschaftlich inspirierte Denkweise möchte aber genau das nahelegen: Sie öffnet den Weg für Operationalisierung und Technisierung; Interessen setzen sich gegen Menschen durch, deren Lebensformen doch verhandelt werden müssen; im Bildungssystem haben sich diese neuen Muster schon durchsetzen können (vgl. Dammer 2015), die Vermutung liegt nahe, dass die Versuche der Steuerung als Governance, das Gefühl in einen postdemokratischen Zustand eingetreten zu sein, Ausdruck solcher subtilen Herrschaftsversuche sind, in welchen hegemoniale Mächte ein vorgeblich klares Verständnis durchsetzen wollen.

Die UN-Konvention

Die Tendenz zu einer nur noch als schlecht politisch zu fassenden Rigidität, zur Unterstellung von Klarheit im Geschehen überrascht nun allerdings. Denn sie passt kaum zu dem Referenztext der Debatte, nämlich zur UN-Konvention der Rechte für Menschen mit Behinderung; zuweilen hat man den Eindruck, dass diese nur selten inhaltlich aufgenommen wird, obwohl sie seit 2008 geltendes Recht (nicht nur) in der Bundesrepublik Deutschland ist (vgl. Bundesgesetzblatt 2008, S. 1419 ff), im Parlament übrigens eher nebenbei, in nächtlicher Sitzung und nur von wenigen verabschiedet wurde. Über den Vorgang und die mit diesem zum Ausdruck kommende Wertschätzung kann man sich durchaus streiten. Die Konvention wurde übrigens in drei Sprachen deutsches Gesetz, englisch, französisch und in deutscher Übersetzung. Dies ist nicht ganz unwichtig, weil die unterschiedlichen Fassungen sich unterscheiden (müssen), die verwendeten Ausdrücke semantisch, in ihren sprachlichen Kontexten und den mit ihnen verbundenen Assoziationen nicht deckungsgleich sind. Das gilt schon für die Grundbegriffe *Menschen mit Behinderung, Persons with Disabilities, personnes handicapées*. Die im angelsächsischen Sprachgebrauch verbreiteten Begriffe *disability* oder gar *handicap* sind keineswegs deckungsgleich mit dem der Behinderung, es macht zugleich wenig Sinn, sie als Fremdworte zu übernehmen, weil Begriffe mit sozialen und kulturellen Konnotationen verbunden und in Mentalitäten eingebettet sind.

Gleichwohl: Die Konvention stellt ein bemerkenswertes Dokument dar, hochgradig reflexiv und anregend, nicht zuletzt übrigens, weil sie selbst Offenheit des Denkens und Handelns zum Ausdruck bringt und sogar normativ einfordert. Sie ist zweifelsohne ein politischer Text, allzumal in ihrer Absicht, gesellschaftliche Verhältnisse zu gestalten und dies überprüfen zu wollen; so gesehen kann man ihr eine ordnungspolitische Absicht zusprechen. Aber: Im Duktus ihrer Begründung, in der Vorstellung ihrer Überlegungen und ihrer Ideen bleibt sie weit entfernt von aller harten Programmatik und Dogmatik, wie sie bei jenen zu erkennen ist, die sich auf sie berufen. Es klingt polemisch: Doch abgesehen von manchen juristischen Gutachten, die an sie anschließen, stellt sich das Gefühl ein, dass sie wohl nicht wirklich gelesen worden ist. Wer sich nämlich auf sie einlässt, macht sich auf den Weg einer pädagogischen oder sogar bildungstheoretischen Debatte, die sich der Offenheit stellt, wie sie in pädagogischen Kontexten notwendig ist. Wobei in der Tat hervorzuheben ist, dass eine starke, nicht nur in Einzelmomenten festzustellende Affinität zwischen der Kinderrechtskonvention und der für Menschen mit Behinderung besteht. Hier wie dort zeigt sich nämlich als eine geradezu konstitutive Idee, auf zwei Ebenen Veränderungsprozesse initiieren zu wollen. Die Konventionen denken nicht strukturell – wie dies in ihrer sozialpolitischen Interpretation dann der Fall ist –, sondern machen Prozesse thematisch: Prozesse, in welchen sich die Lebensbedingungen der in den Blick genommenen Menschen verändern, Prozesse aber auch, die ihr Leben selbst auszeichnen. Sie thematisieren Bildung in einer sozialen wie in einer individuellen Dimension. Die Konvention hat Sozialpädagogik zum Inhalt, denn es geht ihr darum, die sozialen und kulturellen Verhältnisse so zu verändern und zu gestalten, dass Abilities entstehen können, Fähigkeiten, besser vielleicht: Dispositionen.

Der Text der Konvention soll und kann hier gar nicht ausführlich diskutiert werden; das sprengt den Rahmen. Es geht mehr um das, was man ein wenig flapsig und ungehörig ihre Philosophie nennen kann – obwohl das Wort insofern berechtigt ist, weil die Übereinkunft tatsächlich eine sehr spezifische Art des Denkens und Handelns ausdrückt. Dazu muss man sie mit einer Art offener Hermeneutik lesen, sie also in jener Spannung und Dialektik aufnehmen, die insbesondere für pädagogisches Denken konstitutiv zu sein scheint, wenn und sofern dieses nicht durch die – heute üblich gewordenen – psychologischen Formen des Bildungsdenkens beschädigt wird: es geht um die Spannung zwischen einem Wissen um klare Notwendigkeit und Bedingungen einer menschlichen Praxis, allzumal einer, die sich auf Prozesse richtet, welche jedoch nicht determinieren oder zu einem messbaren Ergebnis führen; es geht um das Spiel der Offenheit, von dem wir spätestens seit Schiller wissen, dass es spezifisch für Humanität ist.

Ein Grundproblem stellt sich wie bei allen UN-Konventionen zu den Menschenrechten. Sie bergen eigentlich einen Widerspruch in sich, weil sie zwar die Allgemeinen Menschenrechte als solche und in ihrer Universalität stärken wollen, zugleich aber eine Gruppe besonders hervorheben; sie wirken mithin diskriminierend (dagegen: Bielefeld 2010). Allgemeine Menschenrechte gelten für Kinder ebenso für Menschen mit Behinderung. Man könnte geradezu einen performativen Widerspruch konstatieren, der sich gleichwohl nicht vermeiden lässt. Denn in der Empirie werden Menschen mit Behinderung nicht nur kategorial von der Gruppe der Menschen ausgeschlossen, sondern misshandelt und buchstäblich verstoßen, der Umgang mit ihnen war und ist von entsetzlicher Grausamkeit bestimmt – lange Zeit übrigens auch in den postkommunistischen Gesellschaften. In der Konvention klingt diese reale Lage von Menschen mit Behinderung immer wieder an, beispielsweise, wenn ausdrücklich betont wird, dass sie vor Versklavung geschützt werden müssen, dass es darum geht, ihr Leben zu sichern. Dass die Konvention in Artikel 10 ausdrücklich das Recht auf Leben betont, unterstreicht noch einmal die Dramatik in der Lage von Menschen mit Behinderung, ebenso übrigens Artikel 15 (Freiheit von Folter oder grausamer, unmenschlicher oder erniedrigender Behandlung oder Strafe) und Artikel 16 (Freiheit von Ausbeutung, Gewalt und Missbrauch) und Artikel 17 (Schutz der Freiheit der Person). Solche Hinweise verdeutlichen den Hintergrund der Konvention, lassen die Debatten in Deutschland in einem anderen Licht erscheinen – offen gesagt: sie wirken ein wenig luxuriös, wenn nicht sogar zynisch gegenüber dem realen Elend, das (junge) Menschen mit Behinderung und Erkrankung weltweit zu ertragen haben. Die lange Entstehungsgeschichte der Konvention und ihre erfolgreiche Verabschiedung haben dabei zu tun damit, dass weltweit sich (meist: Nicht-Regierungs-) Organisationen zunächst insbesondere mit der Lebenslage von jungen Menschen auseinandergesetzt haben, die in Kriegen verwundet oder versehrt wurden, ohne eine Spur von weiterer Unterstützung zu erhalten. An dem Ringen um die Konvention waren beispielsweise die Verbände der Opfer von Verletzungen durch Landminen beteiligt (vgl. Jantzen 2010), dann *Inclusion International*, die gegen die weit verbreitete Praxis der Rechtseinschränkung für Behinderte kämpfen. In mancher Hinsicht sind die hierzulande geführten Debatten zynisch gemessen an dem Elend, das weltweit Behinderten widerfährt. In einer Vielzahl von Ländern wurden behinderte Menschen entweder umgebracht, weggesperrt, versteckt und vernachlässigt oder zum Opfer medizinisch legitimierter Misshandlung – etwa durch neurochirurgische Eingriffe in das Gehirn, also die Lobotomie, welche noch in den siebziger Jahren bei Behinderten in Skandinavien vorgenommen wurden, wo auch die Sterilisation bei geistig behinderten Menschen belegt ist. So lange sind wir aus dem Alptraum nicht aufgewacht.

In den Auseinandersetzungen hat sich dabei der Blick erweitert, weil selbst in den europäischen Ländern Praktiken des Ausschlusses lange üblich und sogar gesetzlich gefordert waren. Eine weitere Vorgeschichte darf nicht vergessen werden, weil sie sich in der Struktur der Konvention deutlich niederschlägt: Die Vereinten Nationen haben gelernt, dass Vereinbarungen als Papiertiger enden, wenn sie nicht mit Kontroll- und Sanktionsmechanismen verbunden werden, wenngleich diese dann doch nur auf Reputationsverluste zielen können. Die Konvention umfasst nach ihrer langen Präambel 50 Artikel, 20 Artikel regeln die Überwachung der Aktivitäten in den Unterzeichnerstaaten. Diese müssen Bericht über ihre Leistungen erstatten, mit welchen sie die Rechte der Menschen mit Behinderung zu realisieren versuchen. Das Fakultativprotokoll konkretisiert dies zusätzlich. Dennoch hat es in manchen Bundesländern Deutschlands fast ein halbes Jahrzehnt gedauert, bis die Botschaft von der Inklusion in Ministerien und Verwaltung angekommen ist, von ihrer Implementierung etwa in der Lehrerbildung ganz zu schweigen. An den Hochschulen herrschen schließlich Exzellenz- und Sparzwänge, die Lehrerbildung wird zwar gelegentlich symbolisch herausgestellt, doch läuft man hier noch den Befunden hinterher, die durch die Large Scale Assessments emporgefördert worden sind. Das Ergebnis war hier Steigerung der Schulleistungen – da kommen dann die paar Behinderten nur in die Quere.

Diese Vorgeschichte und zugleich die Vielzahl von unterschiedlichen Begründungszusammenhängen spiegeln sich in der langen Präambel der Konvention wieder, die nahezu das gesamte Alphabet zur Aufzählung von Perspektiven auf die Auseinandersetzung mit Behinderung benötigt. Das scheint wenig systematisch und beunruhigt jede und jeden, die gerne mehr Ordnung haben möchten. Doch liegt gerade darin die Pointe der Konvention: Sie will einen Prozess der Auseinandersetzung anregen, wenn nicht sogar anstiften, lässt zu, dass Hinweise, Erwägung und Besorgnisse gleichrangig als Begründung herangezogen werden. Es geht um das Gespräch und eine Praxis, nicht um eine bestimmte Lösung. Dazu öffnet sie einen Reflexionshorizont, der sich nicht hintergehen lässt – sie insistiert auf Menschenrechte, weiß aber, dass und wie die Debatte um Menschenrechte weder erstarren noch zum Substitut werden darf, wenn die Einflussnahme auf menschliches Leben und seine Gestaltung gleichsam verloren gegangen sind. Die Konvention wagt das Experiment einer Öffnung des Denkens und Handelns, »e) in der Erkenntnis, dass das Verständnis von Behinderung sich ständig weiterentwickelt und dass Behinderung aus der Wechselwirkung zwischen Menschen mit Beeinträchtigungen und einstellungs- und umweltbedingten Barrieren entsteht, die sie an der vollen, wirksamen und gleichberechtigten Teilhabe an der Gesellschaft hindern«.

Als Grundperspektive der Konvention lässt sich kaum übersehen, wie sie um eine Figur konstruiert ist, die man unschwer als die der Subjektivität von Menschen erkennen kann, Autonomie und Unabhängigkeit, Freiheit sind zu sichern und zu gewährleisten. Sie spricht sogar davon, dass Menschen mit Behinderung ein Bewusstsein ihrer Würde entwickeln sollen: Sense of Dignity (Artikel 24, vgl. Bielefeldt 2010). Das kann als eine geradezu klassische Form des Bildungsdenkens gefasst werden. Dabei ist *zum einen* bemerkenswert, dass zwar die Mitwirkung an Entscheidungsprozessen unabdingbar ist, es dennoch prioritär nicht um die Handlungsfähigkeit und damit die Möglichkeit geht, Wirkungen zu erzielen; ihr ist ein Denken fremd, wie es in den Konzepten eines *Enabling State* anklingt, denn sie zielt nicht auf Förderung und Forderung. Ihr Ansatz ist radikaler, weil er jeder und jedem die innere Würde zuerkennt, gleich viel, wie sein aktiver Anteil an der Gestaltung der Welt sein mag. Zugleich aber beschränkt sie sich nicht auf eine Form von existenzieller Anerkennung im bloßen Da- und Sosein. Der mittlerweile schreckliche Gedanke einer bloßen Toleranz, des Duldens und Hinnehmens von Behinderung ist ihr fremd. Die innere Würde drückt sich hingegen sehr wohl in einem – um es etwas paradox zu formulieren – tätigen Erleben aus: Die Konvention spricht nämlich regelmäßig von Genuss, von »Enjoyment«; die leise religiöse Anspielung ist beabsichtigt, zugleich liegt darin eine Anerkennung der Eigenwilligkeit von Menschen. Das mag zutiefst irritieren: Aber Genuss ist ein Zustand, der weder deterministisch oder kausal zustande kommt, noch erzwungen werden kann. Er ist mit subjektiver Empfindung und der Bereitschaft verbunden, eine Lebenssituation selbst positiv zu bewerten; man kann auf einen Genuss verzichten, wenn man darin eine Abwertung oder gar Missachtung des eigenen Lebensgefühls sieht. Insofern überrascht es allerdings kaum, dass die Konvention stets zwei Perspektiven auf Behinderung eröffnet, die dort übersehen werden, wenn nur der Stigmatisierungseffekt in den Vordergrund gestellt wird:

> »Zu den Menschen mit Behinderungen zählen Menschen, die langfristige körperliche, seelische, geistige oder Sinnesbeeinträchtigungen haben, welche sie in Wechselwirkung mit verschiedenen Barrieren an der vollen, wirksamen und gleichberechtigten Teilhabe an der Gesellschaft hindern können.« (Artikel 1)

Die Übereinkunft verkennt also nicht, was man die Ernsthaftigkeit und Objektivität von Behinderung nennen könnte; es geht um ein Moment der menschlichen Lebensform, dessen Bedeutung in dieser freilich vom eigenen Urteil des Subjekts abhängt. Ob jemand an seiner Lebensform leidet, kann nicht von anderen entschieden werden; nicht jeder, der mit einer Krankheit oder einer Behinderung zu tun hat, will das Mitleid anderer. Selbst wenn diese die Wut spüren, mit der sich jemand den Arm ausreißen möchte, der seit einem Schlaganfall gelähmt ist, unnütz geworden ist, buchstäblich behindert. Aber: Zwar verlangt die Konvention eine Gestaltung der Welt, ein universelles Design, ein *Universal Design* oder eine *conception universelle* (vgl. Artikel 2), die selbstverständlich und unauffällig, ironischerweise gar nicht behindertengerecht, sondern schlicht funktional für alle Menschen ist. Immerhin: Eine Einschränkung kann jede und jeder erfahren. Eine schwerere körperliche Verletzung, der Beinbruch passiert beim Spiel mit dem Enkelkind – die Gesellschaft, ihr Denken und ihre Einrichtungen müssen so gestaltet sein, dass im Alltag daraus keine Konsequenzen entstehen. Der Gebrauch der Alltagsgegenstände darf keine diskriminierende Wirkung nach sich ziehen.

Aber weil Behinderung objektiv ist und so erfahren werden kann (aber nicht muss), schließt die Konvention keineswegs besondere Angebote und Leistungen aus, die Menschen mit Behinderung oder Erkrankung in besonderer Weise unterstützen. Die Norm markiert wohl einen der zutiefst strittigen Punkte der Konvention, weil er besondere und auch besondere Angebote und Leistungen legitimieren kann:

> »Besondere Maßnahmen, die zur Beschleunigung oder Herbeiführung der tatsächlichen Gleichberechtigung von Menschen mit Behinderung erforderlich sind, gelten nicht als Diskriminierung dieses Übereinkommens.« (Artikel 5, Satz 4)

Dabei erzeugt die Konvention selbst ein Dilemma, wenn sie regelmäßig die Vielzahl und Vielfalt an Behinderung betont. Sie rekurriert damit zwar auf die in den angelsächsischen Ländern weit verbreitete, inzwischen auch hierzulande geführte Debatte um Diversity, provoziert aber im Umkehrschluss eine Art Homogenitätseindruck für Menschen ohne Behinderung. Die Vielfalt von Behinderung erzeugt ein Normalitätskonzept, das selbst dann nicht mehr aufgehoben werden kann, wenn Diversity als anthropologische Grundfigur gedacht wird – was übrigens in den Debatten kaum der Fall ist, weil diese jegliche Art anthropologischer oder evolutionsbiologischer Perspektive angestrengt vermeiden. Dies könnte ja einen Naturalismus erzeugen, der mit einem modernen sozialwissenschaftlichen Denken nicht zusammengeht. Als ob Krankheit oder auch Tod sich nicht als Einbrüche einer dann doch hartnäckigen Natur in unser soziales und kulturelles Leben erweisen! (vgl. Krüger 2017). Als ob nicht Erziehung und Unterricht erfunden worden sind, um dem Tod ein Schnippchen zu schlagen! (Winkler 2006)

Zum anderen wird Subjektivität nicht individualistisch gedacht, sondern stets im Kontext mit sozialen Zusammenhängen. Artikel 19 spricht dann erstmals im englischen Text von *Inclusion*, nämlich in einem Zusammenspiel von Sicherung der unabhängigen Lebensführung und – wie die deutsche Übersetzung dann lautet – »Einbeziehung in die Gemeinschaft«. »being included in the community« meint jedoch eine subjektive Verfasstheit, während der deutsche Text eine Erwartung an die jeweilige Gemeinschaft richtet. In semantischer Hinsicht lohnt es sich hier innezuhalten und zu fragen, ob nicht der länger gebräuchliche und übliche Begriff der Integration sogar mehr taugt (später wird an Adorno erinnert, der ihn aus anderen Gründen nicht minder vehement ablehnt). Integration lässt eine Doppelrichtung des Handelns mitschwingen, wie zumindest in den an Migranten gerichteten Erwartungen sich andeutet: Menschen sollen durch eine soziale Gemeinschaft integriert werden, Integration ist eine Leistung, die sie durch ihr eigenes Handeln realisieren; sie dürfen und müssen Unterstützung von einem Gemeinwesen erwarten, aber es bedarf zugleich einer Aktivität ihrerseits. Immerhin zeigt empirische Forschung, wie Migranten ihren Weg in ihre neue Gesellschaft doch sehr bewusst und aufmerksam selbst gestalten und verantworten wollen (vgl. Kayguszuz-Schurmann 2016). Inklusion lässt diese Dimension der Agency in den Hintergrund treten, so dass die Aktivität der dann nur Betroffenen und die Kooperation mit diesen – strenggenommen – unthematisiert bleibt. Endlich findet sich eine wichtige Parallele zwischen der Konvention für die Rechte von Menschen mit Behinderung zur Kinderrechtskonvention (und zugleich eine Übereinstimmung mit anderen menschenrechtlichen Grundbestimmungen). Sie nehmen eine starke Positionierung von Familie als »die natürliche Kernzelle der Gesellschaft« (»natural and fundamental group unit of society«) vor; ihr wird der Anspruch auf besonderen Schutz durch Staat und Gesellschaft ausdrücklich zugesprochen. Man kann sich schwer vorstellen, dass die in Deutschland gelegentlich anzutreffende Zurückweisung der Elternwünsche etwa bei der Wahl der Schule für das Kind mit Behinderung durch die Konvention gedeckt ist. In keinem Fall erlaubt die Konvention, mit dem Verweis auf Menschenrechte den Primat der Eltern und Familien auszuhebeln, wie das in deutschen Debatten zuweilen geschieht; es hat sicher eine deutungsleitende Bedeutung, wenn die Konvention schon in ihren ersten Sätzen die »Human Family« adressiert.

Abgesehen von der Sicherung persönlicher Grundrechte, von Würde, Freiheit, Autonomie, der privaten Lebensführung (Artikel 22), des Schutzes der Wohnung und wieder explizit der Familie (Artikel 23) zielt die Konvention auf die Bereitstellung einer hinreichenden, Bildung und Lebensführung ermöglichenden Infrastruktur; viel weist darauf hin, dass die Vereinten Nationen einem Ansatz gefolgt sind, der als Capability Approach dann bekannt geworden ist. An erster Stelle steht hier nun in der Tat Bildung, resp. education oder éducation. Nach Artikel 24 gewährleisten die Vertragsstaaten – so die deutsche Übersetzung – »ein integratives Bildungssystem auf allen Ebenen und lebenslanges Lernen mit dem Ziel a) die menschlichen Möglichkeiten sowie das Bewusstsein der Würde und das Selbstwertgefühl des Menschen voll zur Entfaltung zu bringen und die Achtung vor den Menschenrechten, den Grundfreiheiten und der menschlichen Vielfalt zu stärken«. Es soll sichergestellt werden, dass Menschen mit Behinderungen ihre Persönlichkeit, ihre Begabungen und ihre Kreativität sowie ihre geistigen und körperlichen Fähigkeiten voll zur Entfaltung bringen, sie endlich »zur wirklichen Teilhabe an einer freien Gesellschaft« befähigt werden. Der englische Text verwendet hier den Begriff »Inclusive Education«, der französische greift zu einer ungewöhnlichen Ausdrucksweise und spricht von »l'insertion scholaire«; er nutzt eine Formulierung, die zwar von der OECD gebraucht wird, während der Verwaltungswortschatz eher intègration oder doch Inclusion nutzt.

Als zentrale Norm wird in der Debatte endlich Artikel 24 Abs. 2a) aufgegriffen: nach diesem stellen die Vertragsstaaten sicher, dass »Menschen mit Behinderungen nicht aufgrund von Behinderung vom allgemeinen Bildungssystem ausgeschlossen und dass Kinder mit Behinderung nicht aufgrund von Behinderung vom unentgeltlichen und obligatorischen Grundschulunterricht oder vom Besuch weiterführender Schulen ausgeschlossen werden«. Die Staaten sorgen allerdings zugleich dafür, dass die individuell notwendigen didaktischen Formen gewählt und »in einem Umfeld« realisiert werden, »das die bestmögliche schulische und soziale Entwicklung gestattet« (Artikel 24 Abs. 3c). Hierin liegt einer der zentralen Streitpunkte in der Debatte: Abgesehen davon, dass offen gehalten wird, wie die (pädagogischen) Aktivitäten aussehen und wer über sie bestimmt, abgesehen davon, dass die Konvention ausdrücklich die Ausbildung von Fachkräften für die Arbeit mit Menschen mit Behinderung verlangt, somit sehr wohl die Möglichkeit einer Behinderten- oder Integrationspädagogik vorsieht, stellt sich allerdings die Frage, wie der Begriff eines »allgemeinen Bildungssystems« zu verstehen ist. Die Merkmale sind eher formal gehalten, im Grundsatz gilt, dass es für jede und jeden zugänglich und sein Besuch obligatorisch sein muss. Es wird keine Aussage darüber getroffen, ob und wie weit eine Differenzierung innerhalb des Systems möglich ist, streng genommen wird man sogar vorsichtiger sein und überlegen müssen, ob die Konvention eigentlich tatsächlich Schule als Institution meint. Sie könnte nämlich auch an eine Unterrichtpflicht denken, wie sie in der überwiegenden Zahl der Staaten vorgeschrieben ist. Andernfalls wären nämlich die Möglichkeiten von Home Schooling oder sogar von Schulen in freier Trägerschaft für behinderte Kinder quasi im Umkehrschluss verboten. Zudem verlangt die Konvention keineswegs, Schulen oder pädagogische Einrichtungen abzuschaffen, die für Menschen mit Behinderung eingerichtet sind. Der Ausdruck Schulsystem deckt Schulen, in welchen behinderte und nicht-behinderte Kinder gemeinsam lernen, und ein System, in welchem Kinder mit Behinderung besondere Förderung und Aufmerksamkeit in einem Kontext erhalten, der räumlich unterschieden ist. Zudem spielt die Wahl der Eltern eine wichtige Rolle. Mit der Konvention lässt sich die meist in Wirklichkeit aus Kostengründen veranlasste Schließung von Sonderschulen nicht begründen, sofern diese letztlich staatlicher Aufsicht unterliegen und insofern dem Bildungssystem angehören. Nicht erlaubt ist allerdings, dass Kinder überhaupt aus dem Bildungssystem als »nicht bildungsfähig« oder – wie das in Frankreich hieß – »éducation impossible« ausgeschlossen werden.

Spätestens hier stellt sich aber die in der Inklusionsdebatte weitgehend ausgeblendete Frage nach dem Grad der Behinderung, nach ihrer Schwere und dem Ausmaß der Einschränkungen und Verzögerungen, die einem Mensch auf seinem Bildungsweg begegnen. Klar ist: es muss jeder und jedem ein kostenloser Schulbesuch ermöglicht sein. Weniger klar ist, ob und wie weit dieser Bildungsweg in den Schulen gesucht und gefunden wird, die von einer Mehrheit der Kinder besucht werden (können). Die Verweise auf Begabung, auf individuell angemessene Formen der Pädagogik, auf Unterstützung durch Fachkräfte deuten in eine andere Richtung. Zudem muss allerdings gefragt werden, ob die Würde des Menschen, seine Autonomie und Selbständigkeit eigentlich durch ein System noch geachtet werden, das Kinder an normierten und standardisierten Leistungsansprüchen und -erwartungen misst. Schulen machen schließlich nicht nur Unterrichtsgegenstände zugänglich, befähigen Kinder und Jugendliche nicht nur dazu, ihre Welt gestalten zu können, keineswegs berücksichtigen sie vorrangig ihre Individualität. Sie gehorchen vielmehr Anforderungen, die – erklärtermaßen – den Ansprüchen einer Arbeitswelt genügen, sie betreiben Selektion und Allokation, die eben nicht bloß der Verfügung über das Weltwissen nachgehen; sie sind Institutionen, die – wenn man es sehr höflich ausdrücken will – Systemzwängen genügen, welche mit Pädagogik wenig zu tun haben, am Ende vielleicht wirklich das abgerichtete, mehr oder weniger entsubjektivierte Subjekt oder neuerdings das hergestellte, als Subjekt funktional gewordene Subjekt wollen. So gesehen bewegen sich die Verfechter der Inklusion auf ziemlich heiklem Terrain; sie vergessen in ihrem Übermut die Realität der Institution Schule.

Hinzu kommt: Es fällt auf, wie die Vereinbarungen und Regelungen der Konvention deutlich überschreiten, was Artikel 26 der Allgemeinen Menschenrechte normiert; dieser ist bekanntlich vergleichsweise kurzgehalten und bedarf eigentlich einer Erweiterung, die den jüngeren Entwicklungen weltweit gerecht werden. Kritiker werfen dabei der UN-Konvention vor, dass sie im Grunde Menschen mit Behinderungen sogar privilegiert, indem sie für diese mehr fordert, als Menschen gemeinhin zugestanden wird. Insgesamt begegnet sogar häufiger der Vorwurf, dass in der Inklusionsdebatte schlechthin ein viel höheres Maß an Unterstützung und vor allem an Beteiligung oder Mitwirkung erwartet wird, als dieses der überwiegenden Mehrheit von Menschen selbst in modernen Demokratien gewährleistet wird.

Darüber kann man streiten, als spitzfindige Polemik ist der Hinweis gleichwohl notwendig, allzumal angesichts zunehmender Ausschlussprozesse in einer Vielzahl von Gesellschaften, die möglicherweise nur mehr in einem formalen Sinne als Demokratien anzusehen sind. Dabei verdient die Konvention insofern eine faire Interpretation, als sie nach den infrastrukturellen Bedingungen für Bildung, Gesundheit und Arbeit erst mit Artikel 29 unterschiedliche Bereiche der Partizipation oder Mitwirkung zu thematisieren und zu normieren beginnt. Darin liegt übrigens eine demokratietheoretische Ambivalenz, die sich aus der Entstehungsgeschichte der Konvention zwar erklären lässt, aber nicht frei von Problematik erscheint: Zwar befasst sie sich – wie dargestellt – einleitend mit Grundbestimmungen und Merkmalen würdiger menschlicher Existenz, hebt Autonomie, Selbstbestimmung und Wirkung hervor. Sie will dann – und darin liegt ihre pädagogische Grundidee – die Fähigkeit sicherstellen, Autonomie auszuüben. Die Konkretisierung der Praxisbereiche solcher Mitwirkung kommt jedoch erst gegen Ende der Regelungen, die die Subjektivität bestimmen. Man kann und muss sich selbstverständlich fragen, ob hier nicht ein paternalistischer Zug festzustellen ist, weil eben Bildung, Gesundheit und Arbeit gleichsam vor und jenseits einer Mitbestimmung durch die individuell subjektiven Akteure geordnet werden. Doch liegt vielleicht eine Antwort darin, dass die Konvention von einer fundamentalen Vorstellung getragen wird, in der es um die Sorge der Menschen füreinander und umeinander geht, darum auch, Hilfen zu bieten, die Wohlbefinden und gute Entwicklung ermöglichen.

4 Inklusion – Politik mit der Pädagogik

Auftakt: Eine kleine Theorie moderner Politik

Inklusion ist aber kein pädagogischer Begriff. Die Verknüpfung von Pädagogik und Inklusion begeht einen Kategorienfehler, er hat sich schon angedeutet, nach dem Gang durch die Literatur. Zwar darf man der UN-Konvention für die Rechte von Menschen mit Behinderung eine bildungstheoretische oder bildungsphilosophische Grundlinie attestieren, die nicht zuletzt eine Vorstellung von Praxis eröffnet. Doch bleibt der Begriff der Inklusion dort weitgehend auf die Organisation des Bildungssystems als ein inklusives beschränkt, während zugleich die Lebenslage und Lebenssituation von Menschen mit Behinderung schlechthin thematisch werden.

Die deutschsprachige Rezeption überrascht demgegenüber ein wenig. Denn sie greift einerseits weit über das Anliegen der Konvention hinaus, fasst andererseits diese aber dann doch wiederum eng und auf pädagogische Fragen geradezu fokussiert. Sie setzt zunächst relativ spät ein, gemessen an den Debattenbeiträgen anderer Länder – wobei diese Inklusion oftmals auf einer Ebene thematisiert haben, die eher mit der Zugehörigkeit zu einem Staatswesen zu tun hat, so etwa in Frankreich und England, wo die Thematik zuerst diejenigen betrifft, die ehemals in Kolonien lebten. Obwohl Verbände und einzelne Akteure aus dem deutschen Sprachraum sich in die Debatte einmischen, kommt sie doch als eine Art Seitenlinie der Kritik am deutschen Bildungssystem auf, die durch die großen, international vergleichenden Untersuchungen angeregt wurde.

Sie hat zwei Reaktionen ausgelöst, *einerseits* die Frage nach der Reproduktion von sozialer Ungleichheit durch das Bildungssystem und die Möglichkeiten, wenigstens die Zugänge zu diesem gerechter zu gestalten. Eine Vorstellung, die fast ein wenig naiv anmutet, nicht nur, weil Klassengesellschaften eben von Ungleichheit bestimmt sind (und diese soziale Ungleichheit wohl in den letzten Jahrzehnten zugenommen hat), weil das Bildungssystem solcher Gesellschaften Ungleichheit immer – systemisch – reproduzieren muss, freilich an unterschiedlichen Stellen und in unterschiedlichen Phasen im Lebenslauf der Beteiligten. Die Kritik an der Ungerechtigkeit des Bildungssystems und die Hoffnung, durch diese soziale Gerechtigkeit herstellen zu können, verfällt einmal mehr dem Irrglauben, dass Bildungssysteme gleichsam autonom sein könnten. Die *andere Reaktion* bestand darin, gegenüber den schematisierenden, allzumal auf Standardisierung, Messbarkeit, Vergleichbarkeit und vor allem den Outcome schielenden Antworten auf die – vorgeblich – neue Bildungskatastrophe damit zu reagieren, dass die Besonderheit und Eigenart von menschlicher Entwicklung selbst in organisierten und angeleiteten Lernprozessen hervorgehoben wird. Die Inklusionsdebatte erscheint so als Versuch, individuelle Subjektivität in den technisch gewordenen (Un-)Bildungsprozessen und gegenüber diesen wieder geltend zu machen. Man könnte davon sprechen, dass die Pädagogik gerettet werden sollte, Inklusion kleidet sich damit als Reformpädagogik gegenüber der aktuellen Reform der Pädagogik. Nur zeigen sich hier wiederum Ambivalenzen, die auf makabre Art belegen, wie wenig man den Mühlen des neoliberalen Kapitalismus und seiner Ideologien entkommt: Differenz, Heterogenität werden nämlich gar nicht gefordert, um den Einzelnen gerecht zu werden oder gar die Erfahrung zu ermöglichen, dass und wie eine Gemeinschaft Unterschiedlicher einem guten Leben aller näherkommt. Vielmehr soll die Heterogenität dazu nutzen, Lernleistungen und Lernerfolge zu steigern. Brauchbarkeit steht im Vordergrund, nicht die praktisch sinnliche Erfahrung menschlicher Subjektivität!

Die deutsche Debatte um Inklusion beschränkt diese also zuerst auf Schule – und verheddert sich in dieser. Vielleicht merken das die Diskussionsteilnehmer, um daraus dann wiederum flugs eine gesellschaftspolitische Debatte zu drehen. Inklusion steht dann für eine umfassend gesellschaftsreformerische Perspektive, nicht ganz frei von Hoffnungen, das alte, linke Projekt der Revolution verwirklichen zu wollen. Es geht nun um alle, die gesellschaftlich ausgeschlossen scheinen; von der Sozialen Arbeit bis zur Gewerkschaft besteht da Einigkeit, wobei sich die Protagonisten unter dem Etikett der Menschenrechte sammeln. Zwei Ebenen zeigen sich: Auf einer hohen geht es um eine neue Gesellschaft, die sozusagen durch die Hintertür eingeführt werden soll – bei aller Sympathie für das Vorhaben fragt man sich bange, warum das nun als Inklusion überschrieben wird. Ein wenig tiefer und pragmatischer wird Inklusion als sozialpolitische Querschnittsaufgabe gefasst, so dass sämtliche Bereiche, Felder und Institutionen des sozialen Lebens im Blick auf Einschluss und Ausschluss befragt werden können und müssen.

Der Nebeneffekt solcher Ausweitung muss bedrücken. Die Erweiterung der Perspektive über den Umgang mit Menschen mit Behinderung hinaus schwächt nämlich die politische Schlagkraft des Vorhabens und verhindert sogar noch die pragmatischen Zugänge; das könnte Widerspruch wecken: Clemens Dannenbeck und Carmen Dorrance haben schon länger vor einer Entpolitisierung des Inklusionsgedankens gewarnt und diesen als kritische Perspektive sozialpädagogischen Handelns eingefordert (Dannenbeck/Dorrance 2009). Demgegenüber lässt sich argumentieren, dass die konkret-pragmatische Sicht möglicherweise politisch wirksamer ist als zumindest eine blass universalistische. Das Vorhaben wird nämlich generalistisch, lässt sich damit zwar allgemein diskutieren, rückt als Grundsatzfrage nahe an die Rhetorik einer Politik heran, die sich zwischen Entertainment und Unverbindlichkeit bewegt. Sonntagsreden fordern Gerechtigkeit oder eben Teilhabe, neuerdings gerne mit dem Zusatzverweis verbunden, dass es um die kleinen Leute geht. Dieser Verweis macht die Sache verdächtig. Es bleibt nämlich offen, wie die Sicherung von Gerechtigkeit oder Teilhabe eigentlich konkret aussieht – und noch problematischer könnte scheinen, dass die einzelnen strittigen Fälle dann eben nicht mehr entschieden werden können. So paradox das scheint: Hyperpolitisierung wirkt entpolitisierend – wobei als kleiner Trost hinzugefügt werden muss, dass sie dann doch wieder Mentalitäten und Einstellungen beeinflussen kann. Es gibt eben nicht einmal die Möglichkeit, eindeutig Kritik zu formulieren.

Die Auseinandersetzung um Inklusion steht im Zusammenhang mit einer Veränderung der Haltung gegenüber Menschen mit Behinderung, wobei Vorsicht insofern angebracht ist, weil unklar bleibt, ob sie diese ausgelöst hat oder durch sie initiiert und möglich geworden ist. Und selbst dies kann wiederum in zwei Richtungen weitergedacht werden. Wenn eine Mentalität entsteht und fast selbstverständlich wird, provoziert sie bei manchen, vielleicht nur bei wenigen erst recht Widerstand: Lass mich doch mit der blöden Political Correctness in Ruhe, vor allem mit diesen Sprachungetümen! Ich rede von Behinderten und nicht von Menschen mit Behinderung. Das wäre die eine Reaktion. Eine andere besteht darin, dass Menschen selbst eine gute konkrete Lösung finden wollen, weil sie sehen, wie andere unter einer sozialen Einschränkung buchstäblich leiden. Man bastelt aus Holz eine Gehsteigabsenkung für eine Rollstuhlfahrerin und wird wegen eines gefährlichen Eingriffs in den Straßenverkehr belangt; das Teil könnte ein Auto beschädigen.

Beides verweist auf ein tiefer liegendes Dilemma. Eine abstrahierende Generalisierung von Inklusion übersieht, dass nahezu jede soziale Praxis oder Lebensform mit Zugehörigkeitsregeln operiert und Verfahren der Öffnung oder Schließung praktiziert. Insofern stehen Exklusion und Inklusion in der Nähe anthropologischer Mechanismen, die zwar beobachtet und bewältigt werden müssen, aber eben nicht nach einer Methodik ver- und behandelt werden können. Sie verweisen auf Kommunikation und Austauschprozesse mit Fallbezug. Denn sie sind – wie Anthropologen zeigen – typisch für Regionen oder Gesellschaften, manchmal abhängig von deren historischer Entwicklung. Häufig genug sind die Zugehörigkeitsregelungen und die mit ihnen verbundenen Praktiken so tief in die jeweilige Kultur eingebunden, dass sie nur in dieser als sinnvoll gelten können. Hinzu kommt jedoch die Frage nach der Legitimität von Ausschlüssen. Unstrittig ist, dass ein Ausschluss von öffentlichen Angeboten und Leistungen nicht akzeptiert werden kann – wobei selbst in diesem Fall sich Grauzonen erkennen lassen, wenn es sich um von Betroffenen gewünschte Schutzmaßnahmen handelt; verfügt ein öffentlich getragenes Bad Zeiten exklusiv für Frauen, kann man darin nur bedingt eine Diskriminierung erkennen. Strittig ist hingegen, ob ein Verein oder eine Vereinigung festlegen dürfen, wen sie als Mitglied aufnehmen wollen, welche Kriterien diese erfüllen müssen, allzumal um einem möglichen Vereinszweck zu genügen. Zwar wird hier schnell – beispielsweise – auf das deutsche Grundgesetz verwiesen, das in seinem Artikel 3 Diskriminierungen verbietet – übrigens mit der oft übersehenen Verwendung des Wortes »Rasse«:

1. Alle Menschen sind vor dem Gesetz gleich.
2. Männer und Frauen sind gleichberechtigt. Der Staat fördert die tatsächliche Durchsetzung der Gleichberechtigung von Frauen und Männern und wirkt auf die Beseitigung bestehender Nachteile hin.

3. Niemand darf wegen seines Geschlechtes, seiner Abstammung, seiner Rasse, seiner Sprache, seiner Heimat und Herkunft, seines Glaubens, seiner religiösen oder politischen Anschauungen benachteiligt oder bevorzugt werden. Niemand darf wegen seiner Behinderung benachteiligt werden.

Indes: Nicht immer taugt der Verweis auf das Grundgesetz. Es folgt zwar den Menschenrechten, regelt jedoch vorrangig das Verhältnis zwischen dem Staat und seinen Gesetzen sowie Institutionen einerseits, den individuellen Angehörigen des Staatswesens, mithin seinen Bürgern andererseits – nebenbei: mit einigen Verrenkungen, wenn und sofern es etwa um Migranten, erst recht wenn es um geflüchtete Menschen geht. Die Frage mag provozieren: Ab wann gilt jemand als Mitglied eines Gemeinwesens, dem Rechte zustehen, dem Pflichten auferlegt sind. Empörung über tatsächliche oder vermeintliche Ausschlüsse im zivilen Leben mag demgegenüber zwar moralisch berechtigt sein, kann sich jedoch kaum auf die Verfassung stützen: Das Hotel, das sein Angebot vornehmlich an Erwachsene richtet und daher keine Kinder aufnimmt, macht sich keines Verstoßes schuldig – es gefährdet vielleicht nur die Zukunft des Betriebs, weil es nicht begreift, wie die Kinder von heute möglicherweise morgen seine Kunden sein könnten. Eine – um ein Beispiel anzuführen, das zu Beginn des Jahres 2017 im Fränkischen für Aufruhr sorgte – Tanzschule, die Kindern aus Familien mit islamischen Bekenntnis die Aufnahme verweigert, handelt unklug und ökonomisch kurzsichtig, macht sich dennoch keines Verstoßes gegen Gesetze oder Prinzipien der Legalität schuldig. Der Markt, selbst der pädagogischer Dienstleistungen, hat wenig mit Demokratie zu tun; wer eine Ware anbietet, muss sie nicht jedem verkaufen, wie so mancher eBay-Bieter schon erlebt hat.

So gesehen überschreitet die Debatte um Inklusion die Absichten der Konvention. Genauer: Sie verfehlt sie zugleich, indem sie diese vorrangig auf das Bildungswesen bezieht. Diesem wird nachgesagt, es reproduziere Ungleichheit – in Deutschland sogar in besonderem Maße, wie mit Verweis auf international vergleichende Studien behauptet wird. Dies ist kritikwürdig, dennoch fällt es ein wenig schwer zu glauben, dass die Bildungssysteme anderer Gesellschaften mehr Chancengleichheit bieten oder gar Ungleichheit mindern. Der Augenschein legt anderes nahe, allzumal für die USA, England oder Frankreich. Hinzu kommt: Die Fokussierung der Debatte um Exklusion und Inklusion führt zu einer Überbewertung des Bildungssystems. Zweifellos kommt diesem zwar eine wichtige Steuerungsfunktion auch in sozialpolitischer Hinsicht zu, doch verkennt man seine Funktion, wenn man es als das zentrale Scharnier in Sachen Gleichheit und Gerechtigkeit sieht. Nüchtern betrachtet stellt es eine untergeordnete und abgeleitete Institution dar. Eine von Ungleichheit und Ungerechtigkeit bestimmte Gesellschaft spiegelt sich in ihrem Bildungssystem wieder, das Klassendifferenzen kaum heilen kann – und selbst wenn es dies könnte, werden sich die Vermögenden und die vermeintlichen Eliten doch wieder Vorteile verschaffen: *Mein Kind geht nun auf eine Privatschule! Ich will nicht, dass es durch sogenannte Verhaltensauffällige aufgehalten wird.* Oder auch: *Ich wünsche für mein Kind, dass es mit Kindern gemeinsam lernt, die als behindert gelten.* Und wiederum ein Nebenbei: bei all dem werden die Kinder selten befragt.

Man kann hier schon festhalten: Inklusion geht selten mit Partizipation einher (vgl. Wagner 2016), zumindest, wenn mit diesem, allerdings ebenfalls höchst schwammigen Begriff konkrete Mitwirkung gefragt ist.

Paradoxerweise verstellt jedoch die sozialpolitische Interpretation von Inklusion selbst noch in ihrer Beschränkung auf das Bildungswesen den Blick auf das pädagogische Geschehen als einer konkreten Praxis. Sie taugt wenig, um dieses normativ zu leiten oder wenigstens zu inspirieren. Das Konzept der Inklusion verfehlt in dieser sozialpolitischen Interpretation des Bildungswesens die Widersprüche und Spannungen, die Bildung, Erziehung und Unterricht auszeichnen, die immer situativ, konkret in der Kooperation und als solche ausgehalten und bewältigt werden müssen. Denn pädagogisches Handeln hat mit Subjekten zu tun. Sie sind schon immer in ihrer Subjektivität unterstellt – freilich in der Bandbreite, in der Gesellschaften und Kulturen Subjektivität fassen. Pädagogik richtet sich darauf, ihnen als Subjekten zu ermöglichen, sich gegenüber dem zu verhalten, was ihnen gesellschaftlich und kulturell zugemutet wird, vielleicht durch die Pädagogik selbst, die Welt zeigt, präsentiert und repräsentiert. Wie sehr auch gefordert sein mag, dass sich die Menschen den Normen unterwerfen, die mit der Objektivität der Welt verbunden sind, Pädagogik bleibt der Stachel, der ihnen Eigenwilligkeit oder Widerstand ermöglicht, wie gering diese ausfallen angesichts der Macht von Sozialisation. Wiederum bleibt ein letztes Wort: Inklusion erzwingt Zugehörigkeit, vielleicht noch gegen den eigenen Willen; sie erlaubt aber nicht, was Pädagogik nun auszeichnet: Ermöglichung von Kenntnis und der Fähigkeit, die Erwartungen und Zumutungen einer Welt kennen zu lernen, sich von diesen zu distanzieren, um selbstbewusst mit dem umzugehen, was man gelernt hat.

Inklusion ist also eher ein politischer Begriff, der dann im Zusammenhang mit einer gesellschaftlichen Entwicklung und den Versuchen steht, diese ordnend zu regeln. Um nicht missverstanden zu werden: Alle Begriffe, die – in welcher Weise – menschliches Leben thematisieren, gleich ob es darum geht, Einsamkeit und Askese hervorzuheben oder die Gemeinsamkeit zu beschwören und zu organisieren, sind politisch. Weil sie sich auf das Zoon Politicon richten – eingedenk seiner ungeselligen Geselligkeit. Dennoch muss man verschiedene Ebenen unterscheiden: Politisches Denken kann der Grundverfasstheit von Menschen gelten, es bewegt sich dann in einem Bereich der philosophischen Anthropologie, die ihrerseits sich in der Spannung zwischen universellen Vorstellungen und solchen bewegt, die historisch und vergleichend angelegt sind, nicht zuletzt spricht sich dieses politische Verständnis auf den unterschiedlichen Ebenen aus, in welchen es als Recht und in Gesetzen gefasst wird, im Naturrecht zunächst, das in allgemeine Menschenrechte überführt wird, in den bürgerlichen Rechten, die das Verhältnis des Staates zu seinen Mitgliedern und zwischen diesen selbst regeln, in den sozialen Rechten schließlich, mit welchen die Bedingungen gesichert werden, die den Einzelnen und Gruppen eine Existenz ermöglichen, welche die Wahrnehmung ihrer politischen, ihrer bürgerlichen Rechte ermöglichen und ihnen eine hinreichend auskömmliche Lebensweise garantieren. Menschenrechte und soziale Rechte umklammern dabei die zivilen und bürgerlichen Rechte, die in mancherlei Hinsicht als unsauber konstruiert gelten müssen. Rousseau schärfte den Blick: Er unterschied nämlich zwischen homme, citoyen und bourgeois, zwischen dem Menschen schlechthin, dem politischen Bürger und dem Wirtschaftsbürger, Locke knüpfte die politische Freiheit an den ökonomischen Besitzindividualismus, der dann die stimmberechtigte Mitwirkung am Gemeinwesen erlaubte: Wer Geld hat, darf wählen – freilich ganz unabhängig davon, woher dieses Geld stammt. Da war Locke – formal betrachtet – moderner als die Sozialdemokratie Blair-Schröderscher Provenienz, die das Erwerbseinkommen reklamiert, keines, das aus anderen Quellen stammt, mithin etwa aus Transferleistungen entsteht. Alle diese Ebenen rechtlicher Normierung stehen stets zur Disposition, zuletzt wieder mehr denn je: Flüchtenden Menschen werden die Grundrechte verweigert, mit dem zynischen Argument, dass sie ihre Heimat doch nur aus wirtschaftlichen Gründen verlassen, die sozialen Rechte werden in einer regressiven Moderne aufgerieben, in der die Staaten nicht einmal mehr die bürgerlichen Rechte für jene gelten lassen wollen, die auf Unterstützung angewiesen sind. Wer keine Arbeit findet, gilt sogar den Sozialdemokraten als faul. Hier könnte übrigens Inklusion eine Funktion haben: Sie argumentiert zwar mit Menschenrechten, stellt aber Sozialrechte in Frage, um die politische Ordnung der Lebenspraxis auf die Teilhabe an den zivilen und bürgerlichen Rechten zu konzentrieren. Letztendlich ist eine Schwebesituation eingetreten, in der offenbleibt, ob und wieweit es um die aktive politische Wirkung geht oder um jene, die mit dem ökonomisch definierten Tun verbunden ist, genauer: mit der (Selbst-)Verpflichtung zur Arbeit in einem kapitalistisch definierten Arbeitsmarkt.

Dies geht auf eine Auseinandersetzung zurück, die keine eindeutige Antwort findet. Sogenannte Neoliberale hatten sozialstaatliche Versorgung kritisiert, weil sie vorgeblich die Motivation zur Arbeit nehme; manche forderten dann eine strengere Überwachung einer neuen, sozialstaatlich erzeugten Unterschicht. Sie sollte unter Kuratel gestellt werden, nicht mehr mit Alimentation ohne Gegenleistung rechnen dürfen. Eine eher sozialdemokratische Position bestand darin, im Zuge des Forderns und Förderns zur Arbeit anzuhalten, gegebenenfalls die Förderung einzustellen, vor allem jedoch Bildungsanstrengungen zu verlangen. Die Realitätsprüfung führt zu anderen Ergebnissen. Abgesehen davon, dass die überwiegende Mehrzahl von Menschen selbst arbeiten will, dass vor allem Arbeitssuchende hoch motiviert sind, ist die Arbeitssituation selbst objektiv prekär geworden – wie sich etwa zeigt, wenn die vorgeblich erreichte Vollbeschäftigung mit einer zurückgehenden Zahl an Arbeitsstunden und sinkenden Arbeitseinkommen einhergeht, während zugleich die Kontrolle der Bevölkerung durch Institutionalisierung von Bildung ausgeweitet wird. Fatalerweise haben nicht wenige Vertreterinnen einer eher links gemeinten Position das alles unterstützt, einmal durch Bejahung der Institutionalisierung von Bildung, vor allem durch ihre Kritik an paternalistischen Denkweisen. Damit trafen sie sich dann wieder mit jenen, die den Sozialstaat in Frage gestellt haben. Oder bezogen auf Menschen mit Behinderung: Inklusion trägt nun dazu bei, dass ihnen zwar Teilhabe zugesprochen wird, freilich in einem System, das vorrangig durch eine Ökonomie der Profitmaximierung einerseits, der lohnabhängigen Erwerbstätigkeit andererseits bestimmt wird. Sie gewinnen eine politische Mitwirkung, die ihnen zuletzt ohnedies kaum verwehrt war – notabene: im Unterschied zu gar nicht so lange zurückliegenden Zeiten, in welchen eine Behinderung, die Schädigung des Hörsinns etwa, den Ausschluss von politischen Rechten bedeutet hat. Allerdings hat sich im Zusammenhang der Wahlen des Jahres 2017 dann doch das erschreckende Ausmaß gezeigt, in welchem Menschen mit geistiger Behinderung für politisch unmündig erklärt und von Wahlen ausgeschlossen worden sind. Die nun zugestandene Teilhabe bleibt abstrakt, bis auf die Tatsache, dass Menschen mit Behinderung oder Krankheit buchstäblich den ungeschützten Zugang zu einem Arbeitsmarkt haben, der doch zugleich schrumpft. Nicht einmal die Existenz als citoyen ist gewahrt, die als bourgeois stellt sich in einer prekären Proletarierlebensweise dar, die sich nicht einmal verkaufen kann und längst vergessen wurde.

Vor allem erweist sich die Inklusionsdebatte als Indiz für eine viel tiefer greifende Veränderung dessen, was bislang Politik ausmachte. Dieser ging es selbstverständlich um Macht, dann um Herrschaft, die auf Gestaltung und Ordnung der gesellschaftlichen Verhältnisse zielte, in der Regel durch Gesetze, vielfach durch Entwicklung von leitenden, deutenden wie normierenden Konzepten für das Selbstverständnis des Gemeinwesens und seiner Mitglieder. Ideologie spielte immer eine Rolle, wie verpönt sie erschien, Werte waren wichtig, Visionen selbst bei jenen, die bei deren Auftreten den Arzt aufsuchen wollten. Man sollte das nicht idealisieren, weil stets Interessen anderer eine Rolle spielten, die sich hinter den Protagonisten versteckt haben; der Staat wirkte zur Aufrechterhaltung einer kapitalistischen Ordnung, von der einige wenige profitierten und profitieren, zugleich adressierte er die Bevölkerung, die ihrerseits allerdings durch ihre Entscheidungsprozesse Einfluss nehmen und nicht zuletzt Institutionen und Praktiken der Daseinsvorsorge durchsetzen konnte. Gegenüber mancher vorgeblich oder wirklich linken, als marxistisch sich gerierenden Kritik an einer vermeintlich objektiven Machtlosigkeit der Wähler sollte zwar der Einfluss der Bevölkerung nicht unterschätzt werden; man kann ihn noch an dem großen Aufwand ermessen, mit dem die ideologischen Apparate betrieben wurden, um die Hegemonie durchzusetzen, von den meinungsbildenden Konzernen einmal ganz abgesehen. Wenn das Volk wirklich machtlos wäre, hätte man wohl niemals die Bild-Zeitung gebraucht, von den staatspädagogischen Mühen abgesehen, mit welchen etwa das Bildungssystem durch Hierarchien und durch Inhalte seine Bürger geformt hat. Man musste die Menschen schon systematisch verblöden. Politik wusste bislang darum, dass sie nicht einfach zu manipulieren sind, sondern – wenn überhaupt – auf den ziemlich komplizierten Wegen gesteuert werden, die als Kulturindustrie bezeichnet werden. Wie verwoben und verwurschtelt die Vorgänge waren und sind, lässt sich vielleicht an den etwas verachteten Studien von Herbert Marcuse erkennen, an denen im »eindimensionalen Menschen« und noch mehr an jenen, die repressive Toleranz analysierten (Marcuse 2004a, b). Vermuteten jene schon eine funktionale Zurichtung, zeigten diese, wie Liberalität zu einer neuen Herrschaftsform sich entwickelte. Diese ermöglichte gewissermaßen den Ausschluss durch eine Beteiligung, in der Differenzen getilgt wurden, mithin sich kein Widerstand gegenüber dem Objektiven, Versachlichten und Entfremdeten entwickeln konnte. Eine entscheidende

Rolle spielte dabei die – wohl eher vorübergehende – Durchsetzung des Konsums als eines Leitprinzips von Gesellschaft, das die Fokussierung auf Produktion ersetzte, wobei dieser nicht zuletzt mit einer Art von Subjektivierung einherging; das Konsumsubjekt ist individuell, trifft vermeintlich seine Entscheidungen zur Steigerung des Eigennutzes, erfährt den Widerstand der Welt nur im Mangel an Kaufmöglichkeiten, der durch Kredite behoben werden kann – die ihrerseits das Individuum verpflichten und binden. Das macht den sozialen und ökonomischen Kern der Postdemokratie aus (Crouch 2008), einer politischen Lebensform, die nun mit vielem assoziiert sein kann, mit dem Versprechen auf Inklusion und Teilhabe ihre erste und entscheidende Lüge immerhin sogar noch ausspricht.

In der postdemokratischen Konsumgesellschaft sind die Subjekte ziemlich auf sich gestellt und absorbiert. Je mehr Entscheidungen sie treffen und mit letztlich existenzieller Konsequenz verantworten müssen, desto stärker erfahren sie sich auf sich selbst verwiesen. Wer den falschen Telefon- oder Energieanbieter wählt, hat selbst schuld, wer ein eben noch empfohlenes Fahrzeug kauft, das sich als ziemlich betrügerisches Produkt erweist, ist in eine Falle geraten, die es sich selbst gestellt hat. Es hätte sich ja besser informieren können, es hätte vielleicht ganz auf den Kauf verzichten sollen.

Dies führt nun *zum einen* zu einer massiven Entmächtigung der Subjekte, die sozialwissenschaftlich mit dem Theorem von der Individualisierung überhöht wurde (Mouffe 2015). Ironischerweise gelten die Einzelnen gar nicht mehr so viel, selbst wenn sie klug sind. Manche setzen aus Verzweiflung die Maske des Wutbürgers auf, weil sie schlicht ignoriert werden – trotz ihres Wissens, trotz ihrer Erfahrung, trotz ihrer Kenntnisse und Fähigkeiten. Dabei geht diese Entmächtigung damit einher, dass kollektive Erfahrungen an Bedeutung verlieren, dass allzumal die Teilung der Gesellschaft in Klassen ihre Bedeutung verliert, ironischerweise erkennen nur noch die Gewinner, dass und wie sie in einer Klassengesellschaft leben und von dieser profitieren (Savage 2015). Die Individuen bewegen sich vorgeblich in frei gewählten kulturellen Milieus, zuweilen sogar im Wechsel der von ihnen selbst gewählten, die jeweilige Biographie fragmentierenden situations- und erlebnisbestimmten Gestalten. Noch das Konzept der Identität wurde fragwürdig, Vorstellungen von kollektiv geteilten kulturellen und sozialen Welten machten sich dann als Leitkultur zum Gespött; solche gäbe es nur in den Lederhosen der Ureinwohner Bayerns. Das individualisierte Individuum sei zwar auf der Suche nach mehr oder weniger künstlichen Gemeinschaften, hat aber wenig Chancen, seinen politischen Protest zu artikulieren, es gibt für es keine fassbaren Gegner, keine Opposition und keine Alternative. Individualisierung und konsumeristische Kulturalisierung, Entmächtigung durch Alternativlosigkeit verbinden sich und erlauben es, einen dichten Nebel des Vergessens über jene zu breiten, die in diesen Praktiken herumirren, ohne zu merken, dass die alte Klassenstruktur weiterbesteht und sogar ausgebaut wird. Sie wissen kaum um die eigene Lage, werden aber zu wütenden Akteuren, wenn sie Bedrohung fürchten, ohne darauf hoffen zu können, einen Sprecher für sich zu finden: Die sozialdemokratische Linke hat die Arbeiter aus den Augen verloren, sie eher als Unterschicht, Pöbel oder gar als parasitär, als sozial schwach oder bildungsfern noch herabgewürdigt, ohne zu merken, wie längst eine veritable Mehrheit mit der Prekarität der Verhältnisse und dem alltäglichen Überlebenskampf zu tun hat (vgl. Eribon 2016). Eine Mehrheit, die aber doch nur in der Gemeinsamkeit der Einzelnen ihren Protest artikuliert, in der Zustimmung zum Brexit, in der Wahl des Front National, in den Demonstrationen von Pegida und AfD, im BZÖ – meistens wohl wissend, dass solche Parteien keineswegs die eigenen Interessen vertreten. Noch die ethnophobe und rassistische Stimmung der Wütenden hat Rationalität: Bei allen vermutlich archaischen Mustern der Ablehnung von Fremden ist ihnen nämlich klar, dass ein alter Mechanismus der Zuwanderung nicht mehr funktioniert: Zuwanderung ging immer mit Unterschichtung einher, wie der gruselige Terminus lautet, die Neuen mussten ihr Leben unter dem der schon als autochthon geltenden beginnen und hoben diese ein wenig höher; sie wurden aufgewertet, weil sie nun herabsehen konnten. Eben dies ist nun nicht mehr der Fall: Bis hin zu den Mittelschichten erleben sich nahezu alle in der Abstiegsgesellschaft (Nachtwey 2016). Wer hinzukommt erweitert nur die Gruppe der doch längst ins Rutschen gekommenen Menschen und beschleunigt die Lawine, die alle unter sich begräbt. Übrigens muss das auf die Rechnung der Inklusionsprogrammatik gesetzt werden, weil die Exzesse gegenüber Menschen sich mehren, die außerhalb der Norm leben. In der Abwärtsbewegung entstehen Hassgefühle und Grausamkeit; selbst wenn die polizeiliche Ermittlungsstatistik Entwarnung gibt und wohl das Thema sexueller Übergriff mehr Resonanz erzeugt, muss am Ende vielleicht doch über den Schutz jener nachgedacht werden, die sich nicht wehren können

Wer aber soll diesen Schutz und die Wahrung hinreichender Bedingungen für ein gutes Leben gewährleisten? Bislang schien dafür der Staat als zuständig. Genauer: Er erklärte sich für zuständig, obwohl in der sozialen Wirklichkeit die Menschen tatsächlich sehr viel mehr in Gemeinschaft und durch Selbsthilfe organisierten. Wer im ländlichen Raum sein Haus baut, kennt diese Mechanismen. Man kann also nicht ausschließen, dass die liberale Kritik eine Spur der Wahrheit traf, weil nämlich die staatliche Wohlfahrtsorganisation immer Momente der Kontrolle und Disziplinierung enthielt, die faktisch die Eigenleistung der Menschen schwächte. Der Staat wollte und will wissen, was Menschen machen – notfalls geschieht diese Kontrolle durch die Steuergesetzgebung, die Nachbarschaftshilfe zur Schwarzarbeit erklärt. Der Staat hat insofern die Eigenmacht der Menschen enteignet – und das geschieht heute beispielhaft noch dort, wo den Familien die Fähigkeit abgesprochen wird, ihre Kinder selbst zu erziehen. Die Entwicklung zu einer insofern entmächtigenden Individualisierung geht paradoxerweise mit einer Art Dislozierung einher, der dann eine Entmaterialisierung des Staates folgt. Dieser bleibt als Kontroll- und Überwachungsinstanz bestehen, unsichtbar-sichtbar in den Überwachungskameras, zieht sich aber zugleich zurück. Er verliert seine umfassende und regulative Bedeutung für das Ganze, um auf ein Teilsystem zusammen zu schnurren, das neben anderen Systemen besteht, die sich gegenseitig als Außenwelt wahrnehmen. Seine Repräsentanten kommunizieren mit sich und den Systemelementen, die an der Grenze zu anderen Systemen, etwa dem der Medien bestehen. Der zum politischen System regredierte Staat verfolgt nun vor allem ein Interesse an sich selbst, das sich dann in Wohlfahrtsarrangements zeigt, die aber volatil werden. Der Staat agiert als ein Unternehmen, das gelegentlich Geschäftszweige eröffnet, sie aber dann doch wieder abstößt, wenn sie nicht profitabel erscheinen – was immer das heißt, weil es nicht unbedingt in Bilanzsummen ausgedrückt werden kann. Die Begleitmusik zu dieser Entwicklung hat übrigens die Theorie der Dienstleistungsökonomik komponiert, die in den Kreisen der Sozialen Arbeit auf einige Sympathien gestoßen ist. Zum Betrieb gehört, dass neue Konfigurationen zwischen den ausdifferenzierten Systemen entstehen, wobei diese oft genug damit erst in die Systemlogik gebracht werden. So verliert Wissenschaft ihren eigentümlich esoterischen Charakter, um in eine enge Beziehung mit Politik und Medienöffentlichkeit gebracht zu werden (Weingart 2001). In dieser Beziehung werden dann ihre Themen, ihre Finanzierungsformen, nicht zuletzt ihre Arbeitsweisen bestimmt. Was sich dem nicht fügt, verliert seine Bedeutung. Das eine Paradox besteht darin, dass vor allem eine Logik das Geschehen bestimmt – nämlich die Logik des Geldes und des Kapitals, die sämtliche Systeme zu übergreifen vermag und sie damit in ihrer inhaltlichen Qualität aushöhlt. Der Tauschwert zählt. Das andere Paradox lautet übrigens, dass damit die alte ›linke‹ Forderung nach gesellschaftlicher Relevanz von Wissenschaft realisiert wird. Gelegentlich bekommt man die Geister nicht mehr los, die man rief; schlimmer noch: sie werden zu den Dämonen, die das endgültig verwirklichen, was man doch beseitigen wollte.

Indes: So ganz stimmt das doch nicht. Gelegentlich sehnt man sich sogar nach der Rationalität der Ökonomie zurück, in Verbindung mit einem ordentlich funktionierenden, sichtbaren Staat. In die Zeit also, in der Geld und Recht als die entscheidenden Medien dienten. Immerhin. Mittlerweile hat eine neue Form von Tauschwert das Feld besetzt, die Ökonomie nämlich der Aufmerksamkeit und Erregung, die sich dann eng verbindet mit einer seltsamen Herrschaft von Experten, welche durch die Medien geadelt und insofern tauschfähig gemacht, sich als Stichwortgeber präsentieren. Die neuen Worte sind wichtig, die schnellen Kommentare, wie unsinnig sie sein mögen, allzumal in den 144 Zeichen eines Twitter-Hashtags. Dieser Vorgang verstärkt die im politischen System immer präsente Tendenz, die diskursive Auseinandersetzung von realen, materiellen Verhältnissen und dem Blick auf die konkreten Lebenslagen zu lösen, um sie in Symbolsysteme und Codes zu übertragen, die nicht mehr geerdet sind; es ist sicher kein Zufall, dass die so in politischer Kommunikation verdorbenen, weil inhaltsleer gewordenen Begriffe häufig religiöse, allzumal transzendentale Qualität gewinnen. So setzt sich eine Form politischer Theologie durch (vgl. Draxler 2016, S. 20), die mit einer Aura operiert, mit einem Heiligenschein, bei der kein Heiliger zu erkennen ist; es geht um eine Séance, die ohne Medium Vermittlung verspricht. Begriffe werden volatil, wenn sie nicht eh vernuschelt werden.

In einem solchen Zusammenhang steht dann eben der politische Gebrauch von Inklusion. Das Oberflächenphänomen sei zuerst genannt: Wer seine Behinderung wirksam medial verkaufen kann, dient als Vorbild, vor allem als Beispiel für den Unternehmer seiner selbst. Seht doch her: Inklusion funktioniert, wenn man nur will, dann kann man den Erfolg einsammeln, ganz unabhängig von den Einschränkungen, die einem widerfahren sind! Um Übersteigerung geht es dabei allemal: Inklusion verspricht das Heil im Paradies, Bildung wird zum Glaubenswert, gleich welcher Preis dafür zu zahlen ist. Inklusion gehört zu diesen Worten, die Aufsehen erregen und moralisch ambitioniert erscheinen – aber doch nur eine Arena umreißen, in der Wortwerte ausgetauscht werden, die als Politik gelten und den Staat ersetzen. Dennoch besteht die Verpflichtung, hier aufzutreten. So wird Virtualität machtvoll, wie die digitale Gestalt der irrtümlich als sozial und Netzwerk bezeichneten Kommunikationsvorgänge beweisen. Oder anders formuliert: Postdemokratie zeichnet aus, dass der Staat zwar keineswegs auf seine gestaltende Kraft verzichtet, wobei er zuweilen sich selbst überrascht und rasch zurücknimmt, wenn dies dann konkret wird, wie im Fall der deutschen Grenzöffnung für Flüchtende.

Der Staat spaltet seine Politik auf. Er wird *einerseits* Medienstaat, der Themen setzt, moderiert und vermittelt, dabei auf der symbolischen Ebene bleibt. An die Stelle des klassischen politischen Handelns, der Entwicklung von Programmen, des Streits um diese, ihrer Ausformung in Gesetzen tritt die Konstitution von Arenen, in welchen dann vorrangig Symbolpolitik und Semantikstiftung betrieben werden, oft in enger Verbindung mit den Resonanzräumen, welche die sozialen Netzwerke bieten. Die Schaffung von kommunikativen Arenen geht einher mit der Setzung von Themen, die generalisierend wirken, genau darin inhaltsleer werden und pragmatisch wenig taugen. Gerechtigkeit gehört zu diesen Themen, Inklusion selbstverständlich auch, mit einem bitteren Effekt. Es tritt ein, dass die »Messlatte ›richtiger Inklusion‹ so hoch hängt, dass man die ungelösten Fragen bzw. Probleme unterhalb der Latte gar nicht mehr sehen kann. Und vielleicht soll das sogar so sein, denn es ist einfacher, eine Vision zu beschreiben, als den Weg dorthin« (Koch 2015, S. 226).

Platt formuliert: es werden Spektakel-Themen, Aufreger geschaffen, die aber in jeder Richtung konkretisiert werden können – oder auch nicht. Damit werden Kommunikationskanäle etabliert, in welchen sich viele angesprochen fühlen und bewegt werden. Debatten werden so kanalisiert. Ihnen zur Seite tritt dann die – im Einzelfall kaum nachzuvollziehende – Erfindung von Experten, zudem das Versprechen, die jeweiligen Themen in ihrer – so gar nicht möglichen, deshalb auf Projekte gestützten – Verwirklichung in ihrer Wirksamkeit zu überprüfen. Der Staat wird auf diesem Weg *andererseits* zum bewegenden Staat, genauer: er nimmt Themen auf oder setzt diese – seit Tony Blair ist bekannt, wie viele Politiker sich von ihren Beratern morgens an Hand von Medien ›briefen‹ lassen, um über die als relevant bewerteten Themen dann ihre Tagesagenda zu bestimmen. Das macht den Staat flexibel, aber zugleich unberechenbar, führt vor allem jedoch dazu, dass er »die Menschen bewegt«. Insofern könnte man sogar über die Diagnose von der Postdemokratie streiten. Die Debatten sind eigentlich eher intensiver geworden, rücken den Menschen im Alltag so nahe auf die Haut, dass sie gar nicht merken, wie politisch sie selbst geworden sind; vielmehr lassen sie sich so zu Aktivitäten anregen, die sie für ihre eigenen halten. Der aktivierende Staat funktioniert über die Moderation der Themen, übrigens mit dem Effekt, dass man noch gegen die eigenen ›objektiven‹ Bedürfnisse und Interessen agiert oder jene verspottet, deren Situation der eigenen doch nahe ist.

Im Gebrauch symbolischer Codes gelingt nun beides: Die Debatten werden subtil moralisch geladen, gleichzeitig wird jede Moralität in weiten Bereichen des öffentlichen Sprechens abgeschafft. Entscheidend werden Begriffe, die mit einem dramatischen Universalitätsanspruch verbunden sind, einer näheren inhaltlichen Prüfung kaum standhalten. Sie sind leer, verfügen aber über einen Bedeutungsanschein, der sich auf Erregungs- und Mobilisierungsqualität beschränkt. *Kompetenz* kann als ein Beispiel angeführt werden: Der Begriff kommt mit Gewichtigkeit daher, irgendwie breitbeinig. Kompetente Menschen sind für etwas zuständig, verfügen über Wissen und Können, meist verdienen sie gut. Und was besagt er nun in der Bildungsdebatte? Oder das *Risiko*. Der Begriff stammt aus der Versicherungsmathematik und wird auf menschliches Leben übertragen, um eine Aura der Gefährdung zu erzeugen. So gelingt es, eine Verdachtshermeneutik durchzusetzen, die dann professionelle Interventionen erlaubt, übrigens ziemlich willkürlich, weil bekanntlich das ganze Leben riskant ist. Wiederum fällt auf: Nicht die staatliche Politik sichert die Menschen gegen die Risiken ab, vielmehr etabliert sich eine ganze Industrie zur Vermeidung von Risiken.

Hier bewährt sich das besondere Spezifikum dieser – wie Otto Neurath sie nannte – Kribbelworte. Sie sind rhetorisch positiv und geradezu positivistisch besetzt, verbieten Nachfragen nach ihrer Bedeutung und Geltung, sondern sind schon durch ihr Vorhandensein rektifiziert. Der wichtige Punkt besteht also darin, sie erfolgreich zu initiieren und zu platzieren. Sie müssen magisch wirken, mit einer Aura verbunden sein, dabei für sich gelten, solitär auftreten. Erneut ein Beispiel: Freiheit oder auch Gleichheit gelten als absolute Begriffe – und doch werden sie falsch, wenn sie aus dem Zusammenhang gerissen werden, der für sie in der Französischen Revolution bestimmt worden ist: Freiheit, Gleichheit und Brüderlichkeit. Freiheit wird problematisch dann, wenn ihr nicht eine Form von Sorge umeinander zur Seite gestellt bleibt, in der noch die Differenz der Akteure doch bewahrt bleibt.

Für Inklusion gelten all diese Überlegungen in ganz besonderer Weise. Inklusion ist offensichtlich politisch per se gut. Sie ist ein Zauberwort (Dammer 2012a), das mit Erwartungen und Wertungen verbunden ist, vielleicht mit Resonanz, wie ein neuerdings von Hartmut Rosa verbreitetes Wort die Good Vibrations wieder ins Geschäft bringt. Man könnte von fröhlicher Politik reden, die dann eine Gesellschaft oder wenigstens ihr Schulsystem verändern soll, das ansonsten eher widerständig scheint. Am Ende geißeln sich die Pädagoginnen selbst dafür, dass ihre Welt so ist, wie sie ist: »Inklusive Schule bleibt so lange mehr proklamiertes Ziel als gelebter Alltag, wie wir ein selektives Schulsystem haben« – schreibt Susanne Thurn im Themenheft Inklusion der »Pädagogik« – »so lange wir uns von überkommenen Vorstellungen, Unterricht zielgleich zu gestalten und im Gleichschritt durchzuführen, nicht lösen können – so lange wir an Regel- statt Minimalstandards, die für alle erreichbar wären, festhalten – so lange gemeinsame Vorhaben nicht inhaltlich differenziert und methodisch variationsreich angeboten werden – so lange wir vergleichend am definierten

Durchschnitt entlang messen, bewerten und sortieren – so lange wir Verlieren und Gewinner im System produzieren – so lange individualisiertes Lernen in der Gemeinschaft Verschiedener nicht selbstverständlicher Alltag in unseren Schulen wird« (Thurn 2015, S. 7).

Wer ist eigentlich *wir*? All das weckt den Affekt gegen die Einschlussrhetorik des Personalpronomens; sie provoziert ein energisches »ich nicht«. Denn: Offensichtlich sind die besseren Ideen schon lange verfügbar. Warum wurden sie nicht realisiert? Weil gesellschaftliche Strukturen Bildungssysteme bestimmen. Zudem: Die Bildungssysteme sind zuletzt verändert worden, modernisiert, zynisch angepasst an eine kapitalistische Ökonomie, die sich massiv verändert hat – und das Gesamtsystem den neuen Notwendigkeiten und Formen der Menschenproduktion unterwirft. Nun sollen in diesem »weltweit einzigartigen hochselektiven Schulsystem, zu dem Inklusion in mehrfacher Hinsicht nicht passt« (Thurn 2015, S. 7), Widersprüche aufbrechen. Aber wieso ist das bislang nicht geschehen? Werden die Eltern zum Motor dieser Veränderung? Eher nicht, weil nämlich den an Inklusion interessierten Eltern jene gegenüberstehen, die für ihre Kinder Vorteile im Wettbewerb sich erhoffen; der Bildungswahn, konstatiert Heinz Bude, verschärft die Gegensätze. Diese werden von den Menschen selbst vorangetrieben, weil sie die subtilen Mechanismen dieser Gesellschaftsform sich zu eigen gemacht haben: wenn das eigene Kind seine Konkurrenten schlägt, wird dafür alles getan.

Politik mündet dann in Liebe: Symptomatisch dafür legt die deutsche Gewerkschaft für Erziehung und Wissenschaft (GEW) einen Inklusionswürfel vor, der mit dem Charme von Rubik's Cube vieldimensional präsentiert, wo überall Inklusion erforderlich wird. Politisches Handeln erlaubt das kaum, zumal den Vertretern der Gewerkschaft nicht auffällt, wie sie ein geschlossenes System zeigen: Erfolgreiche Verschiebungen in der einen Ebene ziehen Veränderungen auf der anderen Ebene nach sich, doch die Form des Würfels bleibt bestehen: Inklusion kostet eigentlich nichts, manche verlieren, manche gewinnen – wobei ein wenig befremdet, dass keine Rede von den Akteuren ist. Der große Inklusionsgott wirkt – zumindest auf unser aller Gefühl. Auf Werbekarten vermerkt die GEW, in der Herzgraphik unbedacht angelehnt an die berüchtigte Aktion eines Massenblattes: I love inclusion. Fehlt nur noch: Inklusion ist sexy.

Inklusion als ein Kampffeld

Inklusion steht also für eine der großen Ambitionen im Bildungssystem und in der Gesellschaft der Bundesrepublik Deutschland. Die Debatte folgt damit – verspätet – anderen Gesellschaften und Staaten, weitet aber das Verständnis von Inklusion aus. Der Begriff und das mit ihm verbundene Vorhaben haben es schon in eine historische Untersuchung geschafft, in die kurze *Geschichte der Gegenwart*, die Andreas Rödder unter dem schönen Titel *21.0* vorgelegt hat.

Das Buch ruft vielleicht bei Historikern Kopfschütteln hervor, besser wäre von einer historisch aufgeklärten Gegenwartsdiagnose zu sprechen, die – der sich als konservativ verstehende – Rödder den aufgeregten, eher soziologischen Beobachtungen zur Seite gestellt hat.

Rödder sieht das Inklusionsvorhaben in dem Kontext der radikalen Zuspitzung der Moderne, die als zweite, reflexive Moderne, als Revision der Moderne oder als Postmoderne bezeichnet worden ist. Dekonstruktion und Postmoderne räumen der Vielfalt und den Brüchen Vorrang gegenüber allen Schemata ein, um sogleich – wider Lyotards Prognose – eine neue Metaerzählung zu etablieren. Kein Wunder, denn als Spektakel, Aufregung und Erregung verspricht selbst der Abgesang auf das Erzählen großer Geschichten Kapitalertrag. Die etwa von der Buntheit der Welt, bei der Unterschiedlichkeit prämiert und vorgeblich auf Normalität verzichtet wird. Rödder zitiert in diesem Zusammenhang das Plakat der »Aktion Mensch«, nach dem Inklusion Ausnahmen zur Regel werden lässt. Ein »Wortspiel mit einem tieferen Sinn. Sie reflektiert das postmoderne Paradox, einerseits überlieferte Ordnungsvorstellungen und Normen als Konstrukteure zu entlarven, andererseits eigene Konstrukte und neue Regeln zu schaffen. Auch in diesen Fall definiert Sprache die Wirklichkeit und auch das ist eine Frage der Macht« (Rödder 2015, S. 107). Diese abstrakten Konstrukte zeigen sich in Gestalt der Menschenrechte, die nun als säkulare Ersatzreligion zelebriert werden:

> »Paradoxerweise vollzog sich die Kanonisierung der Menschenrechte zur selben Zeit wie die postmoderne Dekonstruktion tradierter Ordnungsvorstellungen. Verbindlich waren die Menschenrechte nur naturrechtlich zu begründen – aber genau diesen ›Essentialismus‹ lehnte der Dekonstruktivismus als Machtdiskurs gerade ab. Dies war auch der Grund, warum postkoloniale Kritiker die Menschenrechtsbewegung als neu aufgelegte imperiale Strategie des Westens kritisierten. Dieses Paradox ist ein Indiz dafür, dass Dekonstruktion und Pluralisierung allein letztlich nicht als ausreichend erachtet werden, sondern das Bedürfnis nach (neuer) Orientierung erzeugen.« (Rödder 2015, S. 117 f)

Rödder übersieht indes, dass und wie die Sprache und das Denken der abstrakten Normalität sich durchsetzen: Statistiken, Tabellen, Rankings und Reihungen, out und in, wie sie in fast jeder Zeitschrift synoptisch dargeboten werden – man will und muss sich ja selbst orientieren, wo und wie man dazu gehört; von den Vernichtungsurteilen ganz abgesehen, die einschlägige Zeitschriften über Promis fällen, die gerade ein paar Kilos zugenommen haben.

Was hat das mit dem Inklusion zu tun? Der Begriff markiert eine soziale Tendenz (vgl. Hess 2011) und ein Kampffeld. Ein Kampffeld, auf dem es zunächst um Sprache geht, um Ausdrücke, deren Verwendung, vor allem um ihren sozialen Sinn und ihre pragmatische Funktion. Sie ist gegeben, wie sehr manche Auswüchse der politischen Korrektheit kritisiert werden. Letztlich erweisen sie sich meist, bei sorgfältiger Betrachtung dann doch als notwendig und hilfreich. Manchmal nützt die Irritation, wenn sie nicht vorzeitig abgebrochen wird. Warum sollen wir nicht, selbst bei Beachtung des grammatikalischen Geschlechts, dann eben doch die weibliche Form verwenden? Weil der Aufruhr zu laut wird, wenn nicht mehr von Tätern, sondern von Täterinnen gesprochen wird? Brauchen wir also andere, bessere, nicht-stigmatisierende Ausdrücke? Das Dilemma entsteht dort, wo der Austausch von Begriffen erst recht Aufmerksamkeit erzeugt. Die Rede vom verhaltensoriginellen Kind ruft mehr Gerede hervor als noch das Adjektiv ›behindert‹. Andererseits: Vielleicht geht es um eine sprachliche Provokation, die ihrerseits Denkprozesse in Gang setzt und Wahrnehmung sogar verändert. Ja, jedes Kind agiert doch originell, auf seine Art. Muss ich da wirklich einen Unterschied machen? Sprachschöpfungen können also Wandlungsprozesse in Gang setzen, sie spitzen vielleicht zu, machen erst recht aufmerksam, führen aber zu Verschiebungen in den semantischen Feldern, dann in der Wahrnehmung der Wirklichkeit und im Denken. Der Ausgang ist offen, möglicherweise sollte man sich mehr Experimente mit Sprache erlauben – mit drei Einschränkungen: Die Experimente dürfen die Sprachgeschichte nicht vergessen, weil diese viel stärker nachwirkt, als alle jene meinen, die sich solcher Erinnerung verweigern. Vor allem birgt sie selbst noch ein kritisches Potenzial, sie gehört zu den wichtigen Erkenntnismitteln, die manche praktische Konsequenz nach sich zieht. Das macht dann – beispielsweise – den Begriff der Inklusion so heikel. Er meint Einschluss. Sprache kann aber auch der Verdunkelung dienen, sie macht gelegentlich blind, wie sich unschwer an den Wortschöpfungen erkennen lässt, die allzumal im ökonomischen Newspeak der Gegenwart eine Rolle spielen; längst ist die Politik ebenfalls von solchen Sprachdefekten betroffen; man denke nur an die wunderschöne Schöpfung vom Entsorgungspark als Euphemismus für die Müllhalde. Worte besagen dann zuweilen gar nichts mehr, werden zu leeren Floskeln, die im günstigen Fall gute Stimmung verbreiten. Endlich können Neuschöpfungen in der Sprache zur Entmächtigung führen: Der Inklusionsfall signalisiert Verfügung durch einen Verwaltungsapparat, verleiht Ordnungen der Bezuschussung Kraft und Wirkung, um am Ende von den Betroffenen abzulenken. Sich als behindert darzustellen, irritiert, spricht eine Lebenslage und eine Befindlichkeit aus, macht Bedürfnisse und Interesse geltend; man kann in ein politisches Machtfeld eintreten und sich dort artikulieren. Eine vierte Einschränkung sei hinzugefügt, sehr subjektiv gehalten, weil vielleicht ungerecht: Debatten über Ausdrücke, Sprachsensibilität, die Lust mit Worten zu spielen, alte Begriffe zu attackieren, zu analysieren und zu zerlegen, gehört schon eher zu den intellektuellen Angelegenheiten. Nicht jede muss daran Gefallen finden, allzumal wenn das eigene Weltbild so ins Schwanken gebracht wird. In einer Welt der Unsicherheiten fürchtet man sich zuweilen davor, dass einem noch das eigene Reden genommen wird; und manche, nicht einmal die Studentinnen und Studenten einer Hochschule sind davor gefeit, finden es einfach nur lästig, weil sie auf der Kommunikationsachse zwischen ›keine Ahnung‹ und ›genau‹ doch eben das ›gemeint‹ haben, was ihnen sprachkritische Nachfrage einbringt.

Und vor allem: Sprache und ihre Kritik haben dann doch etwas Artifizielles, sie bewegen sich im fiktionalen Zusammenhang, wie real dieser dann lebenspraktisch werden mag. Aber nach aller Sprachkritik steht auf einer Seite allerdings die Realität der Lebenslagen und Lebensformen von Menschen mit Behinderung. Auf der anderen Seite drängt sich die Erfahrung von wachsender Ungleichheit und Ungerechtigkeit auf, längst ist der Spirit Level verloren, an den Wilkinson und Pickett (2010) erinnert haben. Diese Erfahrung hat zunächst zu tun damit, dass die Einkommen abhängig Beschäftigter sinken. Zugleich mag zwar wachsende Armut das objektive Problem sein, fast noch schwerer wiegt, wenn Menschen aus ihren Positionen und Rahmungen vertrieben werden, weil ihre Lebensform empirisch und symbolisch in Frage gestellt wird. Empirisch, indem nicht einmal mehr die Sicherheit besteht, einen Aushilfsjob zu bekommen, empirisch und symbolisch, indem Behörden jegliche Würde nehmen, weil sie Auskunft darüber verlangen, ob die eigenen Kinder Geschenke von ihren Großeltern erhalten haben. Fordern und fördern? Jede – längst geht es doch darum wieder – Bitte um Unterstützung verlangt einen Offenbarungseid. Symbolisch, indem allen vorgegaukelt wird, sie könnten mit eigener Anstrengung es zum Unternehmer ihrer selbst schaffen – streng Dich an, Deine Behinderung ist eine soziale Erfindung! Die soziale Realität der Einmannunternehmen erschreckt selbst ausgebuffte Sozialforscher.

Schon zwischen diesen beiden Seiten wird gerungen, es geht um Deutungshoheit und Sinnkonzepte – und um dann fast schon wieder Triviales. Schnell werden die Etiketten vergeben. Kritische Stimmen gelten als konservativ und fortschrittsfeindlich, selbst wenn sie eher nüchtern an die Realität erinnern. Ob das freilich wirklich mit Worten wie »Inklusionskitsch« passieren muss, ob von einer »tickenden Zeitbombe für jeden Unterricht« gesprochen werden muss (Geyer-Hindemith 2014), sei dahingestellt – oder auch schon wieder nicht, weil diese Worte nicht zu ertragen und nicht zu dulden sind. Zuallererst melden sich ohnehin die Sparmeister der Politik, die Kämmerer und Haushaltsexperten der Kommunen. Dem großen Programm der Inklusion, menschenrechtlich gerechtfertigt und begründet, stehen dann die Nebenkosten entgegen. Schulen sollen dann Inklusion leisten, werden aber nicht hinreichend personell ausgestattet, die Einstellung der Sonderschulen spart Geld, die Folgen für die Einzelnen werden selten beachtet. Hinter den wohlklingenden Worten der Inklusion und Teilhabe versteckt sich eine weitere Diätmaßnahme für den Wohlfahrtsstaat; anders als bei den vorgeblich Arbeitsscheuen verbietet die politische Korrektheit zu viel Offenheit gegenüber Menschen mit Behinderung. Symbolische Politik, die Rede davon, dass es weniger auf Barrieren und mehr auf die Veränderung im Kopf ankomme, die Worte von zivilgesellschaftlicher Verantwortung, reden Kosteneinsparungen schön – und erwarten Teilhabe, Beteiligung, Mitwirkung, wie die Steigerung im Konzept der Governance nun mal lautet.

Alles dämpft die Kosten und verringert den Aufwand, den Behinderung oder Krankheit der Gemeinschaft verursachen. Infrastrukturen verschwinden, um in der Arena der Aufmerksamkeit den – psychologisch längst unterstützten – Appell zur Selbstwirksamkeit an die Betroffenen zu richten, während die Zuschauer dazu gebracht werden, sich der Moral der Inklusion zu verpflichten. Das kostet nicht viel, allzumal alle Mitwirkenden eben aktiv werden (müssen). Und weil das nicht so ganz selbstverständlich geschieht, wird ein umfassendes, dann öffentlich inszeniertes und zugleich doch höchst funktionales pädagogisches Programm in Gang gesetzt. In früher Kindheit, in Kindheit und Jugend lernen alle, sich dem Einschluss zu beugen, so dass sie dann gehorsam tun, was ihnen abverlangt wird, wenn sie aus den Anstalten entlassen werden, in das lebenslange Lernen hinein. Sie sind abgerichtet für die Performanz, die ihnen als

Selbstkompetenz einer selbständigen Unselbständigkeit beigebracht wurde, trainiert und getestet von einer Industrie, die ihren Maßnahmenkatalog in den Manualen ICD und DSM festgelegt hat.

In der Arena kommt noch ein anderes Stück zur Aufführung. Unter der Überschrift Inklusion hat längst ein Kampf um professionelle Zuständigkeiten eingesetzt. Vier Parteien ringen miteinander, noch einmal: in einem Geschehen, das dann doch ein wenig an ein Marionettenspiel erinnert: Die – *erstens* – Hard-Core-Inklusionisten kämpfen gegen die – *zweitens* – Disziplin und Profession, die als Heil- Sonder-, Behinderten-, Rehabilitations- oder Integrationspädagogik bezeichnet wurde – zuweilen mit der Erinnerung daran, dass Bezeichnungen gebräuchlich waren, die man nun in der Tat nicht mehr wiederholen möchte, für einen besonders scharfen Ton dürfen Andres Hinz und Hans Wocken ausgezeichnet werden. Das Fundamentalproblem bei solcher Ablehnung besteht darin, dass sie meist ohne historische Prüfung begründet wird, so dass manches auf der Strecke bleibt, das doch einen Fortschritt für die Betroffenen bedeutet hat: Heilpädagogik, heute zuweilen mit religiösen Auffassungen konnotiert, ersetzte die Vorstellung von göttlich gegebenem Schicksal und Unabwendbarkeit allzumal des psychischen Zustands durch die von einer Krankheit, die geheilt werden kann; in dieser Welt war eine andere Lebenssituation zu erreichen. Ironischerweise diente das religiöse Moment zugleich als eine Art Gegengewicht, weil es immer wieder an die Gottesebenbildlichkeit und damit an die eigene, subjektive Wirksamkeit eines jeden Menschen erinnerte. Als Preis für die Entdeckung der Heilbarkeit wurde eine Tendenz zur Objektivierung gezahlt, Menschen wurden Patienten, ausgesondert und verbracht an Orte, die ihrer Behandlung dienten. Zur Dialektik des Geschehens gehört, dass seine Praxis sich dann doch als Aussonderung in stationären Einrichtungen verband, eng gekoppelt an soziale Zugehörigkeit. Das Sanatorium war – etwa um 1900 – ein Ort, an dem sich die Vermögenden von den Erkrankungen ihrer Seele heilen ließen; die Armen und ihre Kinder blieben dem Tod geweiht. Zur Dialektik gehört vor allem, dass die Krankheit der Seele zum Anlass der Ausgrenzung und dann der Politik der Ausmerzung wurde, wie sie von den Nationalsozialisten betrieben wurde.

Immerhin: Inzwischen deuten sich Koalitionen dieser beiden Kontrahenten an. Die Hard-Core-Inklusionisten müssen sehen, dass und wie das Interesse an ihnen schwindet, während die klugen Pragmatiker den Bedarf an Fachleuten sehen, der nicht gedeckt wird. Ernüchterung breitet sich aus, zugleich aber eine neue Fachlichkeit, die zuweilen mit einem Etikettenschwindel einhergeht, der nun zu erwarten war. Aus Heil-, Sonder- oder Integrationspädagoginnen werden solche, die nun für Inklusion zuständig sind. Das ist eigentlich ganz gut so, machte sich nicht bei allen der Verdacht breit, dass sie doch alle vorgeführt worden sind. Die Wirklichkeit der Inklusion verbittert eben zunehmend.

Vielleicht gibt es im fachlichen Gespräch einen gemeinsamen Gegner. Als ein dritter Spieler tritt die Sozialpädagogik auf – und die Soziale Arbeit, insbesondere die Kinder- und Jugendhilfe. Sie hat – davon wird gleich die Rede sein – zunächst einmal ein durchaus ein ehrenwertes fachliches Interesse. Spätestens mit der Verabschiedung des Reichsjugendwohlfahrtsgesetzes im Jahre 1924 hat sie endgültig den Anspruch erhoben, für Kinder und Jugendliche schlechthin sprechen zu wollen und zu dürfen. Sie ist eigentlich die politisch und gesellschaftlich anerkannte Instanz, die sich mit den Lebens- und Problemlagen der jungen Generation, mit den Aufgaben und Herausforderungen auseinandersetzt, die sich in Kindheit und Jugend stellen – nicht um jene gegenüber diesen durchzusetzen, sondern um junge Menschen als Subjekte zu verteidigen, ihre Autonomie zu sichern und die freilich erforderlichen – um das große Wort zu verwenden – Weltzugänge ihnen so zu eröffnen, dass sie über diese verfügen können. Kinder- und Jugendhilfe soll junge Menschen gegen die Inanspruchnahme durch die Welt so schützen, dass sie verantwortlich ihre Lebenszusammenhänge und Praktiken gestalten. Immerhin müssen sie irgendwann einmal in diesen und mit diesen leben. Freilich muss die Kinder- und Jugendhilfe, muss die Sozialpädagogik stets mit Konkurrenz rechnen, wie sie schon Gertrud Bäumer in ihrer berühmten und vielleicht falschen Definition sie benannt hat. Schule und Familie, besser: Schulen und Familien beanspruchen junge Menschen und verfügen über diese, ermöglichen ihnen jedoch ebenso Selbständigkeit.

Dieser Anspruch der Kinder- und Jugendhilfe auf Vertretung von Kindern und Jugendlichen als solchen bedeutet nun wiederum, dass sie für alle Kinder spricht – mithin für junge Menschen mit Behinderung oder Krankheit wie für alle anderen. Sie sind prioritär als Kinder und Jugendlichen anzusehen. Ein wenig konkreter hat sich dies schon in der Vergangenheit gezeigt, nämlich in den Konflikten, die ausgetragen werden mussten, wenn es die seelische Behinderung eines jungen Menschen geht. Geklärt werden musste, ob Jugendhilfe oder Krankenkassen die Kosten etwa für einen stationären Aufenthalt übernehmen – mit massiven Unterschieden, obwohl die gleichen Leistungen erbracht worden sind. Kein Wunder, wenn aus Kostengründen dann doch die Medizin und Krankenkassen favorisiert wurden, wenn mithin die wirtschaftliche Jugendhilfe eine medizinische Diagnose favorisiert hat.

In der Debatte um Inklusion bringt sich die Kinder- und Jugendhilfe als fachlich zuständig ins Spiel, sicher bewegt vom Interesse daran, den Claim für das eigene Personal zu reklamieren. Dennoch hat sie nur bedingt gute Karten auf diesem Kampffeld, einmal, weil sie eine geringere Definitionsmacht als das Gesundheitssystem und die Medizin hat, dann gegenüber der Psychologie, die ebenfalls mit einem naturwissenschaftlichen und statistisch gestützten Verständnis von Störungen im menschlichen Leben und deren Behebung punkten kann; nicht zuletzt übrigens in einem Bündnis mit Krankenkassen und pharmazeutischer Industrie. Zum anderen aber hat die Sozialpädagogik verloren gegenüber den Ansprüchen des Bildungssystems, das sich gut hat in den Vordergrund spielen können. Auf paradoxe Weise scheint die Sozialpädagogik hier durch ihr Verständnis von Pädagogik verloren zu haben – und man muss ergänzen: durch ihr meist unzureichend, wenn nicht sogar falsch gefasstes Verständnis von Pädagogik. Die Pointe besteht darin, dass sich nicht zuletzt die Verbände von der Sozialpädagogik abgewandt, die für die Positionen und Rechte von Menschen mit Behinderung eintreten. Sie werfen der Sozialpädagogik eine Praxis vor, die autoritär bestimmt sei; Erziehung mithin im schlechtesten Sinne des Ausdrucks verfolge. Schwarze Pädagogik eben. Es ist der Sozialpädagogik nicht gelungen, diesen Vorbehalt zu entkräften – und möglicherweise läuft sie sogar Gefahr, ihn sogar noch zu bestärken, weil sie ein Bündnis mit Schule eingegangen ist; symptomatisch dafür ist der 15. Kinder- und Jugendbericht, der sich vom zuständigen Ministerium den Auftrag eingehandelt hat, über Jugend in der Ganztagsschule zu berichten. Die Kinder- und Jugendhilfe wird nebenbei verhandelt, Inklusion übrigens nur angedeutet, obwohl ein früherer Jugendbericht, der 13. nämlich, geradezu vorbildlich die Gesundheitssituation junger Menschen untersucht und gegenüber der Inklusionsforderung geltend gemacht hat, dass es doch um Salutogenese und Wohlbefinden gehen müsse (vgl. Deutscher Bundestag 2009). So hat sich die Kinder- und Jugendhilfe in ein Abseits bewegt, weil sie sowohl ihre eigenen Leistungen allzu sehr machttheoretisch analysiert und dabei ihr Selbstverständnis als Pädagogik preisgegeben hat; davon wird später noch die Rede sein müssen. Hier genügt, dass die – die terminologische Differenz ist nicht ganz unwichtig – Soziale Arbeit auf Vorstellungen und Behauptungen buchstäblich hereingefallen ist, die den pädagogischen Umgang mit Kindern und Jugendlichen eher negativ konnotieren – übrigens bis hin zu historisch kaum haltbaren Kindheitsvorstellungen. Erziehung wird dann vorrangig als Ausübung von Macht und Herrschaft gesehen, das sie auszeichnende differenzierte Spiel mit Balancen wurde und wird nur selten gesehen, vor allem nicht als ein Merkmal von Pädagogik verhandelt, das eine spezifisch eigene Qualität für sich in Anspruch nehmen könnte. Sozialpädagogik hat nicht begriffen, dass und wie sie dann doch für Mündigkeit einzustehen hat, für Autonomie und die Ermöglichung einer selbständigen Lebensführung.

Ironischerweise trifft dies in viel stärkerem Maße für den vierten Spieler auf diesem Kampffeld zu. Er zeigt sich in Gestalt der medizinisch bzw. klinisch ausgerichteten Psychologie oder Psychiatrie. Sie hat einen Siegeszug sondergleichen angetreten, weil sie sich professionell aufgestellt hat, naturwissenschaftlich oder statistisch ausgerichtet Diagnosen und Verfahrensweisen behauptet, die problembezogen und wirkungsvoll seien. Wissenschaft und Technik zeichnen sie aus, gesichert und präsentiert in Manualen, die längst informationstechnisch basiert sind. Nicht zuletzt konnten damit Pharmaindustrie und Krankenkassen ebenso wie andere Kostenträger beeindruckt werden. Das mühsame und selten unmittelbaren Erfolg versprechende Verstehen rückt hingegen in den Hintergrund, Befindlichkeit und Subjektivität als offener Anlass für Verständigungsprozesse treten hinter Objektivierungstechniken zurück. Kinder- und Jugendhilfe erfolgt dann nach der jeweils aktuellen Version von ICD und DSM, respektive nach den Derivaten, welchen sogar die WHO inzwischen skeptisch gegenübersteht, weil sie Partizipation und Kooperation der Beteiligten und dann doch Betroffenen nicht garantieren. Es ist nun klar, welche Behinderung vorliegt – und wenn das nicht so ganz zutrifft, wird diese in Punkteschemata letztendlich quantifiziert und darstellbar. Es ist nun ebenso klar, worin die von Experten erstellten Ziele, eben die »objectives« bestehen, an die ein menschliches subjektives Bild der eigenen Lebensform oder Lebensmöglichkeit nicht heranreicht. Vielleicht glauben schon alle daran, dass sich Wohlbefinden und Glück wissenschaftlich begründet fassen lassen – die Durchsetzung einer therapeutischen und psychologischen bestimmten Denkweise hat schließlich beides in Frage gestellt, traditionelle, mit Mentalitätsmustern verbundene Vorstellungen vom Leben sowie die eigene Fähigkeit zu bestimmen, wie man sein Leben führen möchte.

Ganz ohne Sympathie kann man davon ausgehen, dass die naturwissenschaftlich und auf Evidenz ausgerichtete Psychologie am Ende gewinnen wird. Selbst jene, die sich auf klinische Erfahrung berufen, werden verlieren. Nur diejenigen werden diesen Erfolg verhindern, die in der eigenen Praxis von Beratung und Therapie mit dem Eigenwillen und der Eigenart etwa junger Menschen zu tun haben.

Nebenbei fällt auf, wie in dieser ganzen Arena von einer Protagonistin keine Rede war. Die Gruppe der Betroffenen, Verbände und Selbsthilfeorganisationen kommen kaum ins Spiel, Kritik war von ihnen zu hören gegenüber den Sozialpädagoginnen, denen nicht so recht abgenommen wurde, dass sie eben doch nicht bevormunden wollen.

Bildung, Bildung, Bildung: Ohnedies stellt die Erfolgsgeschichte der Psychologen nur eine Art von sekundärem Nebeneffekt dar. Er tritt mit der Durchsetzung eines Bildungsdenkens ein, das sich selbst als empirisch versteht; es ist wesentlich durch Psychologen bestimmt, die mit Testverfahren und deren statistischer Auswertung vertraut sind, den philosophisch und pädagogisch gefassten Sinn von Bildung aber ignoriert haben. Spätestens mit den Large Scale Assessments und der an sie geknüpften Erwartung, das Bildungswesen steuern zu können, wird das pädagogische Handlungsfeld in jeder seiner Dimensionen durch die Normierungsmacht der neuen Bildungsideologie bestimmt. Standardisierende Zugänge gehen einerseits mit stark normierenden und zugleich abstrahierenden Tendenzen einher; institutionelle und an Kompetenzen ausgerichtete Verfahren werden privilegiert, wobei der Begriff der Kompetenz selbst völlig ungeklärt bleibt. Non-formale und informelle Lerngelegenheiten werden zwar noch beschworen, spielen aber bald keine Rolle mehr.

Der Gewinner ist das alle einschließende und seinem Diktat unterwerfende Schulsystem. Es soll nun keinen mehr vor der Tür oder zurücklassen, alle werden zum Abitur geführt. Was sich als eine kaum mehr fromme Selbstlüge zeigt. Beschworen werden zwar Heterogenität, Differenz und Vielfalt, doch zeigt sich zweierlei: Unterschiedlichkeit wird rhetorisch und real in Anspruch genommen, weil man sich von ihr Leistungssteigerung erhofft, in gemischten Schulklassen, vor allem jedoch im Blick auf eine Umstellung des Schulsystems auf Lernen statt Lehren. Schon das verrät Heuchelei. Warum kann es nicht reichen, dass Menschen lernen, gut miteinander umzugehen? Warum muss mehr und bessere Leistung versprochen werden? Lässt sich soziales Miteinander, lassen sich Hilfsbereitschaft, Kooperation messen? Will das überhaupt jemand?

Ein trivialisierter und perfider Konstruktivismus steht dabei Pate (Pongratz 2009), erstaunlicherweise wird die Formel von der Leistungssteigerung sogar von Interpreten des Geschehens genutzt, denen man eine Schulung in Ideologiekritik unterstellen möchte. Sie glauben an Formeln, die vorgeblich an reformpädagogische Motive anknüpfen – dass schon diese Intentionen verfolgten, die mit der Modernisierung von Produktionsprozessen zu tun haben könnten, bleibt seltsam unbeachtet. Am Ende muss sich das Kind in einer Schule bewähren, nach Normen, die nicht mehr den Rahmen- und Lernbedingungen gelten, sondern dem Outcome, der aus dem Lehrerhandeln entsteht. Aber: Erfolg oder Misserfolg werden aufgrund der konstruktivistischen Denkmodelle den lernenden Subjekten selbst zugerechnet. Es geht also nicht um Individualisierung, es geht nicht um die Einsicht in eine individuell besondere, sich in sich vielfältig darstellende Existenz, es geht nicht um eine Lebensform, die ein Subjekt in seiner Weise gebildet hat, mit Welt umzugehen; entscheidend wird vielmehr die zunächst kognitive Passung zu vorgegebenen Mustern, zu Defizitbeschreibungen und Krankheitsbildern, die möglichst objektiviert und versachlicht sein sollen.

Deutlich ist jedenfalls, dass das scholare Bildungssystem als Akteur in den Auseinandersetzungen um Inklusion eine wichtige Rolle spielt, sicher getrieben durch die internationalen Vorstellungen. Dabei ist die Lage mehrdeutig: Die Schulen selbst, allzumal ihre Kollegien sehen sich überfordert, nicht zuletzt, weil sie den Konflikt mit anderen Vorgaben sehen, die an das Bildungswesen zunehmend herangetragen werden und diese geradezu aufreiben. Vorsicht empfiehlt sich sogar gegenüber den Erfahrungsberichten und Erfolgsmeldungen. Viele Schulen stellen sich inzwischen als inklusive vor, die politisch argumentierenden Verfechter von Inklusion sehen das als Erfolg. Ob sich dabei ein genereller Trend erkennen lässt, sei dahingestellt. Nachfragen decken eher düstere Praktiken und Überforderungen auf, weil die nötigen Ressourcen fehlen. Flächendeckend stehen im ›normalen‹ Schulsystem nur wenige Fachkräfte zur Verfügung, um die Lehrerinnen und Lehrer regelmäßig und systematisch zu unterstützen. Manche Lehrerinnen aus Förderschulen klagen bitter über ihre Degradierung; sie sind als Springerinnen und Lückenbüßer unterwegs. Möglicherweise wird man also noch lange mit Schulexperimenten zu tun haben, von welchen dann berichtet wird, weil sie etwa mit Preisen ausgezeichnet wurden – wobei die Universalisierung von Inklusion manches Projekt schon zerstört hat. Sondermittel gibt es keine mehr, weil die Inklusion ja allgemein durchgesetzt wurde. Berichtet wird sogar davon, dass Schulen geradezu zurückgepfiffen werden, wenn sie Eigeninitiative etwa mit Eltern zeigen; sie verletzen nämlich die Gleichheit der Lernbedingungen. Der für alle Schulentwicklung wichtige Einfallsreichtum bleibt auf der Strecke.

Auf der anderen Seite wird das Schulsystem selbst zu einem Motor im Geschehen, weil die Inklusion durchaus einer Logik entspricht, wie sie in den Assessments zum Tragen kommt. Hinzu kommt die das Bildungssystem nun überlagernde sozialpolitische Rhetorik, wie sie den Denkfiguren der modernen, selbstvergessenen, neuen Sozialdemokratie entspricht: Bildungspolitik sei die beste Sozialpolitik, wird als Mantra etabliert, das den Erfolg des skandinavischen Modells aufnehme; dass dort ein anderer gesellschaftlicher Konsens herrscht, dass ebenfalls andere institutionelle Voraussetzungen bestehen, bleibt unbeachtet. Der Glaube hält an, selbst nachdem innere Integration und messbarer Schulerfolg in den skandinavischen Ländern schwinden: Institutionen der Bildung ersetzen solche einer sozialstaatlichen Daseinssicherung, etablieren meritokratische Grundstrukturen und individuelle Verantwortlichkeit; die öffentliche beschränkt sich auf das Fordern und Fördern, lässt aber offen, in welcher Weise sich all das mit den konstruktivistischen Theoremen verknüpfen lässt: Die Subjekte sollen eben selber lernen, um so ihren eigenen Erfolg sicher zu stellen, der Staat hält sich zurück, die Individuen werden an Standards gemessen, die von Experten beliebig verändert werden können; glücklich standardisiert, spottet der Wiener Bildungsforscher Horvath. Wer in all dem scheitert, wird dann doch wieder exkludiert – aber diesmal kann die Schuldfrage doch eindeutig geklärt werden. Sie lastet ihm an.

5 Inklusion als die Individualisierung des Politischen. Oder: Die harte Politik der »Krüppelinitiative«

Ulrich Beck war 1986 durch sein Buch Risikogesellschaft bekannt geworden, das Ergebnisse eines Forschungsprojekts und nachdenkliche Beobachtungen angesichts der Reaktorkatastrophe von Tschernobyl mit einer Zeitdiagnose verbunden hat; er hat eine Signatur der Gegenwart formuliert, die sich erst später bestätigen sollte. Beck fasste Befunde in starke, manche meinten: steile Thesen, die in die Nähe von Spekulationen gerieten. Vielleicht setzten sie deshalb Trends in den Diskussionen. Vielleicht ahnte er in fast genialer Weise Entwicklungen, gestützt auf Indizien, die für anderes stehen konnten, oder formulierte Behauptungen, die im öffentlichen Diskurs erfolgreich wurden, weil sie eben von Beck stammten. Intellektuelle haben eine hegemoniale Funktion, hat der italienische Marxist Antonio Gramsci festgehalten; der Augur schafft wenigstens die kommunikativen Wirklichkeiten, welche dann das soziale Leben bestimmen.

Beck hat die These von der fortschreitenden Individualisierung in den Gesellschaften der – wie er sie nannte – *reflexiven Moderne* vertreten. Sie ist wichtig, wenn nicht sogar zentral, um die Inklusionsthematik und ihre Probleme zu verstehen. Er ging zugleich davon aus, dass in den Gesellschaften der Gegenwart das Politische sich ausbreite und sämtliche Lebensverhältnisse ergreifen. Möglicherweise standen da die Auseinandersetzungen im Hintergrund, die Ulrich Beck und Elisabeth Beck-Gernsheim am Frühstückstisch miteinander führten; das gemeinsam verfasste Buch zum »alltäglichen Chaos der Liebe«, mehr ein literarischer Bestseller als eine wissenschaftliche Studie, hat manches über ihre Lebensführung verraten. Beck stützte sich auf Beobachtungen darüber, wie in den alltäglichen Geschlechter- und Generationenbeziehungen sozial institutionelle und normative Selbstverständlichkeiten zur Disposition gestellt und in einer Weise verhandelt werden müssen, die stets ins Grundsätzliche geht; die Residuen des Ständischen lösen sich auf, die zwischen Vätern und Müttern sowie zu den Kindern angeblich bestanden haben. Stärker empirisch gestützt und differenzierter hat das übrigens Jean Claude Kaufmann mit seinen Analysen der Haushaltsarbeit gemacht; er kam allerdings zu dem bitteren Ergebnis, dass selbst der Beginn einer Liebesgeschichte am Ende von der Macht der Institutionen und institutionellen Regelungen beherrscht wird (Kaufmann 2005, S. 312). Karl Otto Hondrich, ebenfalls schon verstorbener Soziologie der Universität Frankfurt, ist jedoch nicht müde geworden zu betonen, dass wir die sozialen Bindungen und Verpflichtungen nur selten losbekommen, im Guten wie im Schlechten übrigens.

Die Behauptung, dass in der späten Moderne alles politisch werde, bestätigt sich im Kontext der Inklusionsdebatte. Mehr noch: Politisierung zeichnet dies als ein substanzielles Merkmal aus. Inklusion wird zum einen sogar hervorgehoben als eine Entwicklung, die geradezu Gesellschaft revolutionär verändere; manchmal, etwas bescheidener, wird sie als Revolution der Pädagogik nur bezeichnet. Politik findet statt, wenn die monopolisierte Staatsgewalt durch gesetzliche Regelungen soziale Verhältnisse und die Beziehungen der Menschen untereinander sowie zueinander beeinflusst und bestimmt. Das ist im Zusammenhang der Inklusion der Fall. Dennoch kommt es auf das Kleingedruckte an, darauf etwa, ob sich das Geforderte wirklich durchsetzen lässt, ob also – in diesem Fall – schon die Legislative die Sache ernst nimmt und erst recht die Exekutive der generellen Norm folgt. Das sogenannte Handy-Verbot im Auto beachten ebenfalls nur wenige, Verstöße bleiben wohl mehrheitlich ungeahndet, obwohl die so entstehenden Gefährdungssituationen als gravierend nachzuweisen sind. Erst recht gilt dies nun für die kulturellen und insbesondere alltagskulturellen Vorstellungen, die sich als Mentalitätsmuster in den lebensweltlichen Umgangsformen niederschlagen. Doch führt dies ziemlich genau zu dem Missverständnis zurück, dem Ulrich Beck wohl erlegen ist, wenn er von der Durchsetzung des Politischen spricht und die – vermeintliche – Politisierung der alltäglichen Lebensverhältnisse als Beleg anführt.

Selbstverständlich sind solche alltagsweltlichen Intuitionen gefährlich – nicht, weil sie Intuitionen sind, sondern weil es hinreichend abwertende, negative und verachtungsvolle Ressentiments gibt, die sich in den Intuitionen niederschlagen, die manche als Mentalitätsmuster erworben haben. Sie wurden sozialisiert, so zu denken und zu fühlen. Das Dilemma könnte jedoch darin bestehen, dass wenigstens schon die Form des rationalen Argumentierens, dann erst recht sein Inhalt, unvermeidlich damit einhergehen, Differenzen zu setzen oder zu beschreiben. Intuitionen hängen demgegenüber enger mit Gefühlen zusammen, sie können umfassend und insofern differenzlos sein. Hannah Arendt hat in ihrer Untersuchung über das Böse darauf hingewiesen, dass und wie in manchen Familien gegenüber dem nationalsozialistischen Antisemitismus eine Haltung entstanden sei, die sich in die Worte fassen lässt: Dies machen wir nicht.

In diesem Sinne kann die Debatte um Inklusion politisch wirken. Ob sie dabei aufklärt, lässt sich übrigens mit Fug und Recht bezweifeln. Jedes Denken, das auf die Etablierung von Institutionen gerichtet ist, hat notwendigerweise einen Zug des Dogmatischen. Das ist übrigens kein Werturteil. Die Dogmatik muss sein, weil es um Verbindlichkeit geht – ohne Institutionen, ohne institutionellen Charakter taugen Menschenrechte wenig. Es geht um Deklaration und Einübung, die zu einem Ethos, also zu einer sozial und kulturellen verbindlichen Norm führt; Ethos und soziale Institutionen haben eine enge Verbindung. Wenn man so will, geht es um eine Art von Sozialpädagogik, die darauf gerichtet ist, auf ein Grundverständnis hinzuweisen, das Menschen mehr oder weniger kollektiv bindet, um so als Hintergrundverständnis auch rechtlicher Normen wirken zu können. Aber: jede Institution muss zugleich ein diskretionäres Element enthalten, sie muss die Möglichkeit ihrer Kritik und Veränderung in sich tragen. Institutionen ohne Möglichkeiten der Partizipation bei ihrer Gestaltung tendieren zum Totalitarismus. Zur Institution gehört eine lebendige Praxis ihrer Mitglieder.

Doch: Eben hier deutet sich das Missverständnis an, das bei Ulrich Beck zu beobachten war. Neben, zugegeben: vielleicht unterhalb der grundlegend philosophisch-anthropologischen Rolle des Politischen in der Moderne differenzieren sich Sphären aus, die unterschiedlichen Logiken und Rationalitäten gehorchen, wie sehr sie ›letztendlich‹ doch grundlegend ethischen Normen als Prüfungskriterien standhalten müssen. Der Theologe, Philosoph und Pädagoge Friedrich Daniel Ernst Schleiermacher, wahrscheinlich einer der schon zu seiner Zeit selbst modernsten Beobachter und Analytiker moderner Gesellschaften, hat darauf hingewiesen, dass es im Kern zwei Techniken gäbe, das Soziale als Gesellschaft der Individuen zu gestalten, nämlich die politische und die pädagogische Technik. Beide sind nötig, beide stehen für ihn unbestritten in Beziehung zur Ethik; diese hat er übrigens selbst noch als eine beschreibende und analysierende verstanden, nämlich als eine Theorie, die das historisch fortschreitende Leben der Menschheit betrachtet und dieses darauf hin prüft, ob und wie weit es den in diesen Fortgang formulierten Ansprüchen genügt. Dabei war ihm auch klar, dass Geschichte nicht unbedingt mit Fortschritt in dem Sinn einer Verbesserung der Verhältnisse gleich zu setzen ist. Die Aufgabe und Leistung der Philosophie und der Wissenschaft bestand für ihn darin zu verstehen und zu begreifen, wie diese unterschiedlichen Techniken funktionieren.

Genau hier lässt sich ein dreifaches Problem der Inklusionsdebatte identifizieren: Sie wird einerseits so verallgemeinert und unterdifferenziert geführt, dass sie entpolitisiert. Das gilt insbesondere in den jüngeren Formen der Auseinandersetzung, die auf das Gesamt des Gesellschaftssystems abheben, die ausgrenzenden Tendenzen in der Gesellschaft schlechthin zum Thema machen, Exklusion als Grundmechanismus beurteilen, dem Inklusion generalisiert entgegengestellt werden soll. Akademisch, als sozialphilosophische Einsicht mag dieses nahezu sozialanthropologische Verständnis zutreffen, sogar soziologisch gilt es als Einsicht, wenngleich diese sofort nach analytischer Differenzierung verlangt. Politisch aber trägt sie kaum, höchstens den Sonntagsrednern hilft sie. Es macht nämlich einen Unterschied, ob man aufgrund von Armut ausgeschlossen wird oder wegen kultureller Präferenzen. Dieser Unterschied ist politisch relevant, einerseits um konkrete Problemstellungen und Adressatengruppen zu identifizieren, andererseits um diesen zu ermöglichen, aktiv für ihre spezifischen Interessen einzutreten. In gewisser Weise ist Politik Kampf um Deutung und Macht, um die Verwirklichung eigener Ansprüche, manchmal dann im Kompromiss. Daran schließt sich ein zweites Problem an, das schon angedeutet wurde: Politische Ansprüche verlieren ihre Kraft, nicht nur wenn sie so verallgemeinert werden, dass sie unspezifisch werden. In der Inklusionsdebatte geht das noch mit der irritierenden Tendenz einher, die allgemeine Forderung mit Blick auf die Individuen zu verbinden. Inklusion für jeden Einzelnen, dem Allgemeinen stehen Pluralität und Heterogenität gegenüber, die Vielfalt der Individualität wird Maßstab. Auch das klingt schön, verstärkt aber die Tendenz zur Entpolitisierung. Es geht eben dann um kein gruppenspezifisches Anliegen, kollektive Übereinstimmung und gemeinsamer Druck können nicht entstehen, jeder Einzelne hat nun die Aufgabe, sein Anliegen und seine Bedürftigkeit vorzutragen und geltend zu machen. Die Reaktion liegt nahe, sie immunisiert Ansprüche, weil sie individuell vorgetragen werden: da könnte doch jeder kommen! Das dritte Problem besteht darin, dass Politik nicht nur als Auseinandersetzung um kollektive Machtansprüche geführt wird, sondern sich inzwischen in einem subtil ausdifferenzierten Feld von Subsystemen und deren unterschiedliche Artikulationsformen wie Semantiken bewegen muss; Politik ist komplizierter geworden, die Differenzen müssen beachtet werden, wenn Anliegen nicht verpuffen sollen.

Die Debatte um Inklusion wird undifferenziert und unklar geführt, Dimensionen und Ebenen werden miteinander vermengt, um den Preis übrigens, dass sie massiv unter Verwechslungen und Irrtümern leidet:

Sie wird – zum einen – zwar als vordergründig ethische geführt, da aber schon in einer Weise politisch ausgedeutet, die nicht mehr erkennen lässt, dass und wie es um Initiierung und Durchführung eines mühsamen Überzeugungsprozesses geht. Inklusion verlangt eine Änderung von Einstellungen und Haltung, die oft mühsam, gegenüber Modellen erarbeitet werden muss, die allzumal in der familiären oder institutionellen Sozialisation, beiläufig und zugleich in hohem Maße tiefgreifend erworben worden sind. Man muss kein Psychoanalytiker sein, um zu begreifen, dass das eigene Denken, dass vor allem das eigene Fühlen Züge auszeichnen, die man eigentlich selbst verachten würde, wenn man sich ihrer bewusst wäre; sie haben sich – buchstäblich – eingeschlichen und einen doch geprägt, wie widersinnig sie sein mögen: Das antisemitische Vorurteil, das dann mit den individuellen Erfahrungen korrigiert wird. *Alle Juden, aber die ich da kenne, naja, denen merkt man gar nicht an, dass sie Juden sind. Türken nerven, der türkische Gemüsehändler ist aber sehr nett, hat immer tolle Ware. Afrikaner sind mir unheimlich, denen möchte ich in der Nacht nicht begegnen, wobei der Kommilitone unseres Sohnes wohl aus einer doch sehr europäisch geprägten Familie in Kenia stammt. Hat der Vater nicht sogar in Oxford studiert? Behinderte verunsichern mich. Aber mit dem Contergan-Opfer im ersten Stock komme ich gut klar.*

Diese Veränderungsprozesse müssen eingeleitet und vorangetrieben werden. Oft genug werden sie erst in der nächsten Generation wirksam; sie verlangen Geduld, zumal sie gleichermaßen auf der Ebene der großen Politik, der Debatten und Reden, wie aber auch im Kleinen betrieben werden müssen. Eine kleine Nebenbemerkung sei erlaubt: es könnte ein Dilemma der Gegenwartsgesellschaften darin bestehen, dass Äußerungen in den sogenannten sozialen Medien inzwischen wohl höhere Kredibilität genießen als die öffentlichen Publikationen, dass eben diese sozialen Medien auch vielen die Möglichkeit verschaffen, wirksam, also beachtet Positionen vortragen zu können, die den angesprochenen Prozess der Veränderung von Mentalitäten unterlaufen. Um es überspitzt zu formulieren: Was passiert eigentlich, wenn die Flüchtlinge nicht mehr das Interesse derjenigen finden, die ihre Meinung posten? Richtet sich die Aufmerksamkeit dann wieder auf jene, die als asozial, arbeitsscheu, sozialschwach oder bildungsfern gelten und vorgeblich die Leistungen des Sozialstaats missbrauchen, also ›unsere Steuern‹? Kann es passieren, dass sich der Hass gegen Menschen mit Behinderungen richtet, weil die nur ›Geld kosten‹, weil man sich und vor allem ›uns‹ ›das‹ doch hätte ersparen können, wenn die Eltern nur ordentliche Pränatal-Diagnostik betrieben hätten und dem Rat der Ärzte gefolgt wären?

Die Inklusionsdebatte wird zugleich als konkret politische geführt. Es geht dabei um Kosten, um institutionelle Regelungen und um Ordnungsmuster, die bis hinein in Studiengänge für einschlägig qualifizierte Fachkräfte reichen. Festzustellen ist hier freilich sofort Zurückhaltung bei Anstellungsträgern. Absolventen von einschlägigen, auf die praktische und kommunikative Organisation von Inklusion gerichteten Ausbildungsangeboten beklagen regelmäßig, dass ihre Qualifikation zwar gewünscht, aber nicht honoriert werde. Die freien Träger der Sozialen Arbeit und der Arbeit mit Menschen mit Behinderung zeigen sich hier schon fortschrittlicher, staatliche und kommunale Einrichtungen, die Schulen allzumal bieten weder einen Gehaltszuschlag noch – was vielen wichtiger wäre – eine Deputatsreduktion. In der Mehrzahl arbeiten die einschlägig Qualifizierten im Grunde ehrenamtlich, bieten zusätzliche Stunden beispielsweise an – und fühlen sich ein wenig in einer Falle: Sie machen das nämlich gerne, merken, wie alle Beteiligten profitieren, müssen sich aber doch immer wieder aufs Neue selbst motivieren. Noch einmal muss zudem in Erinnerung gebracht werden, was schon angesprochen wurde: Offensichtlich nutzen Länder und Kommunen die allgemeine Durchsetzung von Inklusion dazu, die kostenintensiven Einrichtungen für die Arbeit mit Menschen mit Behinderung abzubauen; Fachkräfte sollen dann in den ›allgemeinen‹ Regel-Schulen als Zweitkräfte eingesetzt werden, oft nur stundenweise und mobil. Unterwegs sind sie meistens sogar auf ihre eigenen Kosten. Selten wurde das Umfeld angemessen organisiert: Inklusion scheitert dann daran, dass keine hinreichend ausgestatteten Busse zur Verfügung stehen, von Inklusionsbegleitern oder -assistenten ganz abgesehen. Bitter rächt sich, dass der Zivildienst abgeschafft worden ist, obwohl keiner das offen zugeben will; es scheint sich hier geradezu ein Tabu ausgebreitet zu haben. Erzählt wird zwar die Wunderstory von den vielen BuFDis, denen man aber selten in Wirklichkeit begegnet. In manchen Bundesländern wird die Inklusion wohl dazu genutzt, den freien Trägern die Zuschüsse zu nehmen, die sie bislang für die pädagogische Arbeit für Menschen mit Behinderung erhalten haben. Ärger macht, dass und wie die Regelverpflichtung dazu geführt hat, dass Projekte und beispielhafte Einrichtungen nun ihr Angebot einschränken müssen: Wir können nicht mehr das machen, was wir bis erfolgreich entwickelt haben, lautet die Klage.

Freilich werden manche der Arbeit und des Lebens in Einrichtungen überdrüssig, die sich in ihren Anforderungen und ihrer Geschwindigkeit der Leistungsfähigkeit ihrer Klientel anpassen – aber nicht mehr nachfragen, ob diese das eigentlich so wollen. Durchaus wollen einige auf einen Schutz verzichten, durch den sie sich behindert fühlen. Die andere Seite darf ebenso wenig übersehen werden: Menschen empfinden die Arbeit in einer schützenden Werkstätte als Entlastung und Erleichterung. Nicht jeder hält dem Druck einer Arbeitswelt statt, der längst grenzen- und maßlos geworden ist. Es gibt Menschen, die ›draußen‹ waren und dies gut ausgehalten und dennoch gelitten haben, weil sie nicht leben konnten, wie sie selbst wollten – hier nun, in der Einrichtung, werden sie politisch aktiv, entwickeln Engagement, das ihnen bislang verwehrt war. Das macht auf ein Grundproblem aufmerksam: Entscheidend scheint, ob und inwiefern die Logik der Organisation dominant wird, Regeln und Normen des Ablaufs das Leben der Insassen bestimmen und nicht von diesen beeinflusst werden können, nicht an ihre Wünsche und Bedürfnisse zurückgekoppelt werden. Man kommt nicht herum um ernsthafte Formen der Mitwirkung, der Partizipation. Mehr noch: Einrichtungen haben eigentlich zu dienen, sie müssen lernen, wie sich ihre Mitglieder entwickeln – und diesen zugleich Möglichkeiten der Entwicklung eröffnen. So gesehen stellt sich dann doch eine pädagogische Frage, die das politische Reglement überlagert.

So besteht das Paradox der Inklusion *zum einen* darin, dass eine politische Lösung dann sogar noch gesetzlich durchgesetzt wird, wo jedoch praktische, fast – in einem spezifischen Sinne des Ausdrucks – technische Lösungen gewünscht und erforderlich wären. Technisch meint hier, dass es eben um die Bedingungen und Möglichkeiten geht, welche mit der – sozialpädagogischen – Organisation von Alltag und Leben, Entwicklung und Bildung zu tun haben. Paradox und fast kontraintuitiv erscheint das, weil nicht wenige – auch und besonders in der Sozialen Arbeit – hierin eine Priorität des Politischen sehen. Das trifft aber nur zu, soweit und sofern es darum geht, Regelungen des Miteinanders zu schaffen, die allen Mitgliedern eines Gemeinwesens zu Gute kommen, freilich in deren Unterschiedlichkeit. Unterhalb dieser gemeinsamen und insoweit inklusiven Bestimmungen bedeutet Technik, genauer techné im Sinne des alten Begriffs der Kunst, dass das Handeln aller Beteiligten ihren Ansprüchen und Bedürfnissen gerecht wird, eine gemeinsame Praxis der Achtung und Anerkennung wird; es geht dann nicht nur um eine Politik der Differenz, sondern sehr wohl um ein kluges Tun, das die jeweilige Lebensform, die jeweilige Entwicklungsgeschwindigkeit, die gegebenen Handlungspotenziale, endlich auch dem Wunsch nachkommt, die Grenzen zu akzeptieren, die Einzelne für sich ziehen wollen.

Zweitens: Das politische Problem der Inklusion könnte – notabene: der Konjunktiv darf nicht übersehen werden – genau darin bestehen, dass Inklusion eben generalistisch erfolgt, dabei eine universelle Anforderung ausspricht, der man sich nicht entziehen kann. Das wäre unproblematisch, wenn Inklusion nicht bedeuten würde, in eine gegebene Gesellschaft eingeschlossen zu werden. Bei dieser Gesellschaft handelt es sich gegenwärtig – und auf längere Zeit – um eine kapitalistische Marktwirtschaft, die nicht einmal immer in Gestalt einer repräsentativen Parteiendemokratie politisch geordnet ist. Schwierig wird die Angelegenheit schon dann, wenn die Organisationen und Institutionen marktförmig und im Wettbewerb miteinander organisiert werden. Dies bedeutet nämlich, dass Infrastrukturen nur noch bedingt eingerichtet werden, dass zugleich die Adressaten über Marktmacht verfügen müssen, um ihre Interessen durchzusetzen und sicher zu stellen, dass ihre Bedürfnisse befriedigt werden. Man kann weder ausschließen, dass ein solcher Markt gar nicht eingerichtet wird, weil er nicht rentabel ist, noch aber ist sicher, dass marktförmig organisierte Institutionen dann nicht doch mögliche Mitglieder ausschließen. Häufig genug berufen sie sich dabei auf den Willen ihrer Mitglieder; Sportvereine schließen dann den Buben mit Down-Syndrom aus, weil es nicht gehe, dass dieser mitturnt. Eine

Tanz- und Ballettschule nimmt das Mädchen mit dem verkürzten Bein nicht auf, weil die Eltern der anderen Kinder das nicht wünschen.

Das kann (muss aber nicht) bedeuten, dass die Fragen ausgeblendet werden, die mit dem Begriff der Citizenship gut bezeichnet werden; altmodisch gesprochen geht es um die Differenz von Bourgeois und Citoyen, wobei sogar noch die Position ausgeklammert bleibt, die als homme ebenfalls im Raum steht. Eine Marktwirtschaft fordert den Bourgeois, den Wirtschaftsbürger, dessen Leistungsfähigkeit in seinem Geldwert gemessen wird, daran also, ob er über Kapital verfügt oder wenigstens über eine Arbeitskraft, die in der Produktion ein Einkommen sichert oder auch ihm eine Position als Konsument ermöglicht. Dabei ist die eigene Stellung doch unsicher. Man kann politisch mitwirken, insofern inkludiert werden, während man zugleich nur Adressat der letzteren ist. Das kann auf zwei Wegen geschehen, nämlich einerseits in Gestalt einer Ermächtigung dieser Einrichtungen, die dann als Verlängerung des gesetzgeberischen Systems und der Verwaltung wirken, ihren Adressaten aber nur Mitsprache einräumen, wenn sie dazu gezwungen werden. Das hat nur bedingt geklappt, Institutionen wie Schulen agieren ähnlich und bestärken den Eindruck, dass weite Bereiche auch des staatlichen Handelns und erst recht solche, die in freier Trägerschaft Aufgaben übernehmen, welche – im weitesten Sinne – dem Gemeinwohl dienen oder gar den sozialen Zusammenhang fördern wollen und sollen, dafür häufig genug auch Zuschüsse bekommen. Bei Sportvereinen ist dies der Fall, der doch strenger Prüfung bedarf, allzumal wenn sie doch auf erhebliche Einkommen ausgerichtet sind, die ihrerseits mit Konkurrenz verbunden sind; über den sozialen Sinn etwa von Fußballvereinen in den obersten Ligen kann man durchaus streiten. Und: wie ist das eigentlich in einer Sportschule? Stellt sich da die Frage nach der Behinderung oder findet von vornherein eine Exklusion statt – und sei es der Aus- und Einschluss der sportlich Begabten?

Man muss befürchten, dass es dem Kapitalismus gelingt, noch jede gute Idee zur Gestaltung der sozialen Welt sich zu eigen zu machen und zu pervertieren. Darin liegt eine historische Dialektik, die sich eben an jenen Emanzipationsbewegungen zeigt, welche in den letzten Jahrzehnten gewirkt haben: Die Frauenbewegung, die Bewegung für die Kinderrechte, die Initiativen für die Rechte der Menschen mit Behinderung. Immer ging es um Emanzipationsbewegungen, darum Freiheit und Gleichheit sicher zu stellen, die Menschen aus Zwängen und Herrschaft, aus Unterordnung zu lösen, die sich in unterschiedlichster Weise zeigte; Sprache gehörte und gehört auch dazu, die Political Correctness hat alle Berechtigung. Doch die Geschichte hat ihre eigenen Haken, Nancy Fraser hat das am Beispiel der Frauenbewegung geschildert. Sie führt *Vom Regen des progressiven Neoliberalismus in die Taufe des reaktionären Populismus* (Fraser 2017a). Die Befreiung – sie wurde zur Befreiung für einen kapitalistischen Arbeitsmarkt, auf dem sich nun alle verkaufen. Die Frauen müssen am Ende ihre Unabhängigkeit und Verwertbarkeit damit verbinden, dass sie andere Frauen, solche aus den armen Ländern Asiens und Afrikas, ihren Familien entreißen, um sie als Nannies anzustellen; Arlie Russel Hochschild hat das eindrücklich gezeigt (Hochschild 2003). Die vorgebliche Befreiung geht vor allem damit einher, dass die Menschen aus all dem gerissen werden, was als stützende Zusammenhänge gelten könnte. So makaber das klingt: Der Neoliberalismus und die Emanzipationsbewegung lassen die sozialen Beziehungen erodieren, auf die Menschen spätestens dann angewiesen sind, wenn sie besondere Lebenslagen bewältigen sollen. Das lässt sich nur noch einkaufen – wenn man über die nötigen Mittel verfügt. So gesehen muss man über Klassengesellschaften und über Ungleichheit sprechen.

In all dem wird der Mensch, l'homme, zwar vordergründig zum citoyen, zum politischen Bürger, der sich noch für Menschenrechte einsetzt, die aber dann bourgeois missbraucht werden: Menschenrecht wird zum Recht als Kapitaleigner, als Produzent oder Konsument das Geschäft des Kapitalismus zu betreiben. Die Menschenrechtsidee der Inklusion wird im eigenen Wahlakt darauf reduziert, als Teilhaber einer Kapitalgesellschaft zu wirken, in der man nach ihren Gesetzen mitwirken kann, aber nichts zu sagen hat; vielleicht hat mancher diese Lektion verstanden, der heute schnell als Wutbürger bezeichnet wird. Ein nicht minder bitteres Beispiel dafür bietet das garantierte Grundeinkommen. Dieses könnte durchaus eine inklusive Funktion haben. Es garantiert eine hinreichende Sicherung des menschlichen Lebens, nicht nur auf dem niedrigen Niveau, das Sozialhilfe bietet. Das garantierte Grundeinkommen wahrt die Möglichkeit, selbständig und aufgrund eigener Entscheidung am sozialen Leben teilnehmen zu können; es gilt als Möglichkeit, Teilhabe jenseits einer eigenen Erwerbstätigkeit zu sichern. Der zuletzt im Zuge des Neoliberalismus vorgenommene Abbau von sozialstaatlichen Garantien, Rechtsansprüchen und Infrastrukturen zugunsten einer individuellen Arbeitsverpflichtung wäre damit zurückgenommen. Faktisch aber reduziert sich Teilhabe damit auf die Möglichkeit, als Konsument zu wirken – was möglicherweise schon als Motiv für die Einführung eines solchen Grundeinkommens erweisen könnte. Ein garantiertes Grundeinkommen sichert so die Binnennachfrage, die sich zuletzt in allen, auch in den exportorientierten Ökonomien als wichtiges Stabilisierungselement erwiesen hat. Als noch dunkler könnte ein anderes Motiv sich erweisen: Mit einem gesicherten Grundeinkommen gelingt es, die absolute Flexibilität der Workforce herzustellen. Das Kapital kann dann beliebig nach seinen Produktionsbedürfnissen auf die Wertschöpfung durch menschliche Arbeitskraft zurückgreifen. Alle werden ausreichend ernährt und durch die Zahlungen pazifiert. Niemand meckert. Flankierend werden Boni für jene ausgegeben, die sich brav weiterbilden – wenn sie das nicht ohnehin schon tun, weil das bezahlte Herumhängen langweilt. Sobald der Bedarf besteht, werden die Arbeitskräfte vorübergehend abgerufen und produktiv genutzt – dem lebenslangen Lernen wird dann eine lebenslange Arbeitsfähigkeit zur Seite gestellt, die jeden Einzelnen die Existenz zwar sichert –, aber an eine gemeinsame Praxis gar nicht mehr denken lässt. Weil alle für sich versorgt sind, merkt keiner, dass es um eine kollektive Situation geht.

Deshalb verlangen menschenrechtliche Debatten die Prüfung des Kontexts, für den sie geltend gemacht werden. Noch einmal: es geht um eine kapitalistische Gesellschaft, inzwischen um einen Kapitalismus, der sich von sozial- und wohlfahrtsstaatlichen Ordnungen längst befreit hat und zu einem Enabling

State mutiert ist, der keine Infra- oder Versorgungsstrukturen mehr bietet, sondern mit Anreizen operiert. Mehr als das: zunehmend zeichnet sich ab, dass und wie dieser Kapitalismus noch unter dem Vorzeichen der Demokratie zu einem autoritären Staat sich verwandelt hat, der auf der einen Seite sehr wohl mit nationalistischen Figuren operiert, um andererseits die Effekte der Globalisierung gleichsam ideologisch zu eskamotieren. Der Wahlerfolg der rechten Parteien muss in diesem Kontext gesehen werden, weil ihre Anhänger einerseits Opfer des modernen Kapitalismus geworden sind, von den Parteien im Stich gelassen wurden, die sie als ihre Interessenvertreter angesehen haben, weil sie andererseits dazu beitragen, dass Ordnungsmuster nun aus der Bevölkerung heraus legitimiert werden. Man muss, so hat der bayerische Ministerpräsident nach der Bundestagswahl 2017 verkündet, die rechte Flanke schließen; die christliche und soziale Volkspartei will sich also die Parolen der politisch Rechten zu eigen machen, ohne zu überlegen, was man sich damit alles einhandelt. Menschen mit Behinderung sollten vorsichtig werden – Mitglieder der AfD sind wenig zimperlich in ihren Äußerungen. Die rechte Flanke zu schließen, bedeutet also durchaus, dass Programmatik und Semantik übernommen werden, eine Sozialpolitik aber gewiss nicht wiederkehrt, die menschliches Leben würdevoll zu sichern vermag. Hier kommt nun ein fataler Effekt der jüngeren Modernisierung auch der Ideen ins Spiel. Manches, was als Fortschritt galt und intensiv von emanzipatorischen Bewegungen verfochten wurde, sprach doch nur aus, was einem vordergründig progressiven Neoliberalismus zupasskam. Die Frauenbewegung landete nun eben auf dem kapitalistisch organisierten Arbeitsmarkt, mit allen Risiken, die sich beim Verkauf der Arbeitskraft so zeigen; dass die eigenen Kinder nun an Anstalten abgegeben werden, dass dies als großer Fortschritt gilt, weil sich nun Professionelle darum kümmern, selbst den Nachwuchs für eben diesen Arbeitsmarkt schon frühzeitig zuzurichten, gilt ebenfalls als Fortschritt. Wobei: groß scheint die Überraschung, dass der kapitalistisch organisierte Arbeitsmarkt die Arbeit nicht gleich entlohnt, dass die häusliche Arbeitsteilung nicht so wirklich funktioniert, dass vor allem die Institutionen für die Kinder eben doch nicht zur Verfügung stehen, von der fehlenden Professionalität ganz zu schweigen. Immerhin: irgendwann wird dann die Qualität der Betreuung geregelt. So kommt man dann eben vom Regen des progressiven Neoliberalismus in die Traufe des reaktionären Populismus – the winner is the capitalism again! Die Lektion solle vorsichtshalber gelernt werden, ehe man für Menschen mit Behinderung den fortschrittlichen Neoliberalismus fordert, zumal dieser eben schon höchst reaktionär geworden ist.

Das führt nun zu einer dritten Überlegung in diesem Zusammenhang; sie ist durch die Analysen von Chantal Mouffe inspiriert. Chantal Mouffe hat nicht nur Zweifel am empirischen Gehalt von Becks These zur fortschreitenden Individualisierung geäußert. Vielmehr macht sie auf die fatale Verknüpfung von Individualisierung und der Politisierung aufmerksam, wie sie in der reflexiven Moderne als universell behauptet wird. Es mag schon zutreffen, dass nun alle Lebensverhältnisse politisch werden, die privaten allzumal; Beziehungen müssen nun ausgehandelt werden, wenn nicht doch die sozialen Bindungen und Regelungen machtvoll bleiben, wie dies schon angesprochen wurde. Das Kernproblem besteht darin, dass Politisierung und Individualisierung verbunden werden – bei Beck, so Mouffes Vorbehalt, im Grunde affirmativ, wenn nicht sogar in einer tendenziell normativen Weise. Die Politik der reflexiven Moderne ist für alle eine individualisierende; sie soll das dann auch sein, weil sie andernfalls in die alte Moderne zurückfällt. Politik wird so in ganz eigentümlicher Weise individualisiert, sie wird zur Politik der Individuen, die ihre Konflikte untereinander, in ihren privaten Beziehungen austragen, Kollektivität nicht mehr als Erfahrung aber auch nicht als Grund ihrer politischen Aktivitäten erleben. Wenn überhaupt, so steht ihnen noch der Wahlzettel zur Verfügung, schon der Protest gilt fast ein wenig als obszön. Politik ist so eigentlich entpolitisiert, weil die Gruppe, die Gemeinschaft, das Staatswesen gar nicht mehr thematisch wird; es geht schon um die moderne Konsumentenpolitik, die darin besteht, sich einem Produkt individuell zu verweigern. Ob das Wirkung hat? Es ist eigentlich eh egal.

Die Logik des Inklusionsprogrammes fügt sich in eben dieses Modell. Zwar scheint im Hintergrund noch kollektive Wut über Stigmatisierung und Ausgrenzung auf, zwar klingt noch nach, was Verbände und vor allem Initiativen auf den Weg gebracht. Mit der Provokation der Krüppelbewegung, die Behinderung oder Beschädigung in einem kollektiven, wenigstens in einem Gruppenzusammenhang artikuliert und auf die Ebene öffentlicher politischer Auseinandersetzungen gebracht hat – schon lange freilich gefährdet, weil das politische System Praktiken entwickeln hat, sich gegen die kollektive Empörung zu immunisieren. Die ideologischen Apparate spielen dann schnell die Karte der Erregungsgesellschaft, um das Ganze ins Spielerische zu drehen, das dann gut zum Politainment passt. Wenn die Aufregung anhält, kann man die Empörung kanalisieren, indem man sie eben den Wutbürgern zuschreibt. Inklusion nimmt nun den Druck, schließt jeden Einzelnen als solchen ein in ein System, das jedem Einzelnen Teilhabe verspricht, jedoch individualisierend verfährt. Es geht eben nicht um eine politische Bewegung, noch weniger: es geht um eine Politik, die verordnend, regelnd, kanalisierend verfährt, aufspaltet, vereinzelt, Einzelne anspricht und so auf eigentümliche Weise entsubjektiviert. Man kann den nun partikularisierten Produzenten und Konsumenten versprechen, dass sie doch mitwirken können; nein: sie brauchen das gar nicht, sie brauchen nicht mehr zu kämpfen, sie müssen sich nicht mehr wehren. In der Gesellschaft der Individuen wird Politik zu einer Angelegenheit, die dort fast ein wenig schmutzig wirkt, wo Akteure energisch werden, die dort edel erscheint, wo sich die Eliten in dem Licht medialer Beleuchtung sonnen. Man muss nicht mehr politisch sein – und wird so uninteressant für diejenigen, die ganz gerne in die Toskana fahren. Offensichtlich war dies der Weg, den die Sozialdemokratie beschritten hat, in nahezu allen Ländern. Didier Eribon hat das gut für Frankreich beschrieben, übrigens als ein Stigmatisierter. Noch sind die Menschen mit Behinderung davon weniger betroffen, ihre Situation aber muss doch in einer solchen Perspektive betrachtet werden.

6 Einschluss und Ausschluss in Gesellschaften. Eine Aufführung ohne Bühnenbild

Kann eigentlich ein richtiges Konzept falsch werden? Die Antwort lautet: ja – aber sie darf nicht gegeben werden, ohne sogleich innezuhalten und zuzugeben, dass sie vorschnell gegeben ist. Es gibt falsche Antworten, die aber doch notwendig sind, weil die Realität selbst falsch ist. So soll und darf man sich nichts vormachen: Die Menschenrechte sind noch lange nicht überall in Kraft und wirksam, oft genug fehlt die Absicht, sie auch nur zur Kenntnis zu nehmen, geschweige denn sie für alle und mit Selbstverständlichkeit durchzusetzen. Schlimmer noch: es scheint eine Lage wieder einzutreten, in der sie selbst dort wieder ignoriert werden, wo sie zumindest einmal verbrieft worden sind. Wenn Mauern und Zäune gegen Flüchtende errichtet werden, lässt sich nicht ausschließen, dass das Fremde und Befremdende wieder weggesperrt wird. Manche Wirklichkeit wird ohnedies nicht gesehen: Ari Melber und Martia Hause stellen 2016 in den nbc-news eine offizielle Untersuchung vor, nach der bei den durch die amerikanische Polizei Getöteten rund die Hälfte eine Behinderung hatte. Ein wenig überspitzt könnte man eine Art polizeilichen Genozid vermuten, wobei als besonders brisant ein geradezu systematischer Zusammenhang zwischen Hautfarbe und Behinderung gelten muss; die Autoren schildern dabei Fälle, in welchen psychische Krisen von Menschen von den Polizisten keinen Anlass zur Hilfeleistung gaben, sondern als Bedrohungsszenarien wahrgenommen worden sind, die den tödlichen Einsatz von Schusswaffen ausgelöst haben (Melber/Hause 2016).

Dennoch bleibt der Hinweis: Jede Idee, jedes Urteil, gleich ob sie einen Sachverhalt beschreiben und analytisch begreifen oder ob sie normativ gemeint sind, jede Vorstellung allzumal, die Anspruch auf universelle Geltung erhebt, sie alle müssen immer wieder geprüft, neu verhandelt werden, auch und erst recht um sie zu restituieren, wo sie verletzt worden sind. Sogar die Menschenrechte werden immer wieder befragt – nicht in Frage gestellt, wohl aber dahingehend geprüft, ob sie der Realität noch gerecht werden, schärfer und weiter zu fassen sind; die Konventionen bringen solche Revisionen zum Ausdruck: In der sozialen und kulturellen Wirklichkeit werden Kinder gar nicht erst als menschliche Subjekte, als Träger der Menschenrechte wahrgenommen – so wird eine Vereinbarung erforderlich, die diesen Anspruch verdeutlicht und geradezu administrativ reguliert. Menschen mit Behinderung werden ausgeschlossen; ihnen wird die Zugehörigkeit zum politischen System und zu den sozialen Institutionen abgesprochen. Dem ist nur zu begegnen, wenn die Allgemeinen Menschenrechte nicht nur immer wieder diskursiv bestärkt, sondern vor allem angesichts neuer sozialer und kultureller Phänomene interpretiert werden, um ihren Geltungsanspruch nicht verlieren zu lassen.

Noch mehr gilt dies für die Wahrheit eines Urteils. Gleich wie es gewonnen wurde, es muss doch hinsichtlich seines Gegenstandes, seiner Entstehungsbedingungen und seiner Kontexte gefragt und geprüft werden; selbst die vermeintlich sichere Empirie trägt nicht immer, weil sie kaum Auskunft darüber gibt, was in einer Gesellschaft und einer Kultur als Möglichkeiten zu erkennen und zu begreifen ist. Theorien können antizipatorische Qualität haben, im Guten wie im Schlechten. Gegen die Argumente und Begriffe Hegels wurde einmal eingewandt, sie werden der Wirklichkeit nicht gerecht. Er stellt dem den schönen Satz entgegen: Umso schlimmer für die Tatsachen. Die Faktizität miserabler Zustände darf keine Geltung für sich in Anspruch nehmen – darin liegt übrigens die unvermeidliche Grenze aller empirischen Forschung, die dann doch dem Positivismus verfällt. Sie taugt nicht viel, wenn sie sich nicht an dem messen lässt, was sich als reale, als bessere Alternative zum Gegebenen abzeichnet. Doch dieses kann nur gedacht, entworfen werden, wenn realistisch eine Differenz erkannt werden kann.

Verfechter der Inklusion können eben dies für sich in Anspruch nehmen. Aber das befreit nicht von kritischen Überlegungen; über soziale Verhältnisse lässt sich eben nur kritisch, hermeneutisch und dialektisch befinden. Zuweilen müssen Hinsehen und Nachdenken, müssen Analyse und Reflexion dem nachgehen, was sich als denkbar schlechteste Entwicklung entdecken lässt; to be forewarned is to be forearmed. Vielleicht lässt sich verhindern, was den Verfechtern im Überschwang des guten Anliegens verborgen bleibt. In welchem gesellschaftlichen Kontext wird also die Forderung nach Inklusion aufgeworfen? Kann es sein, dass es in ihr um anderes geht, als eigentlich intendiert wurde? Antworten auf diese Frage fallen schwer, weil der Inklusionsbegriff ungenau ist – das ist schon mehrfach angesprochen worden. Vielleicht muss der Begriff sogar ungenau sein, weil er mehr eine Leitlinie vorgibt und weder eine Theorie repräsentiert noch eine klare Bestimmung enthält. Vielleicht dient er wirklich nur dazu, dem gesellschaftlichen Lebensprozess eine andere Richtung zu geben, über die die Menschen dann selbst entscheiden müssen.

So gesehen wäre die kontroverse Debatte ein gutes Zeichen. Dem aber widerspricht die strenge Pragmatik, welche sich etwa in Indikatoren für Inklusion niederschlägt. Wenn es schon eine technische Anweisung für Inklusion und die Messtabellen für sie gibt, dann wäre doch wünschenswert, dass wenigstens die Hintergrundannahmen sichtbar werden. Die Regeln, die Ausnahmen und die Auswege. Kann man sich der Inklusion entziehen oder verweigern, ist eigentlich überhaupt die Rede von Akteuren, die in ihrem Inklusionsprozess wirken? Möchten eigentlich alle inkludiert sein? Allzumal in diese Gesellschaft? Gerät das Vorhaben, das euphorisch als utopisch gefeiert wird, nicht zur Dystopie? The brave new world of inclusion? Oder mehr noch: Funktioniert überhaupt die Pragmatik? Ist sie nicht doch falscher Schein technischer Lösung oder gar Eingangstor für Vorstellungen, die auf den Kopf stellen, was vermeintlich gut und wünschenswert erschien?

Die soziale Wirklichkeit der Inklusion – ein kleiner Umweg

Kinderbücher verraten zuweilen einiges über den Zustand der Welt (im Folgenden stütze ich mich auf die schöne Masterarbeit von Schönherr 2017). Sie bewegen sich zwar im Reich der Phantasie, knüpfen jedoch an die Erfahrungen der Kinder an und vermitteln Einsichten in eine Realität, der sich unvermeidlich jene stellen müssen, die in diese eintreten. In mancher Hinsicht dienen Kinderbücher als Seismographen, um die dumpfen Untertöne und Schwingungen zu erfassen, die in den Tiefen der Gesellschaften und Kulturen anklingen; Hoffnung machen sie eigentlich kaum. Kinderbücher umreißen also einen Raum, der in der Gegenwart beginnt, zugleich ein wenig auf die Zukunft verweist, weil sie dann doch Wirklichkeiten zeigen, die von den Kindern angeeignet werden können. Mit ein wenig Bitternis könnte man vermuten, dass sie nur das an Utopie vermerken können, was sich heute schon abzeichnet – sie führen die Kinder in eine Wirklichkeit ein, die sich eben verändert.

Das trifft auch für die Kinderbücher zu, die die Lebenssituation von Außenseitern zum Thema machen. Viele sind es übrigens nicht, zumindest wenn man sich bei jenen umsieht, die für kleinere Leser gedacht sind, mit viel Bildern und kurzen Texten, die sich zum Vorlesen eignen. Da ist dann von kleinen Tieren die Rede, die wegen ihrer Ohren oder der Farbe ihrer Haut gehänselt werden, mal geht es um ein kleines, gewiss liebes Fantasiemonster, mit dem niemand etwas zu tun haben will – recht bedacht übrigens insofern eine schlechte Wahl, weil eine Assoziation zwischen Außenseiter und Monster hergestellt wird.

Die Geschichten ähneln einander: Manche Außenseiter finden einen anderen, der ebenfalls ausgeschlossen ist; gemeinsam bewältigen sie dann ihre Situation, aber Zugehörigkeit zur Gemeinschaft will nicht so recht entstehen. Andere Außenseiter machen sich auf einen Weg, der sie selbst von der Gruppe wegführt; sie bestehen Abenteuer, können vielleicht als Helden zurückkehren, werden so zum anerkannten Außenseiter. Die vielbeschworene Gemeinsamkeit der Unterschiedlichen stellt sich niemals ein. Der Sonderstatus bleibt, höchstens die Bewertung des Stigmas verändert sich.

Ähnlich übrigens die Situation in den Büchern Sven Nordqvists, die von dem vorgeblich verrückten Alten Pettersson und seinem Kater Findus handeln. Es macht immensen Spaß sie zu lesen, um den Details auf die Spur zu kommen, allzumal den Mucklas und ihren kleinen Scherzen. Gleichwohl: Obwohl sie gelegentlich von Nachbarn besucht werden, einmal sogar vom König, gehören sie nicht so recht dazu; Findus verheimlicht sogar, dass er sprechen kann. Aber vielleicht gelingt das nur mit Pettersson. Denn sie leben nun in einer eigenen Welt, freilich ihr ganz eigenes, ziemlich verrücktes Leben; die Situation erlaubt ihnen, das eine oder andere Experiment durchführen, das in der Dorfgemeinschaft kaum auf Gegenliebe stoßen würde.

Inklusionsprogrammatisch wird man all dem jedoch wenig abgewinnen. In diesen Büchern begegnen Stigmatisierte, die stets ein wenig anders, fremd bleiben und so wahrgenommen werden. Die Welt verwandelt sich nicht zu einer

Gemeinschaft in Unterschiedlichkeit, Heterogenität als generelles Sozialprinzip setzt sich nicht durch, ebenso wenig wie die von der Soziologie behauptete Individualisierung. Es bleibt bei der homogenen Gruppe und den Außenseitern, den Wikipedia-Eintrag zur Inklusion mit seinen viel zitierten Grafiken haben die Autorinnen übersehen. Mehr als Toleranz wird nicht erreicht, man duldet und erträgt die dann doch ein wenig seltsam Wirkenden, die von der Gruppennorm abweichen. Ein Unterschied fällt übrigens zwischen den Büchern für die Kleinen und jenen auf, die – wie Nordqvists Pettersson-Geschichten – für größere Kinder und vielleicht sogar Erwachsene erzählen. Die Bücher für die Kleinen wollen wohl zwar Mitleid provozieren und zum Denken anregen; ihre Moral scheint darauf gerichtet zu sein, Ausgrenzungen durch die Gruppe müssen verhindert werden, wer anders erscheint, sollte als zugehörig betrachtet werden. Nur: die Handlungsplots entwickeln sich in ihrer narrativen Logik immer in eine andere Richtung, sie erzählen, wie die Gruppennorm Bestand hat, die Außenseiter im günstigen Fall ihren Status verbessern. Und selbst dies tritt nicht regelmäßig ein. Die Bücher für die Kleinen heben mithin auf eine hoch komplexe moralische Reflexion ab, die kaum zu erwarten ist, zumindest wenn man den Einsichten Piagets und Kohlbergs in die Entwicklungsstufen des moralischen Bewusstseins folgt. Die Pettersson-Bücher möchten hingegen einfach unterhalten, zum Suchen und Spielen anregen, moralische Botschaften übermitteln sie nicht.

Trotz aller Phantasie richten sich Kinderbücher an Realisten, die schon wissen, dass und wie die Mechanismen der sozialen Welt sich in zuweilen grausam wirkender Weise durchsetzen. Ethische Debatten und moralische Reflexionen über den Umgang mit Differenz lassen sich anstoßen, der Aufwand ist beträchtlich und der Ertrag offensichtlich nur mäßig. Bei kleinen Kindern sollte man anderes gar nicht erwarten. Spannender indes, was die Älteren erfahren können, eben bei Pettersson: Der Alte mag zwar als ein verschroben gelten, zumal er mit den Tieren spricht – übrigens ein beliebtes Motiv in der Unterhaltungsliteratur, die für Kinder und Erwachsene gleichermaßen geschrieben ist. Er ist Außenseiter, führt aber sein Leben, das als solches zumindest als eine Möglichkeit der Existenz in Betracht gezogen werden sollte. Man muss sie nicht teilen wollen, aber die Legitimität der Lebensform steht außer Frage – vielleicht spricht sich hier eine Logik der Anerkennung aus, obwohl der Begriff nicht wirklich taugt, wie sehr er nun von renommierten Denkern gepriesen wird.

Vergleichbar gilt dies für ein Buch, das monatelang in den Besten-Listen der Zeitschriften geführt wurde – was auch immer diese besagen mögen: Robert Seethaler beschreibt in »Ein ganzes Leben« das dramatische, in vieler Hinsicht traurige Leben eines Menschen, der als Kind zum Krüppel geschlagen worden ist, seine Verlobte in einem schrecklichen Unglück verliert, hart arbeitet, aber am Rande der Gesellschaft lebt. Aus eigener Entscheidung – und noch gerichtet gegen die Bemühungen, ihn in einen engeren Zusammenhang mit anderen zu bringen. Davon erzählt Seethaler in allen seinen Geschichten, im »Trafikant«, dem Buch das ihn berühmt machte, in »Die Biene und der Kurt«, zuletzt in den »Weiteren Aussichten«. Es geht immer um die Spannung, die in der – wie Kant sie nennt – ungeselligen Geselligkeit der Menschen schon begründet ist, die in den Prozessen des Ausschlusses sich zuspitzt, Menschen aus dem treibt, was als Normalität Geltung haben soll. Seine Protagonisten sind immer – wie man früher, literarisch bewusst gesagt hätte – beschädigt, oft genug körperlich und leiblich. Aber der Romancier stellt sie in einer willensstarken Verletzlichkeit vor, die ihre Subjektivität sichtbar werden lässt. Keiner ist inkludiert, stets zeigen sich Widerständigkeit und Ich-Behauptung, entwickelt sich eine menschliche Lebensform, die aus dem in der Moderne zugespitzten Widerspruch zwischen extremer Individualisierung und dichter Sozialität als Option zu verstehen ist; Menschen können sich entscheiden. Andere, auf sie aufmerksam gemacht, begegnen ihnen und beginnen zu verstehen, was Menschen auszeichnet, diese konkreten Menschen. Man lernt, dass sie in ihrer Subjektivität gefragt sind, nicht sozial in die eine oder andere Richtung gezwungen werden dürfen. Was freilich auch bedeutet, dass die Forderung nach Inklusion im einzelnen Fall nicht einfach durchgesetzt werden darf.

Exklusion und Inklusion – Perspektiven der Soziologie.

Literatur erzeugt selbstredend Unordnung. Die soziologische Aufmerksamkeit gilt hingegen der Ordnung der Gesellschaft, den Strukturen und Mechanismen, die ihrerseits die Praktiken bestimmen, welche dann als das Soziale erfahren und erlebt werden; diese Strukturen und Mechanismen mögen hinter dem Rücken der Akteure wirken, dennoch spricht einiges dafür, diese selbst als Handelnde zu begreifen. Es ist einigermaßen unentschieden, in welchem Verhältnis soziale Strukturen, Mechanismen oder sogar Determinismen und das stehen, was neuerdings mit dem Begriff Agency gefasst wird, zuweilen mit dem Ausdruck »doing« verbunden wird. Erst in einem zweiten Schritt soll dann gefragt werden, was all dies insbesondere für Menschen bedeutet, die mit einer Behinderung oder Krankheit leben, die als behindert bezeichnet werden – was übrigens auf ein weiteres Dilemma hinweist, das noch durch die Inklusionsdebatte selbst erzeugt wird: Auch diese generiert eine Zuschreibung, vielleicht sogar eine Stigmatisierung. Oder anders: Gibt es eigentlich eine Möglichkeit, solchen Zuschreibungsprozessen zu entgehen?

Zuerst also die soziologische Auseinandersetzung mit Inklusion – selbstverständlich unter dem Vorbehalt, dass Verallgemeinerungen vorgenommen werden, die am Ende mit fehlender Kenntnis zu tun haben. Man liest immer zu wenig – oder bleibt dann doch bei der fiktionalen Literatur hängen.

Gleichwohl: Innerhalb der soziologischen Debatte um Exklusion und Inklusion lassen sich sechs Grundtendenzen beobachten (vgl. Kronauer 2010), wobei wenigstens von der »theoretischen Unterbestimmung des Exklusionsbegriffs« ausgegangen wird (Farin 2008):

Die eine zeigt sich in den eher abstrakten Theorien von Gesellschaft; sie ist insbesondere in Talcott Parsons Theorie funktionaler Differenzierung von Gesellschaften dann in der Systemtheorie von Niklas Luhmann entfaltet worden. Im Kern besagt sie, dass es keinen Ausschluss aus Gesellschaften gibt; Gesellschaften exkludieren nicht, selbst diejenigen erfüllen eine soziale, mithin Gesellschaft erhaltende Funktion, die sich als ausgeschlossen erleben. Das klingt zynisch, bestätigt sich aber regelmäßig: Abgesehen davon, dass die Ausgegrenzten als Radautruppe sich mobilisieren lassen, dienen sie doch immer als Warn- und Drohsymbole, selbst Hinrichtungen dienten unterhaltender Abschreckung. Sie haben durchaus Disziplinierungsfunktionen, zumal wenn selbst unscharfe Bezeichnungen verwendet werden, die jede und jeden zwingen, sich selbst zu prüfen. *Bin ich schon so eine?* Formeln wie »sozial schwach«, »bildungsfern«, selbst »Unterschicht« haben eine solche quasi auratisch mobilisierende Funktion, sie besagen nichts inhaltlich, denunzieren aber die einen, während die anderen sich als besser erleben dürfen.

Die andere, ebenfalls abstrakte soziologische Theorie macht deutlich, wie in modernen Gesellschaften Exklusion ein unvermeidlicher Normalfall ist. Funktionale Differenzierung bedeutet, dass der eine etwas kann, was der andere nicht kann. Wer von der einen Berufsrolle ausgeschlossen ist, muss sich eben als Kunde oder Patient verstehen, der sich dem Experten unterwirft. Allerdings verlangt das einige Kompetenz: Menschen können gar nicht vollständig in den erforderlichen Teilsystemen eingeschlossen sein, sondern gehören immer mehreren an, meist in der Ausübung von sogenannten Komplementärrollen; sie ticken gleichsam unterschiedlich, je nachdem, ob sie als Patient dem Inhaber der Leistungsrolle Arzt, als Verkehrssünder der des Polizisten oder als Schüler der Lehrerin gegenübertreten. All diese Rollen müssen sie kreativ beherrschen, werden dabei zunehmend aufgefordert, selbst schon Spezialisten zu werden, was in der Gegenwart sich zunehmend als tückisch erweist, allzumal wenn alltägliche Gebrauchsartikel Spezialistenkönnen verlangen, das man sich nicht mehr leisten kann; die Kultur des *do it yourself* hat hier ihren Ursprung: Der Computernutzer muss schon gründliches Wissen erwerben, um das Gerät wieder in Betrieb zu bringen. Aber das schreitet voran: Der informierte Patient soll auf Augenhöhe mit seinem Arzt sprechen. Es gibt nur wenige Bereiche, die sich durch hochgradige Rollendiffusion auszeichnen, etwa die familiäre Lebensform und mancher Bereich der erzieherischen Hilfen.

Die semantischen Implikationen des Begriffs der Gesellschaft verbieten also eigentlich, jemanden außerhalb von Gesellschaft zu sehen; auch wenn das provoziert: allzumal moderne Gesellschaften, solche der Individuen, wirken immer inklusiv, selbst dann, wenn sie Menschen ein Leben auf dem Niveau verweigern, das doch allen zukommt. Die Fremden gehören zur Gesellschaft, weil sie diese sozial geradezu erst ermöglichen; das rechtsradikale und rassistische Volksgeraune gibt seltsamerweise genau davon Zeugnis ab. Allerdings hat es in der Klassik soziologischer Theorien stets Vorbehalte gegenüber einer solchen, totalisierenden Vorstellung der Inklusion gegeben; sie sind meist historisch oder empirisch begründet. Geschichtlich zeigt sich häufig genug eine Gleichzeitigkeit des Ungleichzeitigen, allzumal in Übergangszeiten, manche fallen dann aus einer Gesellschaft, weil sie ihre Welt verloren und diese sie verloren hat. Die Lebensformen einer feudalen Agrargesellschaft klingen Jahrzehnte nach, prägen

Einstellungen, Haltungen und Lebensmuster, wobei die Differenz sozialer und kultureller Wirklichkeiten gar nicht mehr wahrgenommen wird, obwohl sie präsent bleibt – vielleicht nur in der Zugehörigkeit zu Milieus, wie sie in der jüngeren Soziologie häufig wichtig wurden. Hinzu kommt: Georg Simmel beschreibt etwa die völlige Wertlosigkeit des Armen; er hat keine soziale oder kulturelle Bedeutung für die Gesellschaft, dient nicht einmal einer Pädagogik der Drohung oder Disziplinierung. Die berühmte Studie über die Armen von Marienthal bestätigt dies. Sie macht deutlich, wie die betroffenen Menschen aus dem Wahrnehmungsfeld der Gesellschaft geraten sind. Luhmann selbst hat in einem seiner letzten Aufsätze sowohl angesichts der Lebenssituation in den Favelas wie auch mit Blick auf das Elend in den walisischen Bergbaurevieren vermutet, dass wohl die Soziologie, seine Soziologie neu formuliert werden müsse.

Man muss wohl unterschiedliche Ebenen unterscheiden. Gesellschaften bestehen als Ganze, definieren aber die lebenspraktisch relevante Zugehörigkeit ihrer Mitglieder. Sie unterscheiden ihren Status. Das dient zunächst als Ordnung stiftender Herrschaftsmechanismus – wer nicht dazu zählt, mag zwar existieren, gerät aber aus dem Blick. Eine Fahrt durch die mittelenglischen Industriegebiete konnte das über lange Zeit ebenso bestätigen wie etwa die bemerkenswerte Beobachtung, dass ein nicht unerheblicher Teil der DDR-Landbevölkerung, nämlich die einst vom System verhätschelten Landarbeiter, nach der Wende sozusagen sozial stillgelegt wurde. Man hat sie einfach vergessen, sie fielen aus der Wahrnehmung einer Aufmerksamkeits- und Erregungsgesellschaft; vielleicht in der sogar berechtigten Hoffnung, dass sich das Thema erledigt (vgl. z. B. Bude 2008, S. 58).

Die vierte Tendenz in der Soziologie nimmt diese Erfahrungsbefunde auf, sie können an eine medial viel gebrauchte Formulierung anknüpfen, die meist mit der Vorsilbe ›über‹ verbunden ist: Überbevölkerung, Überalterung, Überzähligkeit, Überflüssigkeit – es gibt geradezu ein Kontinuum fortschreitender Beschämung (vgl. Trojanow 2013, Nussbaum 2004), das fatalerweise bei zutreffender Einsicht beginnt: Altersarmut scheint analytisch korrekt und wird doch zu einer Formel der Verachtung; noch einmal: selbst die vorgeblich korrekte Rede von der sozialen Schwäche verletzt, zumal sich fragen lässt, was sie eigentlich anderes leistet als Herabsetzung. Dabei steht im Hintergrund die Einsicht, dass in nahezu allen fortgeschrittenen und Industriegesellschaften Ungleichheit massiv zunimmt und nicht nur zur entscheidenden Gefahr des sozialen Zusammenhangs wird, sondern buchstäblich jeden einzelnen bedroht. Wilkinson und Pickett haben dies anhand offiziell verfügbarer Daten nachweisen können, vor allem aber darauf hingewiesen, dass das Maß der Differenz die Gesellschaften destabilisieren könnte, allzumal wenn die nationalen Politiken es durch ihre Gesundheits- und Strafpolitik verschärfen. Wilkinson und Pickett greifen sogar auf anthropologische Befunde zurück, um zu verdeutlichen, dass Ungleichheit buchstäblich die humane Grundlage der menschlichen Existenz in gemeinsamer Kooperation zerstört (Wilkinson/Pickett 2010, S. 197 ff). Vielleicht ist ihr Buch deshalb in Deutschland kaum zur Kenntnis genommen worden.

So findet international eine umfassende Auseinandersetzung über Exklusion, über die Überflüssigen und Ausgeschlossenen statt (vgl. Bude/Willisch 2008).

Zygmunt Bauman spricht sogar von den Wasted Lives (Bauman 2004), weil Menschen wie Müll betrachtet werden, den man einfach wegwerfen kann. Oder man nimmt ihn gar nicht erst zur Kenntnis. Lange Zeit ging dies mit den Flüchtenden so, deren Boote an der Festung Europa zerschellten; die in jüngerer Zeit wieder propagierte Lösung besteht dann darin, sie gleich in ihren Herkunftsländern zu kasernieren und sie zu zwingen, auf der anderen Seite zu bleiben. Dann macht man sich wenigstens bei der Beseitigung der Leichen nicht schmutzig. Deutlich ist dabei, dass Ausschluss ein sehr viel umfassenderes Geschehen ist, das sich in allen Sphären des menschlichen Lebens vollziehen kann, ohne auf die freilich meist entscheidende materielle Dimension beschränkt zu sein. Menschen werden buchstäblich in allen Dimensionen ihrer Existenz getroffen, oft (aber häufig doch) direkt, in einer Weise, bei der ihnen die Grundlagen entzogen werden. Sie werden in unsichere Lebensverhältnisse gezwungen, erleben sich in Treibsand (Trojanow 2013), versuchen in ihrer Panik dem gerecht zu werden, was ihnen als Heilmittel versprochen wird: Eigenanstrengung und Selbstverantwortung, Flexibilität, Preisgabe des eigenen Charakters – Wissenschaft liefert dazu das Begleitinstrumentarium in Gestalt vorgeblich kritischer Debatte: Der Begriff der Identität sei längst obsolet, das Ich eine Erfindung des alten weißen Mannes, Projektorientierung und Performanz sind angesagt. In aller Beliebigkeit tritt dazu die überschäumende Rede von der Kompetenz; wie bei jedem zu schnell gezapften Bier handelt es sich um bloße Luft, ganz ohne Inhalt.

Dabei wirken längst die modernen Sozialstaaten daran mit, Menschen überflüssig zu machen, eigentümlicher Weise, indem sie diese aktivieren – sie werden zu Lemmingen gemacht, die sozusagen selbst über die Klippen springen. *Du hast dich eben nicht genug angestrengt! Hab dich doch nicht so!* So wird an ihre subjektive Verantwortung appelliert, obwohl sie kaum über Lebensumstände entscheidenden können. Wer kann schon beeinflussen, dass ganze Industrien geschlossen werden – gleich ob es um die Kombinate im Osten oder um die Werke im Ruhrgebiet geht? Wer kann verhindern, dass ein Pflegefall in der eigenen Familie die Mobilität einschränkt? Wer ist sich sicher, dass keine heimtückische Krankheit ihm die Möglichkeit nimmt, einer Arbeit regelmäßig nachzugehen? Dann werden sie zur Arbeit verpflichtet, obwohl diese doch von Maschinen verdrängt wird; die selbst noch in bemerkenswerter Übersteigerungsrhetorik befangene Rede von – aktuell – »Industrie 4.0« lässt Ideologie ahnen. Die Maschinen machen Lohnarbeit tendenziell überflüssig, scheitern könnte das Ganze nur daran, dass Menschen ohne Einkommen zum Konsum nicht in der Lage sind. Wer die Lage nüchtern betrachtet, muss schon eingestehen, dass die Idee der Vollbeschäftigung und der Zwang zur Lohnarbeit sich doch den Fragen stellen müssen, die vor einigen Jahrzehnten aufgeworfen wurden: Den bangen Fragen nach der Zukunft der (Lohn-)Arbeit. Warum schließen denn Großkonzerne ganze Unternehmensteile, was bedeutet eigentlich die Umstellung auf Elektromobilität für die (qualifizierten) Arbeitsplätze? Endlich die, einem Tantra gleichkommende Beschwörung von – was immer der Ausdruck besagen mag – Bildung. In Wirklichkeit geht es um eine Neuorganisation der Bildungssysteme, die zwar einerseits sozialdemokratisch mit der Herstellung sozialer Gerechtigkeit, genauer mit Gleichheit von Bildungschancen und individuellen Aufstiegsmöglichkeiten begründet wird; schließlich sollen alle davon profitieren, wenn das Bildungssystem besser wird. Bildungspolitik sei die beste Sozialpolitik, in Wirklichkeit geht es um die Erzeugung von Arbeitskräften, die sich selbst motivieren. Allison Wolf hat schon 2002 darauf hingewiesen, dass infrastrukturelle Maßnahmen zur Wahrung der sozialen Integration eher soziales wie individuelles Wohlbefinden sichern (Wolf 2002). Dass die Zunahme etwa an Abiturienten die Ungleichheit nur nach oben verschiebt, hat schon vor Jahrzehnten Helmut Heid erkannt. In der Summe verändern sich soziale Differenzierung und erst recht die Ab- wie Ausgrenzung kaum, sondern werden nur verzögert oder verschoben. Pessimistische Einschätzungen gehen sogar von einer Zunahme der Spaltung und der Abwärtsbewegung aus. Man kann argumentieren, dass von den ausgeweiteten Bildungsmöglichkeiten die Einzelnen profitieren, weil sie immerhin eine bessere Qualifikation erhalten, dass auch die Gesellschaft als Ganze einen Gewinn verbuchen kann. Zumindest letzteres kann bestritten werden, weil zu viel an kultureller Information preisgegeben wird. In scholar und curricular ausgerichteten Bildungssystemen gehen Alltagswissen und kulturelle Eigenheiten verloren, wie sie etwa regional bestehen. Ganz abgesehen davon, dass Verluste nicht bilanziert werden, die aus der Organisation etwa eines Ganztagsschulsystems entstehen: Vereine, gleich ob es um Sport geht, um Musik oder um die Freiwillige Feuerwehr, bluten aus, die sozialen Erfahrungen in diesen fehlen. Man kann über Vereine spotten. Kaum bestreiten lässt sich, dass man in diesen manches lernt, was die Bewältigung von Alltagskonflikten erleichtert. Dass zudem sozial relevante Beziehungen und Qualifikationen entstehen, die am Ende vielleicht sogar auf dem Wege der Berufsfindung nützlich sind, lässt sich ebenso wenig bestreiten – wenngleich die systematisch erhobene Empirie dazu fehlt.

So gesehen trifft schon, was Martin Kronauer energisch eingefordert hat (vgl. Kronauer 2010): Wer Inklusion verlangt, sollte sich besser sogleich Gedanken darüber machen, ob mit dieser nicht doch Exklusionsprozesse einhergehen. Wer also, um ein Beispiel hier vorwegzunehmen, Inklusion über Teilhabe am Arbeitsmarkt fasst und diese als Kriterium geltend machen will, darf nicht verschweigen, dass und wie gerade der Arbeitsmarkt hochgradig mit exklusiven Prozessen einhergeht – zuweilen übrigens noch ein wenig hinterhältig, wie man gegenüber den strahlenden Botschaften der Politik festhalten muss, nach welchen nahezu Vollbeschäftigung sichergestellt ist. Die Pointe hier besteht längst darin, dass dieser Vollbeschäftigung kein Anstieg der Arbeitsstunden entspricht, dass mithin Beschäftigung mit geringer Arbeitszeit und schlechter Entlohnung einhergeht. The Working Poor zeichnet aus, aktuell – prekär – inkludiert zu sein, um nach Abschluss ihres Arbeitslebens dann ausgeschlossen zu sein. Fast beschönigend spricht man von Altersarmut.

Deutlich ist: Man muss wohl über die Qualität von Gesellschaft nachdenken und sprechen, darüber, in welcher Gesellschaft wir leben wollen. Das wird kaum gelingen, ohne an älteren Traditionslinien der Sozialphilosophie anzuschließen, wie sie – bei aller Unterschiedlichkeit – mit Herder, mit Hegel und mit Marx sich verbinden lassen: Herder entwirft eine Vorstellung von Weltgesellschaft, die den historischen Veränderungsprozessen gerecht wurde und zugleich die Vielfalt menschlicher Lebensmöglichkeiten in den Blick nimmt (vgl. Martus 2015). Er eröffnet eine Perspektive auf das soziale Leben, die angesichts aller natürlichen Voraussetzungen – heute würde man von nachhaltigem Denken sprechen – vorsichtig gegenüber einem unbegrenzten menschlichen Gestaltungswillen bleibt; zugleich sieht er eine Vielfalt des Menschlichen in den historischen Prozessen, die praktisch gestaltet werden. Das bedeutet für ihn ein aufregendes Wechselspiel weniger zwischen Inklusion und Exklusion, sondern mehr zwischen Einheit des Humanen und Differenz, das immer wieder zivilgesellschaftlich realisiert werden muss. Natur, die kollektiv und individuell gegebene Verfasstheit, Sicherheit und Zerbrechlichkeit von Menschen, Selbstgewissheit und Sensibilität gehen Verbindungen ein, gleichen sich aus und lassen doch Ungewissheiten zu, die sich schematisierend nicht auflösen lassen; Inklusion und Exklusion wären kaum taugliche Kategorien, wo es um eine Bewegung im historischen Raum geht. Hegel hat dagegen ein anderes Spiel gesehen, nämlich das zwischen einem universellen Geist und individueller Freiheit, Marx hat aufmerksam gemacht auf die Gefahren, die in modernen Gesellschaften das in der Deutschen Ideologie angedeutete Leben in freier Entscheidung zunichte machen – als Entfremdung und Verdinglichung, als Verkehrung und Öffnung, die sich gegen die Akteure wenden und von diesen bewältigt werden müssen. Was auch immer gesellschaftlich geschieht, es muss dann doch darauf hin befragt werden, was sich in ihm verschließt oder öffnet, was in Spannung und Widerspruch besteht oder aufgehoben werden muss. Oder anders gesagt: Die Verhältnisse sind nicht so einfach, dass sie allein als Exklusion bestehen und durch Inklusion überwunden werden; Exklusion kann Macht erzeugen, Ort des Widerstands und Widerspruchs werden, Inklusion kann mit dem Zwang einhergehen, zuzustimmen und so machtlos zu werden. Wer dazu gehört und die Dialektik von Herr und Knecht nicht mehr erkennen kann, kann am Ende nicht einmal dieses Kampffeld betreten.

Eine sechste Tendenz des soziologischen Denkens schließt hier an und lässt sich mit dem Namen von Theodor W. Adorno verbinden. Er wendet sich vehement gegen die Vorstellung der Integration, gegen eine Idee, nach der Gesellschaft integriert sein muss, nach der Gesellschaft wenigstens dann politisch überzeugen kann, wenn ihre Mitglieder dazugehören. Strukturell gilt das Argument auch dem Inklusionsvorhaben. Adorno graute vor solchen Konzepten, weil die Zugehörigkeit mit Zustimmung, wenn nicht mit Mittäterschaft verbunden war. Um es angelehnt an seine Worte auszudrücken: Er advozierte das Miesmachen, ihm waren der Protest, die Gegnerschaft als moralisches Prinzip wichtig, weil sie ein Antidot gegen den Totalitarismus darstellten, den heimlichen, verborgenen besonders, der mit dem »Schein des Natürlichen« gegenübertritt, »den die in Konventionen erstarrte Welt uns an allen Ecken und Ecken zumutet« (Adorno 2010, S. 167). Dialektisches Denken bringt allzumal gegen die kulturindustriellen Standardisierungen »Freiheit in Erfahrung« (Adorno 2001, S. 329), sichert reflexive Autonomie gegenüber den »übermächtigen Tendenzen der Realität« (Adorno 2010. S. 261).

Adorno erhebt regelmäßig vehement Einspruch gegenüber Vorstellungen von Integration. In modernen Gesellschaften bedroht Integration für ihn noch die letzten, ohnedies schon residual gewordenen Momente von Subjektivität:

> »Wären die Subjekte anders oder wären sie, wie man das heute vielfach und nicht zu Unrecht nennt, mündig, dann könnte diese Gesellschaft trotz aller ihrer zur Verfügung stehenden Zwangsmittel wahrscheinlich sich überhaupt nicht erhalten, so, wie es der Fall ist. In den gesellschaftlichen Gesamtprozessen wandelt sich die Rolle des subjektiven Faktors. Bei zunehmender Integration verliert die Überbau-Unterbau-Relation ihre alte Schärfe. Je mehr die Subjekte von der Gesellschaft erfasst, je mehr sie vom System bestimmt und je vollständiger sie determiniert werden, umso mehr erhält sich das Subjekt nicht einfach durch Zwangsanwendung den Subjekten gegenüber, sondern auch durch die Subjekte hindurch« (Adorno 2003, S. 253 f).

Integration macht Gesellschaft endgültig zum Inneren der Subjekte, weil sie diese nicht bloß im innerpsychischen Zusammenhang verankert und dabei die – für Adorno psychoanalytisch zu erkennende – Widerständigkeit aufhebt. Integration bewirkt vielmehr, dass Gesellschaft selbst Motivationsstruktur der Subjekte wird; sie wollen diese, anders verbinden diese Korruption und die mit ihr verbundene Corrosion of Character mit den neuen Produktionsstrukturen oder der Verpflichtung auf den Konsum (Sennett 1998). Beidemal gelingt eine Art soziale Selbstentmächtigung: Denn wir entkommen kaum den sozialen Zwängen. Aber, so Adornos Argument, sie bleiben uns fremd, sie bleiben ein Moment der Entfremdung in uns. So dass »die sozialen Zwänge, denen wir unterliegen, in einem so weiten Maße uns fremd und auswendig sind, daß wir sie gar nicht unmittelbar mit dem, was in uns und unserem werten Seelenleben vorgeht, identifizieren können« (Adorno 2003, S. 195). Es gibt keine Harmonie zwischen Gesellschaft und Individuum, wie vermittelt sie nur bestehen können (vgl. Adorno 2008, S. 145 f): Und das bedeutet, dass in den Lebensformen eine Widerständigkeit noch anklingt, die sich den standardisierten und normalisierten Mustern verweigert; Krankheit oder Behinderung bergen Momente der Asozialität. Sie muss und darf man nicht beschönigen. Aber sie sollten nicht eskamotiert werden, um das Subjekt dann einfach zu inkludieren.

Das macht Integration für Adorno so verdächtig, erst recht wäre er vor dem Gedanken der Inklusion zurückgeschreckt: Integration geschieht entweder um den Preis der instrumentalisierten Existenz, des verdinglichten Bewusstseins oder aber der Ich-Schwäche – Integration bedeutet Zivilisierung, aber diese Zivilisierung ist verdorben, weil sie die Dialektik aller Zivilisierung aufhebt, nämlich Sublimierung zu sein. Integration ist Beschlagnahmung durch die Gesellschaft (vgl. Adorno 2008, S. 106), Inklusion bedeutet die Zulassung einer genormten Lebensform – und zwar paradoxerweise der, durch die man Teilhabe an Gesellschaft gewinnt, ihr Teilnehmer wird, sich verantwortlich macht dafür dem zu genügen, was gefordert wird. Integration macht manifeste Autorität überflüssig; die Subjekte steuern sich ja als vergesellschaftete selbst. Das scheint Befreiung, zumindest entspricht es dem »Phantasma von Freiheit« (Adorno 2001, S. 330), das in der Instrumentierung von Subjektivität real wird. Es hebt aber die Autorität auf, die »als ein genetisches Moment von dem Prozess der Mündigwerdung vorausgesetzt« sei (Adorno 1973, S. 140).

So gesehen birgt das Konzept der Inklusion in gesellschaftstheoretischer Hinsicht schon einiges an Falschem; ihm fehlt zumindest das, was soziologische Aufklärung und sozialphilosophisches Denken leisten können. Das Dilemma aller Integration und Inklusion besteht ja darin, soziologisch betrachtet: Soll eigentlich zum Maßstab werden, allen geradezu zwangsweise zuzumuten, was diese Gesellschaft als Sozialisationsform durchsetzen will? Gewiss hat es einen moralischen Beigeschmack, mit den Minima Moralia daran zu erinnern, dass es kein gutes Leben im Schlechten geben kann. So gesehen wäre zu prüfen, ob ernsthaft zu wünschen ist, in einer Gesellschaft inkludiert zu sein, über die man zumindest streiten kann.

7 Inklusion und die Gesellschaft der Gegenwart

Über Alltag und Normalität als Bedingungen der Subjektivität

Wer kann eigentlich für sich in Anspruch nehmen, ernsthaft inkludiert zu sein? Wer will das eigentlich? Oder anders, seriöser: Was zeichnet denn moderne Gesellschaften aus, in welchem Zusammenhang wird die Forderung nach Inklusion aufgeworfen?

Vorab: Skepsis gegenüber dem Inklusionsprojekt stützt sich auf zwei, wenn nicht drei Argumente, die ganz eng miteinander zusammenhängen:

Das eine hat mit dem Verständnis von Subjektivität zu tun; erstaunlicherweise fehlt es weitgehend in der Inklusionsdebatte. Vielleicht zurecht. Denn was zeichnet Subjektivität eigentlich aus, wie kommt sie zustande, wie können wir sie verstehen? Antworten fallen schwer, weil die Begriffe Subjekt und Subjektivität sowie die mit ihnen eher perspektivisch angesprochenen Sachverhalte allerdings dekonstruiert, demontiert und dementiert wurden. Sie lassen sich kaum noch vorbehaltlos verwenden. Vielleicht steckt hinter dieser Destruktion Absicht. Man könnte meinen, dass die im Gewande postmodernen Denkens aufgetretene Kritik an der Subjektivität eine prächtig klingende Begleitmusik zu den Versuchen gewesen ist, die Orchestrierung moderner Gesellschaften durchzusetzen, die dann als Neoliberalismus oder Marktradikalismus den Grundton vorgibt. Ein allzu emphatischer Subjektbegriff mag zwar in jedem Fall wirklichkeitsfremd gewesen sein, nun aber wird er erfolgreich auf das unternehmerische Ich reduziert oder auf die Lebensform, die sich in den Wahlentscheidungen des Konsums buchstäblich erschöpft hat (Gelhard, Alkemeyer, Ricken 2013); von aller Existenz in Projektform und individueller Performativität ganz zu schweigen, die als neuer Geist des Kapitalismus beschrieben worden ist (vgl. Boltanski/Chiapello 2006, Ehrenberg 1991, 1998). Gleichwohl: mindestens als Gegenbegriff zu den Verwerfungen und Beschränkungen menschlichen Lebens lässt sich der Begriff der Subjektivität kaum vermeiden. Selbst wenn er dann doch noch durch den alten Wortsinn vergiftet erscheint, der an das Unterworfensein erinnert, selbst wenn er hoffnungslos utopisch wirkt, ein nicht eingelöstes Versprechen gibt, markiert er doch ein Konzept, das helfen kann, die Lebenssituation von Menschen kritisch zu prüfen. Möglicherweise sogar gerade in seiner Unbestimmtheit, nämlich als eine Nachfrage an alle, die Bedingungen und Gegebenheiten, die Wirklichkeit der eigenen Existenz zu prüfen und die Wünsche und Hoffnungen zu benennen, die sich auf die eigene Lebensführung richten. Subjektivität stellt sich mithin weniger als harte, fest umrissene Größe, sondern eher als ein durchaus spannungsreiches und dynamisches Konzept, das der Selbstvergewisserung dient, wenigstens aber das Gefühl bewahren hilft, die eigenen Verhältnisse und Lebensbedingungen selbst zu prüfen und so weit zu gestalten, dass Menschen in ihrer Praxis für sich Autonomie beanspruchen würden.

Selbstverständlich wird dieser Anspruch auf Autonomie hochgradig individuell, situativ und von Konstellationen abhängig empfunden und gefasst. Es geht um das Gefühl der Souveränität allzumal im Alltag, um den Eindruck, gegenüber den Bedingungen der eigenen leiblichen Existenz, erst recht gegenüber den konkreten gesellschaftlichen Verhältnissen sich behaupten zu können. Es geht um das Gefühl, auf einem einigermaßen sicheren Boden zu stehen, einen roten Faden im eigenen Leben zu erkennen, Entscheidungen zu treffen, die einen selbst betreffen – und zuweilen ganz bescheiden wirken. Zwei wichtige Kategorien spielen dabei eine Rolle, die nicht minder Objekt kritischer Kommentierung und Ablehnung geworden sind: Subjektivität als – um es vordergründig ein wenig tautologisch zu fassen – selbst subjektive, das eigene Selbstverständnis aktuell beschreibende Vorstellung zu fassen, hängt eng mit Normalitätsideen sowie der Idee eines gelingenden Alltags zusammen. Menschen haben wohl ein Bedürfnis, sich selbst innerhalb von Rahmungen zu bewegen und zu bestimmen, die gesellschaftlichen Erwartungen entsprechen, ihnen selbst als normal erscheinen; so paradox das klingt: dies hängt von ihrer Verfasstheit und davon ab, dass sie im Horizont ihrer Lebensführung etwas entdecken, das sie als sinnhaft, kohärent und für sie stimmig fassen. Das passt schon irgendwie zu mir – meist tendieren die Individuen dann sogar zu einer Form von Ironie, sofern sie die Situation nicht als hochgradig belastend erleben. Bevormundung wird fast regelmäßig abgelehnt, aber ertragen, wenn man realistisch hoffen kann, ihr zu entkommen. Manche können in einer Handlungssituation fast durchdrehen, von der sie sich überfordert oder in eine Ecke gedrängt fühlen, aus der sie nicht mehr entkommen können; das wiederum hängt von individueller Verfasstheit und von Handlungsmacht ab, davon also, ob und wieweit der situative Druck zu stark wird.

Kurz und gut: Subjektivität bleibt ein offenes Konzept, das viel mit dem Gefühl zu tun hat, über sich selbst in einer Situation und Lebenslage verfügen zu können, durchaus abhängig davon, ob und wie weit die Akteure das selbst wollen. Subjektivität hängt zugleich von den Machtressourcen und den Chancen ab, die man bei sich und für sich sieht. Insofern steht Subjektivität in enger Beziehung zu einem Können, das erworben und erlernt worden ist, dabei viele Dimensionen menschlichen Lebens und Erlebens umfasst: Das Gefühl von Sicherheit zuerst, das einem erlaubt, ein Wagnis einzugehen, mithin verbunden ist mit Bindung, der Erfahrung von Zuwendung und dem Eindruck, geachtet und anerkannt zu sein, dann der Eindruck, über ein hinreichendes Weltwissen zu verfügen, das einem erlaubt, Situation und Lebenslage so zu beurteilen, dass man notfalls einigermaßen ungeschoren aus einem riskanten Geschehen herauskommt. Schließlich die Einsicht in die eigenen und die nötigen Handlungsmittel, mithin die Möglichkeit, auch die Hilfen zu erhalten, die man benötigt.

Das führt nun zur zweiten Argumentation, die eine durch und durch dialektische sein muss: Menschliche Lebensführung hat stets – um es ein wenig pathetisch zu formulieren – ihren Grund in sich; sie ist in der Subjektivität des Einzelnen verankert, letztlich sogar in der natürlichen Verfasstheit; auch das wird in schöner Regelmäßigkeit dementiert, zeigt sich spätestens dann wieder, wenn man selbst erkrankt oder verletzt ist. Es ist ziemlich naiv, wenn dies in Frage gestellt wird, allzumal spätestens nach der Sigmund Freud zugeschriebenen Einsicht, dass wir gar nicht Herr im eigenen Haus seien. Die somatische und neuronale Grundkonstruktion unseres Leibes, der Affektapparat, stellt einiges mit uns an, mal abgesehen davon, dass er die Grundlage unser Entwicklung als solcher ist, übrigens im Guten wie im Schlechten, wie jede bemerkt, die von ihrem Erinnerungsvermögen im Stich gelassen wird. Zuweilen wirkt der Überschwang eines sozialwissenschaftlichen Denkens schon arg zynisch, das jegliche Spur des Lebens auf Gesellschaft oder Kultur zurückführt. Vermutlich sind Menschen ein wenig archaischer verfasst; soviel hat sich wohl evolutionär seit dem Auftreten der »anatomically modern humans« vor etwa 40 000 Jahren nicht wirklich verändert (vgl. Dunbar 2014). Dafür muss man dankbar sein, weil andernfalls die Behauptung der Plastizität (etwa des Gehirns) dazu genutzt werden kann, einigermaßen hypertroph so ziemlich alles mit uns anzustellen. Wenn Menschen vollständig gesellschaftlich determiniert sind, dann sind sie verfügbar – manchmal zeigt sich das als die Hoffnung des neuen Bildungsdenkens: Hinter der Vorstellungen der *Störung* und des *Good Functioning*, wie die Psychologie sie als Leitmotive zur Bewertung menschlichen Handelns ausgeben, steckt dann doch unreflektierte Herrschaft. Daneben bleibt die Banalität festzuhalten, dass Krankheit oder Behinderung belasten – auch aus dem oben genannten Grund der Suche nach einer Normalität im eigenen Leben, die gleichermaßen individuell und von gesellschaftlichen Vorstellungen bestimmt ist.

Menschliche Lebensführung, selbst das Konzept subjektiver Autonomie lassen sich zugleich nicht von historisch entstandenen, kulturell und gesellschaftlich geformten Mustern und Modellen trennen (Eitler/Elberfeld 2015, Wiede 2014). Aber: sie determinieren nicht notwendig das menschliche Leben, das Konzept der Sozialisation verfehlt es. Im menschlichen Leben sind die Verhältnisse komplizierter, hängen eben von dem ab, was als subjektive Autonomie zu fassen ist. Gesellschaft überformt das Leben, aber nicht vollständig, wie das in der von Marx und Engels geprägten Formel nahe gelegt scheint, nach welcher das Ensemble der gesellschaftlichen Verhältnisse das menschliche Wesen auszeichne. Diese schöne Idee kann als wichtiger Hinweis genommen werden, sich allzu voreiligen Substantivierungen zu verweigern – um konkret hinzusehen, wie die gesellschaftlichen Verhältnisse und Bedingungen beschaffen sind. Nicht nur das: Marx und Engels haben zugleich den Zusammenhang mit dem hergestellt, was Erziehung leistet. Erziehung bringt Menschen eigentlich erst in ein Verhältnis zu diesen gesellschaftlich-kulturellen Bedingungen ihres Seins; was dann wiederum zweierlei bedeutet: Menschen müssen kennen lernen, was ihre Kultur und ihre Gesellschaft auszeichnet, allzumal als Möglichkeiten zu fühlen, zu denken und zu handeln, sie müssen sich dann gegenüber diesem verhalten können, was diese Kultur und Gesellschaft ihnen eröffnen und bieten. So gesehen kommt man um eine pädagogische Denkweise nicht herum, selbst wenn diese ebenfalls ein wenig outdated erscheint und von Sozial- oder Bildungsreformen vertrieben erscheint, die sich auf Strukturbedingungen des Seins beschränken.

Welche Konsequenzen wären damit aber für das Inklusionsdenken zu ziehen? Inklusion wirkt ein wenig unentschieden. Die Debatte lässt zunächst einmal die Frage nach den Subjekten offen; etwas boshaft formuliert: Sie werden gar nicht gefragt. Das ist heute ziemlich verbreitet, Beglückungsphantasien versprechen längst die beste aller Gesellschaften, gleich ob die Subjekte diese nun wollen oder nicht. Ärgerlich stimmt, dass diese meist selbst mit einem Erziehungsanspruch daherkommen, während die Kritiker der Beglückung sich gegen das verwahren, was sie als Pädagogisierung sehen; hier wie dort hat die Verdrängung pädagogischen Denkens zur Blindheit gegenüber seinem kritischen Potential geführt. Die Debatte stellt sich aber noch weniger der Frage, wie weit Subjektivität generell sowie bei Krankheit und Behinderung mit den konkreten Verhältnissen des Alltags verbunden ist. Zuweilen scheint die Debatte einem Denken zu verfallen, das in der Psychiatriereform der siebziger Jahre zu beobachten war: Damals war die Idee bestimmend geworden, dass die Institutionen abgeschafft werden müssten, weil sie ihre Insassen für sich sozialisierten, sie in den totalen Anstalten für diese abgerichtet haben. Die Kritik traf zu. Aber die praktische Konsequenz war fatal. Gefordert wurde die Rückgabe der psychischen Probleme an die Gesellschaft als dem Ort, der als ursächlich für die Entstehung der Krankheit gesehen worden ist. Diese Perspektive machte Sinn, soweit und sofern keine endogene Erkrankung vorlag, von einer geringeren Fähigkeit zur Resilienz ganz abgesehen. Anstalten sollten abgeschafft werden, die Krankheit oder Behinderung wieder ihren Ort in der Gesellschaft finden. Die einerseits nur sehr abstrakt für die Krankheit verantwortlich war oder aber mit der Organisation ihrer Arbeitsprozesse als Auslöser wirkte, die sich andererseits als eine konkrete Gemeinschaft erwies, die eben auf psychische Krankheit kaum vorbereitet war. Sie hatte weder Orte noch Zeit für Menschen, die schon institutionell sozialisiert waren oder in einem psychischen oder – besser – seelischen Zustand sich befanden, in welchen sie auf stützende Hilfen im Alltag in der Begegnung mit sensiblen Helfern zurückgreifen konnten, die ihnen vielleicht das Leben im Alltag wieder gezeigt und mit ihnen eingeübt haben. Das abstrakte Argument kann also zutreffen, in der konkrete Wirklichkeit aber zer- oder verstörend wirken. Die Problemlösung deutete sich dann als Sozial- oder auch Gemeindepsychiatrie an, als ambulante Angebote, über deren Tauglichkeit so recht nicht entschieden ist.

Vor allem jedoch: In der Psychiatriereform wie in der Debatte um Inklusion ist auf ganz eigentümliche Weise nie ernsthaft die Frage nach der Qualität der Gesellschaft gestellt worden, an die die psychische Krankheit oder das Leiden zurückgegeben werden sollten, an die nun die Behinderung gegeben werden soll. Hier wie dort, damals wie heute überlagert die Hoffnung auf eine Reform der Gesellschaft alles Denken, scheinen die Probleme der als solche doch schon vergessenen Subjekte gelöst, indem diese Gesellschaft eine andere wird, durch Durchsetzung etwa der Menschenrechte. Was daran irritiert? Dass beständig um die Menschenrechte und ihre Verwirklichung gerungen werden muss. Dass – so paradox das klingt – ein Kampf um Inklusion geführt werden muss. Offensichtlich zeichnen diese modernen Gesellschaften nun eben Ausgrenzung und Ausschluss aus. Offensichtlich sind sie wohl nicht demokratisch organisiert und ermöglichen keine Beteiligung. Wenn dem nicht so wäre, dann würde sich das Inklusionsvorhaben kaum als Aufgabe gesellschaftlicher Reform oder gar Veränderung stellen – wobei man kein Zyniker sein muss, um die Vorstellung von Reform mit Skepsis zu betrachten. Welche Form soll da wiederhergestellt werden? Und mehr noch: Kann das jemand ernsthaft wollen, dass in diese Gesellschaft inkludiert wird?

Das Risiko der modernen Gesellschaften

In den Debatten werden kritische Zeitdiagnosen kaum wahrgenommen. Inklusionisten sind Optimisten, wenngleich ein wenig realitätsblind. Sie führen ihre Debatten fern von der Auseinandersetzung mit gesellschaftlichen Entwicklungen, soziologisch abstinent (Dammer 2012a, S. 15), sogar naiv, konzentriert auf das pädagogische System. Nur wenige fordern eine gesellschaftstheoretische Einbettung der Debatte um Inklusion (vgl. etwa Meyer 2013). Freilich lassen sich Einwände gegen sozialphilosophische oder gegenwartsdiagnostische Einbettungen vortragen: Die Theorien teilen selten ihre normativen Prämissen mit, sind kulturkritisch ausgerichtet, gefärbt von pessimistischen Zügen. Meist entscheiden sie sich für die eine Waagschale des möglichen Verlusts, ohne auszubalancieren, was auf der anderen Seite an Chancen und Gewinnen steht. Sie beklagen, dass Menschen etwas zugefügt wird, übersehen, wie diese Akteure sind, dabei mit den Verhältnissen und Veränderungen umgehen – obwohl in solchen Befunden auch liegen kann, dass Menschen alles zugemutet werden kann: Sie werden sich schon arrangieren, zumal die Potenziale des Protests zunehmend verschwunden sind. Kollektiver Widerstand lässt sich schwer in einer Gesellschaft denken, die vorrangig individualistisch organisiert ist. Wo er auftritt, wird er schnell kategorisiert; man kann das als die böse Tücke bei der Erfindung des Wutbürgers sehen, dem doch die viel gelobte Empfehlung Stéphane Hessels korrespondiert: Empört Euch.

Wutbürger, die sich doch empören sollen. Moderne Gesellschaften sind eigentümlich mehrdeutig geworden, kaum mehr angemessen zu fassen; der einen Beschreibung steht eine andere gegenüber, die ihr widerspricht, ohne dass der Widerspruch oder die Spannung als unterschiedliche Seiten begriffen werden können; die Dialektik zerreißt und kann nicht einmal gedanklich eingeholt werden, weil das dialektische Denken für obsolet erklärt worden ist. Konfrontiert ist man mit einer Durcheinandergesellschaft (Jaeggi 2008), einem Zustand, der Ordnungen und Regelungen aufhebt, die Begriffe für sie aber noch bereithält, Innovation fordert und doch keine Lösungen mehr kennt. Dabei restituieren sich alte Verhältnisse, die Klassengesellschaft kehrt zurück, auf ökonomischer, sozialer und kultureller Ebene (Savage 2015). Menschen fühlen sich wehrlos. Sie sind attackiert. Sie fühlen sich in einem Zustand des Rutschens, sehen sich dem Abstieg ausgesetzt (Nachtwey 2016), regelmäßig konfrontiert mit wohlfeilen Mobilisierungsparolen. Sie wollen Menschen mit *Incentives* und *Nudges* (Crouch 2015) bewegen, meist mit dem Versprechen auf mehr Beteiligung garniert – aber diese Moderne ist eben regressiv (Nachtwey 2016), verweigert sich längst der Mitwirkung.

»Häufig ist es also die (ökonomische) Inklusion, die statt einem Mehr an Gleichheit ein Mehr an Ungleichheit produziert.«

Wieder zeigen sich fatale Effekte einer neuen sozialpolitischen Steuerung.

»Die Idee der Agenda 2010 bestand laut ihren Befürwortern darin, für alle die Teilhabe am Arbeitsmarkt zu erleichtern und die Menschen in die Lage zu versetzen, ihr Leben eigenverantwortlich in die Hand zu nehmen […]. Die Folge war, dass mehr Menschen schneller und unmittelbarer am Arbeitsmarkt partizipieren können, dort aber weniger Rechte, weniger soziale Sicherheit und geringere Einkommen haben.« (Nachtwey 2016, S. 77)

Das stellt die alten Klassenverhältnisse wieder her. Von oben herab, noch in den denunziatorischen Vokabeln; unten wird das gar nicht so gesehen, dort bleibt der Traum vom kleinen besseren Leben. So gesehen zerfällt das Ganze nicht, vielfach funktioniert es, die Apokalypse hat eben nicht eingesetzt, zumindest für manche. Möglicherweise hat die Mehrheit schon eine andere Wahrnehmung – übrigens ganz besonders jene, die als behindert gelten und zugleich in Armut leben. Die Gesellschaft zerbröselt, in Milieus zunächst, als Propädeutik der Vielfalt, die von den Menschen sogar gewollt sei und sich von ihnen bewältigen lasse. Klassenanalyse wurde durch Kultursoziologie ersetzt, die das Erlebnis in den Vordergrund stellte, ohne zu fragen, was solcher Zerfall für die Subjekte bedeuten könnte. Zumindest das konnte man jedoch sofort sagen: Sozialisatorische Prozesse verändern sich, vielleicht werden sie in den Formen nicht mehr möglich, die bislang durch das Bildungssystem flankiert wurden. Das muss kein Schaden für die Beteiligten und deren Seele sein; die Subjekte haben sich wohl auf eine Modernisierung eingelassen und eingestellt, die sogar als zivilisatorischer Fortschritt bewertet werden kann. Martin Dornes sieht das zumindest so (Dornes 2012). Offensichtlich lernen die Subjekte mit dieser Vielfalt umzugehen – und einiges spricht dafür, dass sie dafür sogar besser denn je vorbereitet werden. Die Verhältnisse verlangen Kreativität und Spontaneität – das ökonomische System honoriert ja schon länger das Leben in Projekten (vom Wissenschaftssystem übrigens zu schweigen) (vgl. Boltanski/Chiapello 2006). Dem Vorgang korrespondiert jedoch ein schleichender Abbau institutioneller Regelungen, welche dem Schutz der Beteiligten und Betroffenen gelten; Deregulation, Abbau von bürokratischen Hindernissen nützt – vielleicht – dem Kapital (übrigens schon weniger den kleineren Unternehmen), schadet aber massiv der Existenz von Menschen. Materielle Sicherheiten werden aufgehoben, der Sozialstaat agiert als Verunsicherungsinstrument, das sich einerseits auf Anstöße zur Förderung stützt, die aber nicht gewährt werden, das aber andererseits sogleich mit Strafe droht, wenn die Unterstützten angeblich Missbrauch betreiben oder bloß ihre Verhältnisse verschweigen. So wird der Staat hochgradig investigativ – und ordnet die Betroffenen und Beteiligten ein; wieder sind Menschen mit Behinderung besonders betroffen, die nun formal klassifiziert werden. Wenn es darauf ankommt nach vorgeblich wissenschaftlich begründeten Kriterien. Dahinter verbirgt sich massive Rechtsunsicherheit, die stets zu Lasten der Subjekte geht; sie sind grundsätzlich Täter, wenn sie falsch eingestuft werden, wird ihnen ein Klageweg auferlegt, der sie ins Elend stützt. Dies scheint voranzuschreiten. Schon vor vielen Jahren hat Zygmunt Bauman darauf hingewiesen, wie wenig alle Freiheitsrechte wert sind, wenn die Institutionen fehlen, die sie schützen und mit dazu beitragen, dass man sie einklagen kann (Bauman/Tester 2001). Colin Crouch beschreibt zumindest für England, wie die ehemals staatlichen Institutionen beseitigt, ihre Aufgaben und Leistungen von Privatunternehmen übernommen worden sind, die mit schlecht ausgebildetem und mäßig bezahltem, desinteressiertem Personal willkürlich handeln, weil die Rechtsregelungen aufgehoben worden sind. Man agiert ja jetzt nach wissenschaftlicher Expertise (Crouch 2015) – und die sieht nun einmal die Subjekte gar nicht vor.

So wird der Ruf nach Inklusion umso lauter, je mehr Gesellschaften *einerseits* restrukturiert werden. Sie zerfallen nicht notwendigerweise in ein Innen und Außen, werden aber *in sich* so dichotom, dass die Klassendifferenz zu erkennen ist, wenn nicht die Welt insgesamt in zwei Teile gegliedert wird, zunehmend in den Gründen naturalisiert, so verdinglicht, dass ein Entkommen kaum möglich wird: Hier die Wohlhabenden, die Reichen, dort eine zunehmend diffuser werdende Gruppe, die aus prekär Lebenden, Armen und Verarmten, Vertriebenen, Geflüchteten besteht (vgl. Bauman 2016, S. 88). Der Inklusionsprogrammatik kommt dann die Funktion zu, unter den instabil Gewordenen – und das ist die Mehrheit – Prävention zu betreiben, um den Auseinandersetzungen zu begegnen, die sie vielleicht noch auslösen könnten: *Reg dich nicht auf, du gehörst doch dazu, deine Teilhabe ist doch gesichert* – zumindest auf dem Papier der politischen Verordnung. *Andererseits* zerfällt diese Gesellschaft. Es bleibt nichts mehr übrig an Gemeinsamkeit, die politisch relevant werden könnte. Diese Entwicklung verschärft sich, weil sie immer noch in einen rhetorisch selbst wiederum beschworenen Veränderungsprozess eingebettet wird; wir brauchen bekanntlich Fortschritt, wir brauchen Wachstum. Wer ist nur ›Wir‹? All das führt zu weiterer Zersetzung von Institutionen. Der Staat zieht sich zurück darauf, zu überwachen und zu kontrollieren. Er gibt Versprechen ab, die sich schon beim ersten Lesen als Betrug erweisen. Diese Zersetzung schreitet voran, lässt Gesellschaften als flüssig und flüchtig erscheinen, wobei die Auflösung vor allem Zusammenhänge trifft, die lebensweltlich relevant sind: Die moralischen Gemeinschaften, Kirchen und Gewerkschaften, Vereine und Nachbarschaften geraten unter Druck – wären nicht die Subjekte dann ständig auf der Suche nach sozialen Zusammenhängen, dann wäre es um alle Gemeinsamkeit schon geschehen, sofern diese nicht funktional ist. Aber noch sind die halb formalen Lebenspraxen ziemlich zäh, wenn diese Möglichkeit vertraut ist und wiederbelebt werden kann. Viele Menschen sind hier erfinderisch, weil sie um den möglichen Effekt dieser Erosionsprozesse des Sozialen wissen: Werden die alltäglichen, lebensweltlich gebundenen sozialen Zusammenhänge, mit ihren sicher autoritären und oft genug inkorrekten Praktiken aufgeribbelt, dann verlieren diese informellen und halb formalen Netzwerke ihre Bedeutung als Ressource für beide Formen der Sorge umeinander: für den alltäglichen Zusammenhalt, vor allem jedoch für die Absicherung des Aufwachsens: Um ein Kind zu erziehen, braucht es ein ganzes Dorf, lautet ein gern zitiertes Sprichwort. Aber eben dies steht zur Disposition, wenn die Menschen nicht einigermaßen erfinderisch sind – oft bis jenseits der Belastungsgrenze, wie sich bei der Sorge um ältere Angehörige oder Menschen mit Behinderungen zeigt (vgl. auch Fraser 2017b).

Schwierig wird es nun, wenn es um Institutionen geht, die in den Verdacht geraten sind, Hort des Autoritären zu sein: Die soziale Arbeit hat sich hier mit ihren Vorbehalten gegenüber allem hervorgetan, was als Gemeinschaft bezeichnet wird; sie schwärmt lieber von Netzwerken. Besonders argwöhnisch werden die Formen familiärer Lebenspraxis und die individuell gewählten und geschaffenen Lebensformen betrachtet, welche für sich Autonomie beanspruchen. Eine Koalition aus Therapeuten, psychologischen Expertinnen, Vertreterinnen der Frauenbewegung hat hier ein Muster entwickelt, das vorsichtigerweise zur Kenntnis genommen werden soll: Diese Lebensformen und Praktiken gelten als gefährlich und bedrohlich, als – wie das neue Zauberwort der sozialen Kontrolle lautet – Risiko. Hier werden Personen gefährdet, angeblich in ihrer Entwicklung und in ihrer Selbstentfaltung. Um sie wird nun ein sicheres Netz gespannt, Expertinnen greifen auf durch Evidenz gesichertes Wissen zurück, das nun durchgesetzt werden soll, das Risiko wird durch Beobachtung, Etablierung einer therapeutischen Kultur und endlich Durchsetzung des Definitionsmonopols der Expertinnen in deren Hand gegeben; ein neuer Beherrschungsmodus entsteht, der sich nicht zuletzt auf die Semantik neuer Leiden stützt (Furedi 2004, Han 2016, Illouz 2009).

Unter der Hand schleichen sich dabei neue Formen der Kontrolle durch Definition von Risiken und durch Selbstkontrolle ein. Es vollzieht sich eine Enteignung der subjektiv sozialen und alltagskulturellen Praktiken, die sich auf traditionelle Institutionen stützen – nur nebenbei: geht es um Pflege, um die praktische Sorge für Angehörige, so sind solche Institutionen gefragt und zugleich eigentümlich verdeckt. Sie sollen funktionieren, doch will sie niemand so recht wahrnehmen. Demgegenüber stehen nämlich Objektivierung der Fälle und die Durchsetzung von Expertenmacht. Das sollte beunruhigen, weil es bedeutet, dass die durch Inklusion vermeintlich gewonnene Selbstbestimmung möglicherweise schnell kippt in eine Bestimmung durch Expertise. Die Einordnung der Pflegegrade im Teilhabegesetz deutet diese Tendenz an, der Versuch eines Rückgriffs auf standardisierte Definitionen von Lebenszuständen und ihnen korrespondierenden Leistungen im Entwurf des neuen Jugendhilferechts entspricht dem. Dabei bestehen – wenigstens residual – gegenüber aller Fragmentierung und Liberalisierung, gegenüber dem – meist nur vermeintlichen Niedergang von Werten und normativen Verbindlichkeiten – starke Muster des Gemeinsamen. Im Guten, etwa in der Bereitschaft mit Fremden, mit Anderen, mit Zuwanderern und Flüchtenden hilfsbereit umzugehen, sich übrigens auch auf ein Programm wie das der Inklusion einzulassen; darin klingt zivilisatorischer Fortschritt an. Im weniger Guten, weil und wenn die meist heuchlerische Parole der Toleranz zur Devise erklärt wird, die nicht wirklich mit prosozialem Verhalten und Hilfsbereitschaft, auch nicht mit der Lust zur Gemeinsamkeit einhergehen muss. Im Schlechten endlich, weil man sich nicht sicher sein kann, dass sich Ethnophobie, Rassismus, Ablehnung anderer Religionen und nationalistische Töne dann doch als die herrschende Leitkultur erweisen. Vielleicht sind CSU oder AfD sozial kein Zufall, sondern Ausdruck einer weit verbreiteten Auffassung.

Einiges spricht dafür, dass der Kern des Geschehens in den Vorgängen liegt, die als Individualisierung beschrieben werden. Seit Mosers Studien, insbesondere seit Ulrich Beck wird als ein entscheidendes, die aktuelle Moderne unterscheidendes Merkmal der modernen Gesellschaften gesehen, dass diese vornehmlich mit der Sozialform der Individualität einhergehen. Spätere Diagnosen gehen sogar noch einen Schritt weiter, weil sie selbst noch Individualität Fragmentierungsprozessen ausgesetzt sehen, wenigstens aber mit der Möglichkeit multipler Realisationsformen des Individuellen rechnen. Freilich sind solche Annahmen historisch fragwürdig und auch systematisch nicht unproblematisch: Historisch reicht die Entstehung der Lebensform der Individualität und vor allem das kulturelle Muster, in welchem sie gedacht und normativ gefasst wird, weiter zurück. Individualitätskonzepte finden sich schon in der Antike, entwickelt und entfaltet werden sie im Christentum – obwohl Religion Rückbindung bedeutet, mithin einen sozialen Zusammenhang in Erinnerung bringt (vgl. Siedentop 2014). Selbst das klösterliche Leben des Mittelalters, erst recht jene Veränderungen, die den Anfang der Renaissance markieren, lassen sich von Individualitätsvorstellungen nicht trennen. Dennoch bleibt ein entscheidender Befund: Als Sozialform, mithin als gesellschaftlich mehr oder weniger erzwungene Form setzt sich Individualität zum einen mit der Etablierung des Kapitalismus durch – um in diesem dann eben wieder in der kollektiven Form der Klassenzugehörigkeit aufgehoben zu werden. Zum anderen wird Individualität, wird das Ich in der Moderne zu Beginn des 20. Jahrhunderts etabliert, als positiver Lebensentwurf und als Ort der Pathologie – so etwa bei Freud. Endlich aber werden Individualität und Individualisierung zum sozialen und kulturellen Modell seit der Mitte des 20. Jahrhunderts.

Mehr noch: Bis zu diesem Zeitpunkt und wohl auch noch ein wenig länger, bleiben Individualität, Freiheit und Autonomie normative Vorstellungen, welche gegen den zugleich doch als unausweichlich geltenden Tatbestand der Sozialisation geltend gemacht werden; Adornos Vorbehalt gegen Integration nimmt dies auf und hebt Mündigkeit ins Bewusstsein. Im Laufe der letzten Jahrzehnte des 20. Jahrhunderts aber entsteht die – wie Norbert Elias sie nun nennt – Gesellschaft der Individuen (Elias 1991). Die Gesellschaften verändern sich, als symptomatisch kann man den Wandel der Überwachungsmechanismen sehen: Das Panoptikum verliert Bedeutung – um dann doch in Gestalt der CCTVs fröhliche Urstände zu feiern –, das Synoptikum ersetzt es, also die erstaunliche Kunst, Menschen dazu zu bringen, sich selbst an Leitfiguren und somit an normativen Mustern auszurichten. Das normative Paradox besteht jedoch in der Gegenwart darin, dass nun das Antidot gegen die Vereinnahmung durch Gesellschaft, nämlich Individualität, Freiheit und Autonomie gleichsam normalisiert und in die Gesellschaftsstruktur selbst eingebaut werden. Die Subjekte werden auf sich verwiesen, sie sind gleichsam – so konnte man schon in Gerhard Schulzes Buch über die »Erlebnisgesellschaft« lernen (vgl. Winkler 1993) – apriori individualisiert und von Anbeginn ihres Lebens sozial freigesetzt – mit der Maßgabe, sich mehr oder weniger selbst hervorzubringen, Performanz zu beweisen, indem sie sich in ihrer Singularität präsentieren, um öffentlich als Kunstwerk bewertet, valorisiert zu werden, wie Andreas Reckwitz beschreibt (Reckwitz 2017) Diese Gesellschaft sozialisiert in Formen der Heterogenität und Differenz, das Besondere wird zum Maß der Dinge, wenn es erfolgreich dargestellt werden kann; Behinderung löst sich dann kategorial auf, an ihre Stelle tritt in der Spektakelgesellschaft (Debord 2013) der individuelle Kampf um Aufmerksamkeitskapital. Wer dieses nicht akkumulieren kann, gilt als Versager – mit allen Konsequenzen für die soziale Wahrnehmung. Man ist dann eben kein Lebenskünstler, kein erfolgreicher Präsentator des eigenen Ich, der sich durch Einschränkung oder Handicap nicht hat behindern lassen.

In den modernen Gesellschaften der Gegenwart werden die Menschen buchstäblich aus jeglichem Zusammenhang gerissen. Sie werden auf sich verwiesen, wobei ihre Natur keine Relevanz mehr haben soll, wobei die sozialen Kontexte ihres Lebens hintangestellt werden sollen, allzumal sie der Herrschaft verdächtig sind. Damit werden die sozialisatorischen Bedingungen in Frage gestellt, die zumindest das Gegengewicht und Gegengift zu dem bergen könnten, was als gesellschaftlicher Prozess der Vereinzelung wirkt. Menschen werden von einem abstrakten Individualismus getroffen, von einer Freiheit, in der Institutionen verschwinden und zugleich die Prozesse der Statuszuschreibung und Anerkennung aufgehoben sind. Es geht um eine Freiheit der Nichtigkeit, des Sturzes ins Leere (Hillenkamp 2016); um eine Freiheit, die mit hoher Flexibilität, mithin mit Verfügbarkeit verbunden ist, die von längst nur noch vermeintlichen Subjekten als Arbeit an Projekten wahrgenommen und selbst realisiert wird, weithin bis zur Erschöpfung eines eigenen Selbst; eines Selbst, das dieses nicht mehr ist, weil ein Selbst immer relational und vermittelt besteht, aber eben dieser Zusammenhang aufgelöst und höchstens künstlich, durch professionelle Vermittlung hergestellt wird (Draxler 2015) – und daher auch entzogen werden kann. So bleibt allein noch eine Sphäre des Konsums, in der sich die Menschen als Künstler ihrer Existenz bewegen – wenn sie sich denn eben bewegen können. Denn eben diese Kunst hängt nicht nur von materiellen, ökonomischen und physischen, dann von psychischen Voraussetzungen ab. Die Menschen als Lebenskünstler sind vielmehr zugleich eingebunden in massive, geradezu hegemoniale Bewertungsmechanismen, durch die sie zunehmend verdatet und quantifiziert werden, um Relationen zwischen den Beteiligten und damit Hierarchien herstellen: Einmal gescannt werden die Menschen in Scores gefasst, die über ihre Leistungsfähigkeit Auskunft geben – und die Notwendigkeit der Verbesserung nahelegen (Mau 2017, S. 115 ff). Was ist denn nun mit jemandem, der eben nicht den Arbeitsanforderungen genügt, die einen gesunden Menschen schon überfordern? Die Mechanismen des Sozialen sind brutal – nur die Mechanismen des Nichtsozialen sind möglicherweise brutaler, weil die Begrenzungen wegfallen, die institutionell oder durch Scham gegeben waren. Scham? Wozu denn das, wenn ich mich nun endlich direkt äußern kann, nicht mehr hinter vorgehaltener Hand, sondern im Schutz einer offenen Anonymität, in der nun doch gesagt werden darf, was gesagt werden muss: Moral Blindness macht sich breit (Bauman/Donskis 2012), im Schutz des Wegsehens kann alles gesagt werden: *Du Spasti!* Eine Zurückweisung? *War doch nur Spaß.* Der zum Ernst wird, weil die sozialen Regeln fehlen, die diesen einschränken konnten. Denn der Unterhaltungswert der Grausamkeit ist nicht gerade gering, es ist doch kein Zufall, wenn Hunderte Gaffer Bilder und Filme von Unfallopfern aufnehmen. Könnte der Mensch mit Behinderung demnächst zum Objekt werden?

Die Theorie für diese Selbstkonstitution bietet der Konstruktivismus, der dann feierlich beschwört, dass Lehren überflüssig werde, weil die Subjekte immer selbst lernen – dass sie dafür doch auf Inhalte angewiesen wären, steht auf einem anderen Blatt, das von den Kritikern der jüngsten Tendenzen im Bildungssystem aufgeschlagen wird. Dramatisch zugespitzt heißt das: Individuen wachsen nun auf, ohne Ressourcen, ohne Bindungen, ohne Auseinandersetzung mit Inhalten oder Strukturen, die Dialektik aller Sozialisation wird aufgerissen. Selbstverständlich soziologisch fragwürdig, dennoch als Phänomenbefund vielleicht zutreffend: Sozialisation findet als De-, wenn nicht sogar A-Sozialisation statt. So paradox das klingt: Menschen werden in einer Weise vergesellschaftet, bei der sie auf sich verwiesen werden, Individualisierung, nein: Atomisierung und Isolierung, Darstellung in Datenform, die mit anderen Daten verglichen werden, stellen die entscheidende Sozialform dar.

Diese Gesellschaften verlangen ihren Mitgliedern einiges ab, sie tun das sogar in höherem Maße denn je. Man kann sagen, dass die Individuen nun ihre eigene Gesellschaftlichkeit hervorbringen müssen – unter der fatalen Bedingung, dass ihnen die Ressourcen grundsätzlich dafür fehlen; manche haben dann außerordentliche Schwierigkeiten, auch nur die Stabilität zu entwickeln, um sich an die Arbeit mit der eigenen Vergesellschaftung zu machen. So provozieren die Offenheit der Gesellschaft in all ihren Bereichen, Fragmentierung und Verflüchtigung, die Aufhebung von Institutionen im Alltag neue Informations- und Entscheidungszwänge; die Nötigung, sich zu informieren, lässt in der Flut der Informationen ertrinken. Von Multioptionsgesellschaft hat Peter Gross gesprochen, andere verfluchen geradezu die neu gewonnene Freiheit. Der Verlust von klaren Guidelines oder deren Bewegung, ihr Shifting, so Harald Welzer, schaffen Unsicherheiten, die bis tief in die Psyche hineinreichen. Eine Form existenzieller Bedrohung breitet sich aus, weil die eigene Entscheidung für das eine oder das andere Aktienpaket die Altersversorgung zerstört; manch einer hat mit Telekom-Aktien sein Haus oder sein Bauernhaus verloren. Manfred Krug hat sie doch beworben – und das macht das Dilemma aus: diese soziale und kulturelle Welt kann nur bewältigt werden, wenn man sich selbst im eigenen Tun und in der eigenen Lebenssituation beobachten kann, wenn man sodann vertraut und sich auf andere verlassen kann. Vertrauen wird die entscheidende Ressource – jeder Käufer eines Dieselfahrzeuges kann eine kleine Geschichte dazu erzählen.

Ob Vertreter eines eher als konservativ bezeichneten Lagers sprechen oder solche, die als liberal oder links gelten, Zufall ist es keiner, wenn hier wie dort beobachtet und beklagt wird, dass die modernen Gesellschaften attackieren, was als Substanz von Subjekten angesehen wird. Die Klage wird schon länger erhoben: Lionel Trilling machte aufmerksam darauf, wie sich die Grundlagen des Miteinanders abschwächen, die als Aufrichtigkeit bezeichnet werden. Zunehmend aber tritt eine soziale und kulturell bedingte Erosion des menschlichen Charakters ein, so in eher konservativer Lesart David Brooks, die Corrosion of Character, wie Richard Sennett den Befund genannt hat. Gesellschaftliche Erwartungen, die Zumutungen der Arbeitswelt, die Überführung des Lebens in eine dauernde Präsentation, hin zu einer performativen Existenz lösen auf, was als Lebensform Halt gibt, weil es Grenzen setzt. Seit den sechziger Jahren wird dieser Befund eher auf der inhaltlichen Seite von Kultur debattiert, als ihr Zerfall, als »Closing oft the American Mind«, wie das Bloom beschrieben hat. Heute folgen ihm jene, die insbesondere Kritik an den Entwicklungen des Bildungswesens üben. Der Zusammenbruch von Werten und kulturellen Verbindlichkeiten wird Thema, oft eher hämisch kritisiert von jenen, die das als Konservativismus und als illiberal sehen. Seit einigen Jahrzehnten wird aber vor allem deutlich, dass mit den Veränderungen ein Wandel in dem einhergeht, was man als das Selbstverständnis von Menschen bezeichnen kann. Zunehmend werden Zweifel an der Tauglichkeit des Begriffs der Identität geäußert, zuerst als postmodernes Spiel wird der Tod des Subjekts behauptet – meist in aller Ambivalenz des Geschehens: Manchmal ein wenig beglückt darüber, dass eine selbst zu dekonstruierende Vorstellung abhandenkommt, weil das gesellschaftliche Denken und seine Kultur sie nicht mehr zulassen. Dabei ist das Geschehen ein wenig komplizierter. Zwar wird das Konzept des Subjekts erschüttert, zugleich aber wird es neu formatiert: In Produktion und Management wird auf Subjektivität gesetzt, mehr noch im Bereich des Konsums. Überall werden neue Freiheiten behauptet und zugleich ein Zwang der Selbstüberschreitung eingeführt. Wer nicht mithält, ist selbst schuld. Begleitet wird dies noch von den Geräten, welche die Steuerung des Menschen durch diesen selbst erlauben. Every step you make, I am watching you. Der Stalker hängt längst am Handgelenk. Die Menschen machen sich nackt und liefern sich in Datenform anonym erscheinenden Mächten aus; die Big Five der Datenwelt haben wohl längst mehr Verfügungsgewalt über die Menschheit als jemals ein Diktator zuvor. Sie macht sich selbst untertan, indem sie noch die Kontrolle über sich selbst ausübt, sorgfältig ausgerichtet an Vorgaben, die durch Experten für die richtige Menschenführung gegeben werden.

Die Last aller Gesellschaftlichkeit wird mithin auf die Subjekte verlagert, während ihnen zugleich die Ressourcen genommen werden, um diese Entwicklung zu bewältigen; sie werden freigesetzt, um in ihrer Freiheit zu funktionieren (vgl. Han 2016). Das beginnt schon früh, so dass psychische Erkrankungen allzumal im Kindheitsalter zunehmen. Wer sich als Heranwachsender nicht an stabile Familien klammern kann, gerät jedoch in eine bedrohliche Situation. Wie die Politik mit Rettung naht, kann als nicht ganz unproblematisch angesehen werden: Ihr fällt für die Sicherung der gesellschaftlichen Integration nur die

Form der Institutionalisierung ein. In der Kinder- und Jugendhilfe lässt sich dies daran erkennen, dass der Trend zu ambulanten und offenen Angeboten angehalten, wenn nicht umgelenkt worden ist; nüchtern gesagt: sie sind zu teuer. Dies wird in der Arbeit mit behinderten Menschen ebenso eintreten, die gute Entwicklung hin zu einer Selbständigkeit mit Assistenz wird den Kostenargumenten geopfert werden. Vor allem jedoch die Bereiche sozialisatorischen und pädagogischen Handelns, welche in irgendeiner Weise mit Bildung assoziiert werden können, werden institutionalisiert – bemerkenswert dabei übrigens, dass und wie nicht mehr von Bindung gesprochen wird. Noch vor wenigen Jahren ein wissenschaftliches Megathema, ist es in den Hintergrund gedrängt worden. Denn Kinder und Jugendliche sollen möglichst frühzeitig aus den Familien genommen werden – die aber in ihrer Mehrheit eher hilfreich sind und von den jungen Menschen deshalb gesucht werden. Sie werden didaktischen Arrangements unterworfen, die zwar die Selbsttätigkeit der jungen Menschen erwarten, dann regelmäßig Diagnosen der Fehlerhaftigkeit und Störung durchführen, um Lehrprogramme durchzusetzen, die nach dem Willen Erwachsener gestaltet sein sollen. Der Haken dabei: allzumal die sogenannten kompetenzorientierten Lehr- und Lernprogramme sind und bleiben selbst inhaltsleer. Lehrinhalt wird das Verhalten in Institutionen, der Kindergarten und die Schule als Institutionen erziehen. Nur nebenbei sei indes bemerkt, dass wenigstens im Elementarbereich die Erzieherinnen absichtsvoll oder intuitiv noch Widerstand leisten, indem sie ihr Handeln dann doch an den Kindern ausrichten, zudem für eine gute Form des Miteinanders sorgen. Schwieriger wird dies in den Schulen, die zunehmend kontrolliert und standarisiert werden, zudem dem Wettbewerbsdruck unterliegen. Hier nun zeichnet sich eine Nebenwirkung ab, die nicht zuletzt bei der Debatte um Inklusion von Menschen mit Behinderungen gesehen werden sollte: Insbesondere in Zwangskontexten, bei der erzwungenen Gruppenbildung, wie diese nun in Schulklassen fast notorisch der Fall ist, vollziehen sich Entlastung und die Herstellung von Gruppenidentität über die Erzeugung von Außenseitern. Sozialpsychologisch ist der Mechanismus bekannt (wenngleich zuletzt wenig diskutiert, da dies der Ausrichtung auf Ganztagsangeboten schaden könnte). Man kann ihn abschwächen. Dennoch muss man sich darüber in Klaren sein, dass eine zwangsweise Inklusion von Kindern mit Behinderung diese zum Projektionsobjekt werden lässt; möglicherweise gar nicht durch die Kinder selbst, wohl aber seitens der Eltern, die sich um den Schulerfolg ihrer ›normalen‹ Kinder besorgen, wenn ein oder gar mehrere Kinder den Unterrichtsfortschritt verzögern.

So zeichnet sich jedenfalls eine Individualisierung ab, die in der Tat Freiheit und Gleichheit verwirklicht, von Anbeginn an – und doch sogleich wieder über Institutionen gebändigt wird. Sämtliche spezifischen Merkmale, welche menschliche Existenz überhaupt erst konkret werden lassen, die – um nur Beispiele zu nennen – Differenz von Alter oder Geschlecht – werden aufgehoben. Entscheidend wird eine formalisierte Individualität, bei der absolute Gleichheit und eine völlige Freiheit unterstellt werden – wobei aus dem Blick gerät, wovon denn die Menschen befreit werden. Kann es sein, dass eintritt, was Axel Honneth als Überschrift eines Buches gewählt hat, das die Paradoxien des gegenwärtigen

Kapitalismus analysiert: Befreiung aus der Mündigkeit (Honneth 2002)? Das Freiheitsversprechen wird negiert durch die Zuschreibung von Verantwortung, durch die Forderung nach Selbstherstellung und nach dem unternehmerischen Ich, während die erforderlichen Rahmungen und Bedingungen dafür entzogen werden, ersetzt durch den Daueraufenthalt in den Anstalten mit einem professionellen Treatment, das so gekonnt nun auch nicht ausfällt.

Individualisierung bekommt also einen neuen Drive. Ironischerweise wird dieser an der Debatte um Heterogenität erkennbar. Vielfalt und Differenz werden Grundmerkmale, keiner ist wie der andere (Asendorpf 1988). Zugleich wird – substanzielle oder qualitative – Differenz irrelevant, Individualität hingegen zu einem formalen Normalstatus der Existenz, der als Datensatz in den Punkten aufgenommen wird, die für die Erfassung relevant sind. Das System duldet alles, indem es indifferent der Differenz begegnet. Du bist endlich Bürger, in dem abstrakten Sinne der Menschenrechte – und wie sehr diese Unterstützung fordern, wird diese doch durch die Mechanismen ausgehebelt, die mit einer Gleichheit einhergeht, welche dann vermessen und verrechnet wird. Man wird zur digitalen Einheit, beschreibbar und verfügbar in einer Zahlenkolonne (vgl. Dugain/Labbé 2016). Unterschiede werden getilgt, weil sie diskriminierend wirken könnten. Es zählt – buchstäblich – nur das Individuum in seiner höchsten Abstraktion, als – wie schon Marx das ahnte – individuum sans phrase: Bitte keine Zusatzmerkmale, es sei denn, sie werden aus politischen Gründen und wegen eines Minderheitenschutzes noch gefordert. Aber Vorsicht: die Bemerkung, dass Menschen mit weiblichem Geschlecht oder mit einer Behinderung bei gleicher Eignung bevorzugt eingestellt werden, kann schon als Verstoß gegen das Diskriminierungsverbot verurteilt werden.

Hier gilt dann erst recht eine bittere Dialektik: Bringt die Menschen auf Besonderheit, Singularität und macht dies zugleich zu einem Normalmodell, bei dem sie ein wenig nackt, vor allem in Daten dargestellt, messbar an Standardwerten auftreten. So erscheinen die Einzelne in Kennwerten, die wenig mit ihrer Lebensrealität zu tun haben, sich allein auf ihre Funktionalität als Performanz beziehen, die ihrerseits bemessen sein muss. Das freilich braucht auf der anderen Seite ein System ständiger Überprüfung, dauernder Bewährungsproben und Performanztests, bis die Einzelnen eben zusammenbrechen. So werden sie transparent und objektiviert, sichtbar in einer Darstellungsform, die numerisch ausgedrückt wird, zugleich einen dauernden Wettbewerb ermöglicht. Biopolitik, wie sie Foucault noch als Herrschafts- und Steuerungsverfahren erkannt hat, übersteigt die beobachtende Statistik, die Einzelnen treten als Ziffernzombies auf.

Inklusion ohne Gesellschaft – die unmögliche Erwartung

Die soziale oder soziologische Prämisse der Inklusion besteht in einer historisch entstandenen Situation, in der Gesellschaften zumindest zerbrechlich werden und die Last der Kompensation des Sozialverlustes auf die Individuen verlagern. Soziale Integration oder eben Inklusion wird nötig als Gegengewicht zu einer paradox anmutenden Gesellschaft, die sich im eigenen Zerfall wieder schließen will. Sie tut dies, indem sie den von ihr erzeugten und belasteten Individuen abverlangt, eben doch sich einem Ganzen zu fügen oder dieses herzustellen, das ihnen dauernd entgleitet – und sie dabei massiv belastet. Noch einmal gilt der Verweis auf Kompetenz als das Zauberwort aller Bildungsreform; man ist weder zuständig, noch verfügt man über Wissen oder Fähigkeit. Etwas derb formuliert: Es geht nicht einmal mehr um Klugscheißer, sondern nur noch um Dummschwätzer.

Der – wenn man so will – geschickte Schachzug dieser Gesellschaft und des sie betreibenden Kapitalismus besteht darin, das Ganze als hegemoniales Prinzip am Ende über die zu verbreiten, die die ideologischen Apparate betreiben. Medien selbstverständlich, als erfolgreich bezeichnete soziale Bewegungen, ganz besonders freilich der akademische Zusammenhang, dem längst eine Schlüsselfunktion in diesen Geschäften zukommt; seit Wissenschaft nicht mehr esoterisch ist, wird sie endgültig Herrschaftsinstrument. Ein Herrschaftsinstrument, bei dem stets die Saiten des Guten und Gerechten zum Klingen gebracht werden, die Menschen dienen dann brav als Resonanzraum. Einiges spricht dafür, dass vor allem die Frauenbewegung ein starker Motor gewesen ist, um durch Dekonstruktion der Herrschaftsverhältnisse die soziale und kulturelle Entbettung zu betreiben; Frauen werden befreit, sie werden vor allem gleichgestellt, sie werden aus der kulturell definierten Verbindung mit Reproduktionsarbeit und Sorge gelöst. All das macht Sinn, wenn und sofern diese Aufgaben als erforderlich nicht negiert und – soweit das biologisch möglich ist – allen zugänglich werden. All das wird unsinnig, wenn damit allein die Perspektive verbunden ist, dass alle Menschen sich gefälligst am Arbeitsmarkt orientieren sollen. Am kapitalistischen Arbeitsmarkt, notabene. Nun sind die Frauen integriert und inkludiert, der Kapitalismus bleibt gefräßig, zumal er sich nebenbei noch kostengünstig organisiert, je mehr Menschen an ihm teilhaben. Seine Gier gilt den jungen Menschen – die Verkürzung von Studiengängen versuchte erklärtermaßen, Menschen schneller dem Arbeitsmarkt zuzuführen. Nun gilt der Zugriff den Menschen mit Krankheit oder Behinderung. Im Vorfeld soll diese schon verhindert werden, indem möglichst frühzeitig ein Risiko identifiziert und die riskante Person, der Gefährder also ausgeschaltet wird. Für die späteren Fälle werden Präventionsmaßnahmen ergriffen, die in den Arbeitsmarkt zurückführen. Am Ende sollen eben doch alle dort inkludiert sein.

All das geschieht auf dem seltsamen Weg, dass zwar Individualität und Differenz als normative Kategorie hoch gehandelt werden, zugleich aber außer Kraft gesetzt werden (was Reckwitz anders sieht). Sie werden für das Inklusionsgeschehen irrelevant, aus prinzipiellen Gründen, vor allem jedoch auch, weil die skizzierten gesellschaftlichen Entwicklungen mit einem inzwischen selbstvergessenen Kapitalismus zu tun haben. Selbstvergessen ist dieser, weil er seine Prinzipien als Marktgeschehen durchsetzt, über seine Voraussetzungen und Wirkungen wenig nachdenkt. Ihn interessieren gleiche und freie Individuen, jenseits von konkreten Besonderheiten und Bindungen. Sie sollen formal in das System des Arbeitsmarktes eingebunden sein, der freilich selbst wiederum Exklusionen erzeugt, die dann diese Gesellschaft wieder stabilisieren. So gesehen hat die Soziologie in beiderlei Hinsicht recht: Wer von Inklusion redet, muss von Exklusion reden, wer Exklusion beklagt, sollte aber genauer prüfen, worin der Preis der Inklusion besteht.

Auf ihrem Weg werden die Subjekte marktförmig ausgerichtet. Mehr noch: sie tun das selbst. So gesehen lässt sich die Debatte um Inklusion nicht von der trennen, die unter dem Namen Neoliberalismus geführt wird. Es geht um die allumfassende Herrschaft des Kapitals, die aber zugleich in den Seelen der Subjekte verankert werden soll. Daher enthüllt sich die Inklusionsprogrammatik als Kommodifizierung durch Vernichtung aller qualitativen Besonderheit von Menschen zu Gunsten ihrer Verwertbarkeit als Arbeit. Das Arbeitskräftepotenzial erweitert sich, die Workforce wächst, alle taugen als Humankapital. Wer aber dem Arbeitstempo nicht genügt, der gehört nicht hinzu. Dabei könnte das sogar nur ein Teil der Wahrheit sein: Der viel schwierigere andere Teil kann nur angedeutet werden: Die Menschen sollen als Individuen inkludiert werden, zwar als flexible Arbeitskräfte, die noch für sich selbst eine Projektexistenz verinnerlichen, wie der neue Geist des Kapitalismus sie fordert. Aber die Beschreibung reicht nicht hin: Sie sollen nämlich auf Individualität verpflichtet sein, der Vergesellschaftungsmechanismus vollzieht sich aber über den Konsumsektor. Warum? Verhindert soll werden, dass sich Menschen über die kollektiven Erfahrungen begreifen, die im Arbeitsprozess unvermeidlich entstehen – spätestens dann, wenn allen, auch den hochbezahlten Piloten einer Airline gekündigt wird.

Wie gelingt all das? Man verspricht allen Menschen die Zugehörigkeit, verschweigt ihnen aber, dass sie damit Teil einer Maschinerie werden, die wenig Interesse an ihnen hat. Sie sollen funktionieren, so das Ganze als Ganzes wieder stabilisieren, kein Ort des Widerstands sein. Fataler jedoch: weil sie individualisiert werden, freigesetzt und gleichgehobelt, den formalen Imperativen der verantwortlichen Beteiligung untergeordnet, wiederfährt ihnen eine bittere Objektivierung und Entpersonifizierung (vgl. Jaeggi 2008, S. 61). Vorangetrieben wird das Projekt nämlich von einem Sozialstaat, der seine Mitglieder nur noch als nackte und abstrakte Entitäten sieht, welche indirekt beeinflusst werden, auf Objectives, Incentives und Nudges wurde schon verwiesen. Der Staat setzt über seine Experten die Ziele, die sich als Outcome messen lassen sollen. Fachlichkeit, persönlich-professionelle Leistung zählt dabei nicht mehr. Es geht um Management bei Objectives oder Nudges, nicht um inhaltliche Erwartungen, sondern um Kenndaten von Leistungen, die quantifizierbar ausgedrückt werden können, um dann verrechnet zu werden (Crouch 2015, S. 108). Qualität verschwindet – was Marx düster prophezeite, setzt sich durch: alles wird auf die

Wertform der Ware reduziert, jegliche inhaltlich sinnhafte Bedeutung des Lebens getilgt. Zugleich kann ein neues Herrschaftssystem etabliert werden, nämlich die Macht der Standards, die von Experten gesetzt werden, begründet angeblich auf objektives Wissen, im Kern jedoch willkürlich – die berühmte 500 Punkte Marke der PISA Rankings belegt das recht gut.

Der Vorgang der Inklusion wird noch heikler, weil die Subjekte formal für zugehörig erklärt werden, aber genau darin die Verhandlungsmacht verlieren, wie sie an soziale Zusammenhänge gebunden ist – sie gehören diesen ja schon, zwar als Individuen, aber doch als Teilhaber. Das doppelte Paradox einer Objektivierung in Subjektivität und einer faktischen sozialen Isolierung durch programmatisch erklärte Zugehörigkeit macht Menschen anfällig für Beschämung und Beleidigung, die mit der Verdrängung moralischer Zuständigkeit und Verantwortlichkeit aller einhergeht, die alle jene aber zum Gegenstand des Übergriffs, der Herabsetzung und Beleidigung werden, die – wie willkürlich auch immer – als anders gelten, als fremd, als überflüssig. Inkludiert, vorgeblich sogar menschenrechtlich gesichert und geschützt, kann sich nun eben Moral Blindness ausbreiten, die Ablehnung oder Vernichtung erst durch Worte, dann durch Taten. Der vereinzelte Mensch ist gefährdet, allzumal, wenn er als Risiko oder Last bezeichnet werden kann. So irritierend dies wirkt: Inklusion macht anfällig, für überflüssig erklärt zu werden; man wird mittendrin und durch Einschluss irrelevant. Im Falle einer Beeinträchtigung, Entwicklungsverzögerung oder Behinderung eines Kindes wird dann hinter vorgehaltener Hand getuschelt: *Haben die Eltern sich nicht um die pränatale Diagnostik gekümmert? Man kann doch ziemlich genau diagnostizieren, wenn ein Fötus von einer Trisomie 21 betroffen ist. Warum haben die …? Und dann: wir haben doch überall die Inklusion, wieso verhält sich der dann so komisch? Ist wohl doch ziemlich ungebildet!*

Eben dies macht auf ein zusätzliches Problem aufmerksam: das öffentliche und das fachliche Denken stellt sich zunehmend um, es wendet sich ab von Mustern der Achtung von Personen hin und eines Handelns, das auf Verständigung und gemeinsamer Interaktion sowie Anerkennung aufruht, hin zur Diagnose von Störungen und deren Bearbeitung. Die akademische Psychologie hat diesen Weg eingeschlagen, parallel zur Medizin, in enger Verbindung mit den Krankenkassen und Versicherungen. Unter dem Vorwand, Leid vermeiden zu wollen, sollen die Kosten reduziert werden, die einer Gesellschaft entstehen können, wenn sich Menschen eben nicht so einfach den sozialen Mustern beugen und mit offener Perspektive leben. Menschliches Leben scheint zunehmend kontrollierbar, from the craddle to the grave. Oder: eigentlich schon vorgeburtlich. Im Vertrauen auf die genetische Ausstattung soll diese gesteuert und optimiert werden, dann soll schon möglichst frühzeitig erkannt und erfasst werden, ob und wieweit Material vorliegt, das guten Erfolg verspricht oder eher entfernt soll, weil es möglicherweise Risiken birgt. Biopolitik und Risikominimierung gehen hier eine fatale Koalition ein, die ihrerseits ein neues Dispositiv des Denkens und Handelns erzeugt: Eltern wünschen sich gesunde Kinder, möchten ihnen einen guten, langen Lebensweg eröffnen, die öffentliche und politische Meinung tendiert dazu, die möglichen Kosten für die Allgemeinheit zu verringern,

111

im Hintergrund lauert ein rassistisches Denken. All das wird gefördert einerseits durch die entsprechenden Techniken der Frühdiagnostik, die immer als heilsbringend auftritt, andererseits durch das Denken in Kategorien des Risikos. Der Begriff des Risikos, ursprünglich vorrangig in der Versicherungsmathematik beheimatet, dient heute einer umfassenden Steuerung und Kontrolle menschlichen Verhaltens, er funktioniert als Instrument der Prävention, die damit aber zu einer Strategie wird, um die Handlungsmöglichkeiten von Menschen einzudämmen. Dabei wird die Doppeldeutigkeit von Prävention sichtbar: Sie verliert ihre eher schützende, absichernde Funktion und wird zu einem veritablen Instrument, um spezifische Lebensformen durchzusetzen – begleitet von einer Verdachtshermeneutik, die ausspricht, was gefährlich sein könnte, obwohl die Gefahr entweder trivial ist oder gar nicht eintritt. Man versucht über die Drohung mit dem Risiko zu kompensieren, was die modernen Optionsgesellschaften den Subjekten eröffnet und auferlegt haben: Alles ist frei und daher der Wahl ausgesetzt, wie katastrophal das Ergebnis sein mag. Nun wird gegengesteuert, indem noch jedes Tun nicht bloß als riskant charakterisiert, sondern auch gleich gebrandmarkt und am Ende von möglichem Schutz ausgeschlossen wird: Du musst und kannst Dich frei entscheiden, aber sei Dir der allerdings unendlichen vielen Risiken dabei bewusst; und weil das gar nicht möglich ist, müssen wir die Menschen mit Kontrollen umgeben, die als Netze bezeichnet werden. Wie Netze halt so sind: so können auffangen, sie fangen aber auch ein.

Umgekehrt richtet sich die Perspektive der Inklusion auf die geduldete Abweichung, die sich in der Bandbreite bewegt, die als normalisiert gelten kann; die Bandbreite der Normalisierung, vielleicht noch die bei Gauß gewonnene Glockenkurve macht den Horizont aus. Der wird an den Rändern verbreitert, um mehr an Menschenmaterial gewinnen zu können. Das macht – unbestritten – einen Fortschritt aus, dem gegenüber die Extrema stehen, jene, die sich nicht normalisieren lassen. Von ihnen ist keine Rede; schon in den internationalen Large Scale Assessments haben manche Länder ihre Schulen aufgefordert, die Schwierigen doch nach Hause zu schicken, die Schwerstbehinderten sind ohnehin längst aus dem Schulsystem entfernt. Nicht beschulbar – éducation impossible, das alte System, das Maud Mannoni so angegriffen hat, lebt wieder auf. Ein bitteres Spiel wird eröffnet, Pluralität erweiternd, zugleich aber abschließend. Die Schwerst- und Mehrfachbehinderten verschwinden dann. Sie taugen einfach nicht für das neue, moderne, flexible System. Dass jemand mit Behinderung oder Erkrankung zu tun hat, dass jemand eine Person pflegt, die nur mit Mühe und Anstrengung am Leben teilhaben kann, spielt da keine Rolle. Oder schlimmer noch: Da hat doch jemand nicht aufgepasst und das Risiko nicht bedacht, dass sich in der Schwangerschaft gezeigt oder zu einer Erkrankung geführt hat; Angelina Jolie hat es uns doch vorgemacht, als sie sich die Brüste abnehmen ließ, weil sie möglicherweise an Krebs erkranken konnte.

Und endlich ein Vorbehalt, der allerdings verrückt klingt, zu sehr nach Foucault: Was ist eigentlich, wenn eine Gesellschaft, wenn eine Ökonomie und die von ihr definierte Kultur Vielfalt zu einer sozialen Norm erhebt, nicht als menschlichen Wert, sondern als eine Art und Weise Menschen zu instrumentalisieren und zu vernutzen? Der schon eher kritisch gewürdigte Ulrich

Beck hat die lange Geschichte der Individualisierung ein wenig ausgeblendet, als er sein Theorem von der Individualisierung als Sozialform der reflexiven Moderne entworfen hat. Zugleich aber hatte er recht, weil Individualisierung eine andere Qualität hat, als alles, was vorher gemeint war: Sie ist nun gesellschaftliches Produkt, als sozialer Prozess überlagert, immunisiert gegenüber kollektiver Selbstorganisation. Man kann sagen: Individualisierung ist vergiftet.

Nicht minder gilt das für Heterogenität, für Verschiedenheit. Verdächtig ist schon, wie sie gelobt werden, als ein Instrument, um die Leistung von Schulklassen zu erhöhen. Abgesehen davon, dass Schulen dann doch Eignung prüfen und homogene Leistungsgruppen zusammenstellen, zumindest wenn es um den naturwissenschaftlichen Unterricht oder dem im Sport geht. Wenn Heterogenität so förderlich sein soll, warum sortieren sie dann doch aus? Vor allem jedoch scheint Heterogenität nur zu gelten, wenn sie eben nützlich ist, wenn mit ihr Ressourcen oder Humankapital gefunden werden, mit denen sich Leistung steigern lässt. Klar: für die individuellen Subjekte kann es eine Chance bedeuten, das Geschehen ist wieder einmal doppeldeutig: Ein als autistisch Diagnostizierter findet eine Entwicklungsmöglichkeit, wenn er Programmierfehler identifizieren kann und so ein erfolgreicher Mitarbeiter eines Unternehmens wird. Was aber wiegt mehr: diese besondere Leistung für den Betrieb oder seine menschliche Eigenart? Vielleicht sollte man das gar nicht trennen, sondern pragmatisch sehen, wäre da nicht der kleine und kleinliche gedankliche Widerhaken, dass doch allein die Brauchbarkeit auf dem Arbeitsmarkt über das Leben entscheidet.

Inklusion steht dann für eine Gegenbewegung, die aber diffus bleibt: Gewiss, manche sehen Inklusion als revolutionäres Geschehen an. Aber ist das nicht ein wenig naiv, allzumal wenn die Veränderung der Gesellschaft dann im pädagogischen System beginnen soll? Erziehung ist strukturell konservativ, dieser Tatbestand lässt sich nicht wirklich ändern. Und eine eher pragmatische Sicht, die dann Inklusion unter den gegebenen Verhältnissen verwirklichen will? Es ist schon zu fragen, ob der ›Einschluss‹ in eine Gesellschaft wünschenswert ist, die selbst sowohl makrostrukturell wie mikrostrukturell Ausgrenzungen produziert, makrostrukturell mit den Ungleichheiten, die ein marktradikaler Kapitalismus hervorbringt, mikrostrukturell mit den sozialpsychologischen Effekten, die mit der Ungleichheits- und Ausgrenzungsstruktur von Gesellschaft zu tun haben und sich in banalen Gruppenprozessen niederschlagen: wenn sich Menschen in ihrer Existenz bedroht fühlen, produzieren sie Außenseiter, Fremde und Andere; und diese werden dann an Merkmalen identifiziert, die von der Behinderung bis zur Religion reichen.

In jedem Fall geht es um einen Einschluss in das bestehende Gesellschaftssystem mit seinen Macht- und Herrschaftsstrukturen. In England bedeuten *Inclusion* und *Inclusive Education* vorrangig den Einschluss in den Arbeitsmarkt, seine Normen und Funktionsimperative werden dann entscheidend. Auch in Deutschland steht Inklusion in enger Verbindung zum Projekt eines aktivierenden Sozialstaates, der – wie die Realität zeigt – zwar fordert, aber nicht wirklich fördert. Wer dann am Arbeitsmarkt nicht aktiv, nicht den Normen des Beschäftigungssystems entsprechend teilnimmt, wird dann erneut aussortiert, nun aber wegen fehlender Arbeitsmarkttauglichkeit, nicht mehr aufgrund der Behinderung oder Krankheit.

Das verweist nochmals auf einen Punkt, der schon angeklungen ist: Bei allem Bekenntnis zur Vielfalt bleibt eine politisch akzentuierte, auf strukturelle Zusammenhänge gerichtete Programmatik der Inklusion formal, wenn und sofern es um Individualität und Besonderheit geht. Es werden dann immer Strukturen bedacht, denen gegenüber der konkrete Andere in seiner besonderen Befindlichkeit aus dem Blick gerät, gewissermaßen nur formal, abstrakt, als Schema vorhanden ist, das eben keine Besonderheit mehr zulässt. Um es emphatisch zu sagen, vielleicht etwas irritierend: die Programmatik und Politik der Inklusion, zumindest, wenn man sie wohlwollend, positiv und optimistisch liest (wie das hier geschieht), stützt sich auf die Figuren, die letztlich in den Begriffen Freiheit und Gleichheit gefasst sind. Schon in den Zeiten der französischen Revolution wusste man, dass diese beiden Leitmotive nicht reichen. Deshalb hat man das der Brüderlichkeit hinzugefügt. Es verweist nicht nur darauf, dass menschliche Freiheit und Gleichheit immer auch an konkrete soziale Zusammenhänge gebunden ist, nicht nur an die rechtsstaatlich geregelten, sondern an solche, die mit dem – wäre er nicht so unbeliebt – Begriff der Gemeinschaft zu fassen sind. Brüderlichkeit verweist darauf, dass menschliches Leben und menschliche Würde sich in konkreten Lebenspraxen verwirklichen, die auf gemeinsames Handeln und unbedingte Sorge umeinander und miteinander aufbauen, den Prozess des menschlichen Lebens als einen gemeinsamen Entwicklungsweg in einer konkreten Welt und an dieser gestalten. Freiheit und Gleichheit bleiben hier nur formal, sie müssen mit einer realen und sinnlich-konkreten Praxis des Miteinanders ergänzt werden.

Vor allem: Wenn Inklusion zum allgemeinen Prinzip erhoben ist und als durchgesetzt gilt, dann ist man in ganz abstrakter Weise, nämlich als bloßes Individuum gefordert, das sich gefälligst verantwortlich seinen Aufgaben zu stellen hat. Als bloßes Individuum: da wird paradoxerweise abstrahiert von jeglicher Besonderheit, die Menschen eben erst als Individuen erkennen lassen. Und dann: Behindertenverbände warnen schon länger: Formal werden Politik und Verwaltung Inklusion zugestehen und rasch behaupten, dass diese verwirklicht sei. Behinderte Kinder gehen dann in die normale Schule, niemand grenzt sie mehr aus – damit lässt sich viel Geld mit gutem Gewissen sparen. Maßnahmen und Hilfen für Behinderte werden dann eingeschränkt, man kann und muss auf Infrastrukturen verzichten, weil diese doch zu einem Sonderstatus führen und dem gar nicht mehr latenten Neoliberalismus von Inklusion widersprächen. Einmal inkludiert braucht Behinderten nicht mehr geholfen werden, sie sind frei von Bevormundung. Sie gelten dann, wie das so schön heißt, als Individuen in bloßer Individualität, die sich um sich selbst kümmern; so wie die Behinderung sozial erzeugt wurde, ist sie dann sozial und politisch wegdefiniert, den Betroffenen aber auferlegt, die ihnen gewährte Chance im inklusiven System zu realisieren. Ein weit her geholter Gedanke? Keineswegs: der aktivierende Sozialstaat beruht auf diesem Prinzip, das mit dem Konzept des Forderns und Förderns greifbar geworden ist: Arbeitslose sollen sich gefälligst anstrengen, damit sie Arbeit bekommen. Dann verdienen sie Förderung. Und wenn es gar keine

Arbeitsplätze gibt – tja, dann haben sie eben nicht genug Selbstverantwortung bewiesen. Die aus dem Sozialrecht sattsam bekannte Mitwirkungspflicht entfaltet eine Eigendynamik, um Unterstützung zu verweigern. Behinderung oder Krankheit – in einer inklusiven Gesellschaft brauchen sie uns nicht zu beschäftigen, alle Menschen sind gleich und haben die gleiche Chance, sich um ihren eigenen Erfolg zu kümmern. Damit bekommt die Inklusion einen ganz seltsamen, makabren Beigeschmack: denn der Grundmechanismus dieser Gesellschaft ist in dem gegeben, was bei nüchterner Betrachtung als Warenform bezeichnet wird, als Ware Arbeitskraft; Inklusionsprogramme etwa in England deuten das ganz unverhohlen an, wenn sie vorrangig eine Orientierung am Arbeitsmarkt verfolgen, wenn in ihrem Mittelpunkt steht sicher zu stellen, dass die Einzelnen eben als Arbeitskräfte inkludiert werden. Partizipation gewinnt da einen recht eigenen Beiklang.

So gesehen aber, fügt sich die Inklusionsdebatte sehr schnell ein in die Tendenz zur Kommodifikation, zur Vernichtung aller qualitativen Besonderheit von Menschen zu Gunsten ihrer Verwertbarkeit als Arbeit, möglicherweise sogar durch eine – so paradox das klingt – hohe Bewertung ihrer Besonderheit, sofern diese nützlich und verwertbar wird. Freilich muss man zugleich auch sehen, was als Zeichen eines strukturellen Wandels hin zur Kreativökonomie (Reckwitz 2017) analysiert wird. Um es paradox zu formulieren: In dieser wird abgesehen von der besonderen Verfasstheit des Subjekts, die einst als Identität bestimmt wurde, um seine Besonderheit und Eigenart nun als kreatives Potenzial zu nutzen; »von den Mitarbeitern des Teams wird Diversität gefordert« (Reckwitz 2017, S. 189), weil das bislang als Störung gewertete Verhalten eines Menschen mit Behinderung nun als produktiv angesehen wird, um Aufmerksamkeit zu erzeugen. Werbung macht das schon sichtbar, die Firmen stellen Menschen mit Behinderungen ein, die als Autismus oder Asperger-Syndrom diagnostiziert wurden, weil diese IT-Probleme besonders lösen. Differenz und Abweichung werden nun in eine Arbeitsethik der Diversität überführt, bei der es allerdings nicht um das menschlich individuelle Subjekt geht. Entscheidend wird seine Leistungsfähigkeit auf einem Arbeitsmarkt, der zunehmend auch durch den Gewinn von Aufmerksamkeit bestimmt wird; die Rendite steigert, wer für genügend öffentliche Erregung sorgt. Die bittere Pointe sollte gleichwohl nicht vergessen werden: Dieses Ethos zielt auf Ausbeutung. Auf Ausbeutung in dem nüchternen, gleichwohl veritablen Sinn, den Marx stets im Blick hatte. Unbestritten: Die Positionierung in einem Kreativarbeitsmarkt, der Diversität zum Maßstab erhebt, weil diese exklusive Produkte verspricht, mag den Status eines Menschen in einer Arbeitsgesellschaft verbessern oder heben. Nur: nicht vergessen werden darf, dass es sich um eine kapitalistisch geordnete Arbeitsgesellschaft und Konsumgesellschaft handelt, die dann eben doch wieder Ausschluss erzeugt, wenigstens aber Unterordnung in Klassenverhältnissen.

Was als guter Ansatz der Reform von Gesellschaft auftrat, entpuppt sich mithin als ein weiterer Schritt in der Ausweitung des Arbeitskräftepotenzials, der ja nicht nur dazu dient, den gesellschaftlichen und ökonomischen Fortschritt voran zu treiben – woran man ohnedies einige Zweifel haben könnte –, sondern damit einhergeht, die Workforce so zu erweitern, dass sie nicht allzu

115

mächtig und kraftvoll werden kann. Jede Widerständigkeit wird dann durch formale Gleichsetzung beseitigt, alle taugen als Humankapital, wie der dann schon fast euphemistische Ausdruck für Ware Arbeitskraft lautet. Die von Inklusion eröffnete Chance für Menschen mit Behinderung kippt dann sehr rasch um in ein Programm, das als andere Seite der jüngeren Bildungsdebatten auch schon zu erkennen ist: Angesichts des demographischen Wandels, angesichts fehlender Arbeitskräfte werden nun auch Behinderte und Kranke für eine Ökonomie gebraucht, die in ihrer Gier nach Mehr uns alle zerstört.

Inklusion ist also möglicherweise kontaminiert – durch die Wirklichkeit dieser Gesellschaft. Hinter ihr verbirgt sich ein sozialer und kultureller Sinn, der wenig mit guten Absichten, viel aber mit einer Gesellschaft zu tun hat, die Individuen gebrauchen will, ohne diesen Subjektivität und Autonomie ernsthaft zu gewähren. Dazu müsste sie Sicherheit, soziale Zusammenhänge und eine Kultur geben, die man aufnehmen, aneignen kann, um sich als Subjekt finden und betätigen zu können; im Gegenteil: die beschädigte Subjektivität wird nun noch instrumentalisiert, weil sie hilfreich ist für die Ökonomie. So gesehen sollte man durchaus die Werte und Regeln im Kopf behalten, die nicht nur für pädagogisches Handeln gelten: da geht es um Solidarität mit anderen, mit einer kollektiv verankerten Wahrung von Individualität und Freiheit, vor allem jedoch um die Haltung der Sorge um den anderen und für ihn, da geht es auch um Unterstützung des Anderen in seinen vielleicht noch gar nicht entdeckten Möglichkeiten. Da geht es um eine warme Gesellschaft, in der Grundbedürfnisse befriedigt werden, in der vielleicht eine Demokratie herrscht, wie wir sie noch gar nicht kennen. Wenn Inklusion nicht bloß Individualität im Blick hat, sondern das Gemeinsame, das Soziale meint, dann verdient sie allemal ein trotziges ›Dennoch‹, weil es sich lohnt, mit Menschen gegen Ausgrenzung zu kämpfen.

Inklusion ist möglicherweise auch kontaminiert, weil sie in ihrer politisch-gesellschaftlichen Ausrichtung eine – um es paradox zu formulieren – Dominanz der Ausrichtung auf Gesellschaft verlangt, die viel mit der Funktionalität von aktivierten Individuen für diese zu tun hat, wenig aber mit der Realität menschlich-subjektiven Lebens. Sie richtet die Individuen als solche auf Gesellschaft aus, ordnet sie dieser unter, erlaubt ihnen aber nicht, ihre eigene subjektive Lebensform zu finden, zu ertragen oder zu gestalten. Wieder schlägt durch, was im Zusammenhang von Politik gesagt wurde: Die Individuen werden so auf sich verwiesen, dass sie nicht einmal mehr die Macht nutzen können, welche ihnen selbst in Institutionen zuweilen zukommt: Institutionen haben fatale Nebeneffekte, sie bilden selbst Subkulturen und erzeugen in sich Subkulturen, Milieus mit eigenen sozialen Ritualen, Hierarchien übrigens nicht nur zwischen Personal und Patienten. Sie wirken auf alle Insassen sozialisatorisch. Dabei lohnt es sich, weniger deterministisch zu denken, sondern den Blick auf die Machtbalancen zu richten, die sich zeigen, wenn Anstaltskulturen als Praxen und Kampffelder der Beteiligten gesehen werden. Für die Heimerziehung hat Klaus Wolf das nachgewiesen und damit zugleich auch deutlich gemacht, dass die Verhältnisse selbst keineswegs eindeutig definiert sind; bei aller Übermacht etwa des Anstaltspersonals steht dieses doch selbst wieder in Abhängigkeitsverhältnissen.

Argumentiert wird hierbei gerne mit Gerechtigkeit und Professionalität. Institutionelle Angebote für alle schaffen demnach schon dadurch gerechte Verhältnisse, weil sie allen zur Verfügung stehen. Doch trifft die Behauptung nur bedingt zu, weil die Tatsache, dass es einen allgemeinen und für jeden möglichen Zugang gibt, keine Sicherheit dafür bietet, dass die Differenz hinreichend beachtet wird, die jene auszeichnet, die den Zugang wollen. Dies wäre nur möglich, wenn die sozialisatorischen Institutionen total über die Lebensaufgaben und -möglichkeiten verfügen würden. Aber nicht nur, dass die sozialisatorischen Institutionen selbst sich deutlich unterscheiden, sogar dann, wenn für alle verbindliche Standards gesetzt sind; das hängt mit der in diesem ganzen Gedankengebäude vergessenen Dimension des Persönlichen zusammen, die dann maßgebend wird, wenn menschliche Subjekte miteinander agieren. Der Volksmund sagt: die Chemie muss stimmen, wobei diese Formel auch gilt für atmosphärische Rahmenbedingungen, die sich nicht quantifizieren lassen, zumal sie mit Eigenschaften allzumal von Leitungspersonen sowie deren Personalführung zu tun hat – und manchmal schlicht von Lebensereignissen abhängt. Vielmehr muss man zur Kenntnis nehmen, dass pädagogische Institutionen nicht über die ganze Welt verfügen, die in ihren Urteilen über Entwicklungs- und Lerngeschichten verfügt. Der Totalitarismus besteht eben nicht, am Ende wirken sich soziale Herkunft, vor allem jedoch Habitus und Eigenschaften von Menschen stärker als das institutionelle Urteil aus. Hinzu kommt: Institutionen bewerten Menschen. Sie tun dies vor allem nach den von ihnen gesetzten Leistungsstandards, die inzwischen mehr denn je eingebettet sind in umfassende Bewertungsschemata und Rankings. Ob eine Schule sich vorbildlich um Kinder kümmert, die eben nicht in der Normalverteilung an der Spitze der Kurve stehen, bleibt dann vergleichsweise irrelevant. Die Hochbegabten sind wichtig, weil sie für das Image der Institution sorgen, die Gesamtleistung soll möglichst hoch liegen. Am Ende wird die vielbeschworene Gerechtigkeit in der Eingangsphase dementiert durch die Bewertung der Leistungen, die wiederum nach dem Kriterium der höchsten Punktzahl erfolgen soll.

Argumentiert wird gerne mit Professionalität. Doch trifft diese wirklich zu? Es klingt polemisch und inkorrekt, wenn man nach der Herkunft der Fachkräfte fragt, nach ihren Einstellungen und Haltungen; ob der im Film propagierte Traum der allerbesten Freunde real wird, bleibt eben offen. Schon im Feld der Erzieherinnen lassen sich zumindest gelegentlich Irritationen nicht vermeiden; wenn Kommunen Erzieherinnen etwa aus Spanien einsetzen, die eher kurzfristig geschult werden, bekommt man Herzklopfen angesichts der Testverfahren, die eingesetzt werden, um die Sprachkenntnisse von Kindern zu prüfen. Die sind nämlich so kompliziert und auf offene Interpretationen angewiesen, dass selbst der akademisch einschlägig ausgebildete Native Speaker unvermeidlich ins Grübeln kommt. Im pflegerischen Bereich tummeln sich zunehmend, allzumal dort, wo dieser profitorientiert organisiert wird, Arbeitskräfte, die kostengünstig eingestellt sind, deren Qualifikation aber selbst dann offenbleibt, wenn die Betriebe mit ihrer Zertifizierung werben. Um Missverständnissen übrigens vorzubeugen: Allzumal Fachkräfte aus dem osteuropäischen Raum sind formal häufig deutlich besser qualifiziert, weil die Ausbildung von Pflegekräften dort akademisch und auf sehr hohem Niveau stattfindet. Eher lässt sich hier als Problem feststellen, dass die Sprachbarriere (und – notabene – nur diese) zum Grund wird, die Lebenssituation insbesondere in emotional-affektiver Hinsicht beurteilen und gut gestalten zu können.

Vor allem: Muss bei Institutionen nicht mindestens ebenso in Rechnung gestellt werden, dass sie in ihrer – letztlich soziologisch und sozialpsychologisch zu begreifenden – Funktion eben zu einem Totalitarismus tendieren, weil sie die Organisation von Abläufen sicherstellen müssen. Institutionen sind als solche gefährlich, allzumal wenn sie eben nicht selbst darauf angelegt sind, ihren Angehörigen umfassende Kontrollmöglichkeiten einzuräumen und sicher zu stellen, dass sie verlassen werden können. Sie regeln Abläufe – jeder kennt das, der einen Krankenhausaufenthalt hinter sich gebracht hat –, sie können sich kaum dagegen schützen, dass Übergriffe stattfinden – man ist schon einigermaßen verblüfft, dass und wie angesichts der Vielzahl von Übergriffen und Missbrauchsfällen in Institutionen weiterhin blind auf diese gesetzt wird. Dabei wird wenigstens aus der Praxis der Kinder- und Jugendhilfe berichtet, dass und wie die Reaktion auf Übergriffe einer geradezu klassischen Logik von Institutionen folgt: Kontrolle wird formalisiert, die offenen Regelungen für Beteiligung und Rechtsschutz abgebaut; im günstigen Falle wird ein Beschwerdemanagement etabliert, das dann jedoch eingebaut ist in die institutionelle Hierarchie des Personals. Und wenn der Fisch vom Kopf her stinkt?

Die Kritik bleibt insofern jedoch auf halbem Wege stehen, weil sie mit ihrer eigenen positiv institutionellen Ausrichtung, die dann noch legalistisch, also durch den Bezug auf Menschenrechte überhöht wird, die Beteiligten als Akteure aus dem Blick verliert. Faktisch geht wieder eine soziale und politische Zuordnung voran, anstelle der Exklusion wird nun Inklusion verlangt, was die Betroffenen dazu sagen, wie sie sich verhalten können, ob und wie weit sie überhaupt als Akteure und handelnd wahrgenommen werden, bleibt unthematisiert – selbst wenn die Unterstellung naheliegt, dass sie eher präferieren, in einer Gesellschaft zu sein und nicht an deren Rand oder über diesen hinaus gerückt zu werden. Man kann und muss sicher einwenden, dass die Behauptung heikel, fortschrittsfeindlich und bloß formalistisch begründet ist, Inklusion sei ein weiterer Akt der Verfügung, der Menschen widerfährt. Dennoch sollte zumindest die Prüfung nicht ausgelassen werden, dass es doch dunkle Seiten der Inklusion gibt oder wenigstens geben kann. Ausschließen lässt sich eben nicht, dass es weniger um einen Vorgang geht, der gesellschaftliche Machtverhältnisse und Herrschaftsstrukturen abbaut oder so verändert, dass sie demokratischer werden. Es kann Stakeholders geben, die vor allem eine Ausweitung des Arbeitsmarktes betreiben, es kann Stakeholders geben, die auf Individualisierung zielen und somit den kollektiven Widerstand brechen, der aus einer gemeinsamen Erfahrungssituation entsteht und seinen Ausdruck in mächtigen Behindertenverbänden gefunden hat. Nicht zuletzt sollte in Rechnung gestellt werden, dass und wie die modernen, flexiblen Sozialstaaten auf Inklusion setzen – es könnte ein sozialpolitisches Programm sein, das wenig mit Demokratie zu tun hat, schon gar nichts aber mit aktiver Lebensgestaltung und den für diese notwendigen Formen der Unterstützung. Zwar versteht sich der moderne, flexible Sozialstaat als einer, der befähigt – die Stichworte lauten: Empowerment und Enabling.

All diese neuen Konzepte sind Regulierungsformen, doch wirken sie offensichtlich so fortschrittlich, dass sie den Verfechtern der Inklusion nicht zumindest fragwürdig erscheinen. Das tut aber not. Sie sind nämlich eingebettet in sehr weitreichende und umfassende Veränderungen der Organisation von Gesellschaften, wie sie durch Politik und Wirtschaft massiv vorangetrieben werden, von der medialen Öffentlichkeit häufig genug als unvermeidlich gefeiert; erst in jüngster Zeit mehren sich Skepsis und Vorbehalte. Möglicherweise zu spät. Die Veränderungen sind vorangetrieben worden im Namen eines Programmes, das als Neoliberalismus bezeichnet wird (eigentlich zu Unrecht, weil zumindest die sogenannte Freiburger wirtschaftswissenschaftliche Schule Neoliberalismus als Balance zwischen staatlicher Organisation und Marktgeschehen gesehen hat). Besser wäre es von Marktradikalismus zu sprechen. Gleichwohl: es geht nicht nur um den marktradikalen Neoliberalismus, sondern zugleich um diesen in seiner Verbindung mit der Digitalisierung der Welt. Beides mündet nämlich in eine gefährliche Situation, weil diese die Quantifizierung aller Lebensverhältnisse und Aktivitäten vorantreibt, dieser aber dafür sorgt, dass die für Beschreibung und Bewertung zulässigen Einheiten der Logik der Finanzmärkte entsprechen. Wirklichkeit reduziert sich dann auf das, was letztlich in Geldausdruck *darzustellen* ist – wie die neue Sprache der Verwaltung das so schön sagt. Jeder Journalist betreibt übrigens dieses Geschäft, indem er den Bericht noch über die Einrichtung von Parkbänken mit dem Hinweis auf die Kosten enden lässt, die damit verbunden waren.

Was passiert dabei eigentlich? Menschen interessieren nicht mehr in ihrer Besonderheit, genauer: Die Besonderheit wird jenseits ihrer Verwertbarkeit irrelevant; sie zählen als Blackbox, die danach vermessen wurde, was in sie investiert worden ist und welcher Ertrag am Ende sich erfassen lässt. Entstand genug Mehrwert, der über die Investition hinaus das Treatment als effektiv und effizient ausweist? Die Psychologie liefert dazu das Wissen, das selbstverständlich evidence based statistisch die Funktionalität des Geschehens belegt. Spannend ist: die Verarbeitungsmechanismen in der Person gelten eigentlich als irrelevant, wie sehr sie vielleicht auch in bildgebenden Verfahren als Schaltprozesse beobachtet werden können; die Frage nach deren Bedeutung ist obsolet, wichtig ist, dass und wie die Neuronen feuern und sich möglicherweise Bahnungen ergeben. Überlagert wird das Ganze durch eine ziemlich krude Theorie des Konstruktivismus, der nicht bloß die Selbsterzeugung und vor allem die Selbstproduktion des Zusatzertrags behauptet und lobt, zudem den Ausweg lässt, ganz auf Treatment zu verzichten. Boshaft könnte man in der Tat sagen: die menschlichen Subjekte sind hinreichend blöde, sich auf das ganze Geschehen einzulassen, wie man daran merkt, dass sie zunehmend sich selbst beobachten (lassen), um ihre Lebensaktivitäten zu steigern. An Lern- und Entwicklungsprozessen wird irrelevant, was in ihnen an Wissen und Fähigkeiten und Fertigkeiten erworben wird. Sie werden gefasst als Kompetenzerwerb, gerne in der Reihung Sach-, Methoden-, Sozial- und Selbstkompetenz. Inzwischen ist das wohl als rhetorische Steigerung zu verstehen. Denn: von aller Herkunft des Kompetenzbegriffs in der Biologie und der Verwaltungslehre abgesehen, gibt es keine Theorie der Kompetenz, wohl aber den Hinweis auf ihre religiöse Herkunft, bei der es um Selbstüberwachung und Steuerung gegangen ist. Selbst die bemerkenswerten Ansätze, welche auf Noam Chomskys Linguistik zurückgehen oder in Habermas Vorlesung entfaltet wurden, sind schlicht vergessen. Es zählt nur, was Weinert eher dürr in einem der Begleitbände zu den Untersuchungen des Programme for International Student Assessment geschrieben hat; was ziemlich wenig war und im Ende wiederum auf Messbarkeit verwiesen hat. Der Befund von der Blackbox bestätigt sich, erweitert nun um die Einsicht, dass nicht zählt, was als Inhalt von Lern- und Entwicklungsprozessen zu gelten hat. Inhalte sind eskamotiert, übrigens um den Preis, noch weniger als zuvor zu wissen, was sie mit den Menschen anstellen. Das war schon immer unklar, weil es eben um die subjektive Anstrengung an objektiven Gegenständen und Themen ging, um die Aneignung von Wissensbeständen, aber auch von Verhaltensweisen, die sich dann als Zivilisation erweisen konnten. Es geht ja nicht nur um die nur vorgebliche Trivialität, dass man lernen muss, wie man anderen Menschen und sich selbst begegnet, wie man vielleicht Gesellschaft kultiviert, aber wenigstens zivilisiert oder mit Witz mit anderen umzugehen vermag. Ob und wie man andere Menschen anzublicken vermag, welche Fragen man ihnen stellt oder nicht – das sind Themen, die nicht zufällig die praktische und die Moralphilosophie beschäftigen. Bei aller Intuition müssen sie eben geklärt und als Praktiken erkannt, gewollt und eingeübt werden. Mit der Bezeichnung Sozial- oder Methodenkompetenz gelingt nun ein Trick: Man tut so, als ob es genau um diese Einübung gehe – aber man umgeht sie sogleich, indem man eben Kompetenz fordert, aber nicht mehr so recht zu sagen vermag, was solche denn auszeichnet. Könnte man das, wäre wohl von bestimmten Fähigkeiten und Fertigkeiten zu sprechen. Endlich: Institutionen müssen sich nur noch darin ausweisen, ob und wie sie so manageriell geführt werden, dass ihre Aufgaben formal erfüllt und die festgeschriebenen Zwecke erreicht worden sind. Auch hier beschäftigt wenig, was denn die Institutionen leisten und wie sie beispielsweise als solche das menschliche Leben positiv oder negativ beeinflussen.

Man kann völlig zurecht argumentieren, dass all diese Entwicklungen Freiräume schaffen: Pädagogische Einrichtungen müssen dann Standards erfüllen, sich vielleicht in dem einen oder anderen Audit ausweisen, um Zertifikationsprozesse zu bestehen. ISO EN 9001 hat seine Reize, als Verfahren bleibt die Überprüfung so formal, dass in der Tat viele Möglichkeiten offenstehen. Freilich drängt sich der Vorbehalt auf, dass all diese Verfahren sowohl einen Markt wie vor allem eine Marktmacht der Beteiligten unterstellen, die auf gesicherten Informationen gründet. So recht funktioniert das wohl nicht, weil offensichtlich Anbieter selbst gesetzliche Regelungen aushebeln – wie die Automobilbranche bewiesen hat –, weil zudem der Zugang zu Informationen eben nicht gesichert ist; immerhin achten Firmen und Anbieter auch von Dienstleistungen sorgfältig darauf, über Werbeprospekte hinaus wenig über sich preiszugeben. Im pädagogischen und im Gesundheitsbereich mögen Bewertungen und vor allem die Mitteilungen jener helfen, die das Angebot schon wahrgenommen haben; ob man im Notfall dann zwischen Ärzten oder Krankenhäusern sich entscheidet, sei dahingestellt. Das Dilemma besteht zusätzlich darin, dass solche Einrichtungen eigentlich nicht marktgängig sind, sondern zu den Vorbedingungen gehören, die ein Staat oder eine Gesellschaft als Infrastruktur bereithalten muss, um überhaupt einen Markt sicher zu stellen.

Aber was hat das dann mit Inklusion zu tun? Inklusion, als Thema der Gesellschaftstheorie betrachtet, nimmt wenig von den Fragen nach Praxis, nach Handlung, nach Subjektivität auf; sie bleibt seltsam strukturell ausgerichtet, Handlungen und Handlungsfähigkeit bleiben ausgeblendet. Den sozialen Mechanismen der Ausgrenzung, wenn sie sich denn theoretisch so beschreiben lassen, folgen nicht minder soziale Mechanismen einer – so muss man das wohl vermuten – verhärteten und verhärtenden Eingrenzung. Vielleicht ist sie als Einfriedung gemeint. Die bittere Einsicht aber lautet, zumindest, wenn man sich von allen Hoffnungen und allem Optimismus verabschiedet hat, dass Inklusion mit eben diesen neoliberalen Strategien nicht nur einhergeht, sondern präzise in dieses Muster passt. Die Formalisierung in der Betrachtung von Behinderung, ironischerweise gerade dort besonders, wo die Vielfalt beschworen wird, vollzieht eben den geschilderten Abstraktionsprozess. Wer inkludiert ist, setzt sich nun einem System aus, das alles duldet, weil es eben völlig indifferent der Differenz begegnen möchte. Du bist endlich Bürger, in dem abstrakten Sinne der Menschenrechte – und wie sehr diese auch Unterstützung fordern, wird diese doch durch die Mechanismen ausgehebelt, die mit einer Gleichheit einhergeht, welche dann vermessen und verrechnet wird. Man wird zur digitalen Einheit, beschreibbar und verfügbar in einer Zahlenkolonne und als solche, ansonsten ziemlich nackt, eben l'homme nu.

8 Inklusion – Nachfragen der Pädagogik. Oder: Die Verwunderung der Pädagogin

Betrachtet man die Realität des gesellschaftlichen, allzumal des administrativen Umgangs mit als behindert oder eingeschränkt bezeichneten Kindern, Jugendlichen oder Erwachsenen, dann kann es keinen Zweifel geben: Die Debatte um Inklusion tut Not; man muss sich engagieren, skandalisieren, sogar kämpfen, jetzt endlich mit einer international vereinbarten Rechtsnorm im Hintergrund. Kein Widerspruch also, nein im Gegenteil: volle Unterstützung – übrigens sogar und ganz besonders als Pädagogin und Pädagoge. Unterstützung vor allem in den lebensweltlichen und alltagspraktischen Zusammenhängen, gegenüber den banalen und doch tiefgehenden Grausamkeiten einer Umwelt mit Menschen, die sich selbst als normal verstehen, aber nicht als durchschnittlich, das wäre vielleicht noch zu ertragen. Mit Menschen, die auf andere herabsehen und sich ständig einreden, leistungsfähig und leistungsstark zu sein, dies gerne messen und bekannt geben. Menschen, die als Best Performer agieren, flexibel und stets das überschreitend, was eben noch als Bench Marks galt. Einiges spricht dafür, dass der sich so gebende, gesellschaftlich erzeugte Typus inzwischen als das entscheidende Problem anzusehen ist. Wie groß auch immer die Anstrengungen sein werden, nicht nur objektiv Inklusion sozial und pädagogisch zu betreiben, sondern den dieser inhärenten Normen subjektiv gerecht zu werden, es wird nicht gelingen. Die nächste Stufe der Überschreitung zeichnet sich im Nebel schon ab: Vermutlich wird zum Transformationsriemen das, was einst als Versehrten- oder Behindertensport galt. Immerhin: man kann nicht ausschließen, dass eben dieser Sport zum Motor der Inklusion wird. Spätestens wenn sich zeigt, dass und wie die digital gesteuerten Prothesen die Sprungweiten vergrößern und die Laufzeiten verkürzen, werden sie als Mittel der Leistungssteigerung in Erwägung gezogen; der Körper lässt sich nun endlich optimal formen – und niemand kann Einwände erheben, weil solche jene diskriminieren würden, die nicht einmal mehr als behindert bezeichnet werden.

Zugleich vollziehen sich seltsame Entwicklungen, entstehen Spannungen und Widersprüche, die sich nur mühsam verstehen lassen, nach Bildern verlangen, welche aber nur bedingt erklären – wenn nicht dann doch die Einsicht genügen muss, dass der großen politischen Programmatik und dem professionellen Bahöl um diese schlicht und einfach der materielle Unterbau fehlt. Wer mit Inklusion in einem Normalschulwesen Ernst machen will, braucht viele zusätzliche Fachkräfte, Lehrerinnen wie sonderpädagogisch und sozialpädagogisch ausgebildete Erzieherinnen und Erzieher ebenso. Und beide Gruppen müssen Verständnis für die Kinder als Kinder, die Jugendlichen als Jugendlichen sowie füreinander haben. Sie müssten Pädagoginnen sein – was schon daran scheitert, dass das Verständnis von Pädagogik, sogar der Begriff, erst recht die gemeinte Sache heute preisgegeben worden sind. Denn anstelle von Pädagogik wird von Bildung und Betreuung gesprochen. Von Bildung nicht in dem emphatischen Sinne, wie er um 1800 entwickelt ist, obwohl stets auf Humboldt verwiesen wird. Bildung steht heute für eine Rückübersetzung des in den internationalen Untersuchungen gebräuchlichen Begriffs der Education – die freilich nur den öffentlich verantworteten, curricularen und institutionalisierten Bereich einer Einflussnahme auf Menschen aller Altersgruppen meint. Das mag sogar mit einer Vorstellung von Demokratie einhergehen, wenn man sich auf Dewey berufen will – in Wirklichkeit endete schon immer der demokratische Sektor an den Schultoren. Bildung ist heute endgültig Curriculum, testfähige Instruktion in Kompetenzen, was noch selbst ein Unding ist, weil es um Performanz geht, um die Fähigkeit, sich erfolgreich zu präsentieren. Wichtig ist der Kontext, eben die Institution. Offensichtlich soll alle Education in Anstalten stattfinden, möglichst früh einsetzend und den ganzen Tag anhaltend. Man könnte von Zurichtung sprechen, zumal die Nebeneffekte von Anstalten kaum mehr thematisiert werden: Totale Institutionen, wie sie insbesondere für kranke Menschen durchgesetzt wurden und – beispielsweise – die Bewegung der Antipsychiatrie und später der demokratischen Psychiatrie ausgelöst haben, die Frage nach der Hospitalisierung von Menschen, die Durchsetzung von autoritären Strukturen, all das scheint vergessen, weil die Institution das Heilmittel aller Pädagogik zu sein scheint. Boshaft gefragt: Kann man vielleicht deshalb auf Inklusion der Menschen mit Behinderung setzen, weil nun alle in Institutionen untergebracht werden, die mit Bildung zu tun haben? Wo sie dann glücklich standarisiert werden? Wo sie dem Normalismus ausgesetzt werden, der sich dem Expertenbeschluss oder dem statistischen Manual beugt? So ist es freilich kein Zufall, dass dem Bildungsbegriff der der Betreuung zur Seite gestellt wird: Betreuung, die kommt Menschen zu, die zur Selbständigkeit in der Lebensführung nicht in der Lage sind, ein wenig der Aufsicht bedürfen, mit wenig Aussicht darauf, ihre Geschäfte selbst regeln zu können. Das also macht den Tiefensinn einer Pädagogik aus, die man so nicht mehr nennt – zu Recht übrigens.

Dennoch irritiert die Debatte um Inklusion jede und jeden, die pädagogisch zu denken und zu handeln gelernt haben (vgl. Dammer 2011). Vielleicht sind das gar nicht mehr so viele, nicht zuletzt, weil die Lehrerinnen und Lehrer allzumal des Sekundarbereichs in ihrem Studium viel mit ihren Fächern und wenig mit dem zu tun gehabt haben, was als eigentlich berufswissenschaftliche Vorbereitung gilt. Pädagoginnen und Pädagogen sind sie sie eher nicht. Das gilt ebenso für diejenigen, die im Feld der Sozialen Arbeit tätig sind. Sie verstehen sich als Sozialarbeiterinnen, denen an manchen Fachhochschulen schon das Wort Sozialpädagogik als fremd und überholt ausgetrieben wird. Sozialarbeitswissenschaft, Sozialwirtschaft oder Sozialpolitik dominieren dort, überhöht durch die Vorstellung davon, eine Menschenrechtsprofession zu sein. So wurden das Nachdenken und Sprechen über Pädagogik und von dieser zumindest in jenen Kreisen verworfen, die es doch fachlich auszeichnen sollte: Pädagoginnen und Pädagogen haben Vorbehalte gegenüber der Bezeichnung ihres Geschäfts als Pädagogik. Das gilt sogar für die Erziehungswissenschaft, die sich hinter dem

Etikett *Bildungswissenschaften* versteckt, dabei nach der sozialwissenschaftlichen und soziologischen Wende nun in die Hände der Psychologie gefallen ist. Noch mehr trifft es auf die von ihr beobachteten Professionen zu: Lehrerinnen und Lehrer hatten schon immer ein wenig Schwierigkeiten damit, sich der Pädagogik zugehörig zu sehen, die Erzieherinnen bekannten sich früher nicht ohne Stolz auf ihre eigenen Denktraditionen bei Fröbel oder Montessori als Kindergärtnerinnen, die Sozialpädagoginnen rechnen sich inzwischen überwiegend der Sozialen Arbeit, wenn nicht sogar der Sozialarbeit zu, mit der sie dann Sozialpolitik und neuerdings die Verwirklichung der Menschenrechte verbinden. Mittlerweile hat diese Ablehnung von Pädagogik fast epidemische Ausmaße angenommen, meist begründet mit Blick auf ihre – unbestritten – schwarzen Seiten, also darauf, dass im Namen von Pädagogik grausame Praktiken zu beobachten sind und gerechtfertigt werden. Der Verdacht lautet, dass Pädagogik gleichsam strukturell menschenverachtend und herabwürdigend sei, dass mit ihr der Bevormundung Tür und Tor geöffnet werde, Kinder in Familien verprügelt und misshandelt werden, ganze Gesellschaften unter der Fuchtel eines als Erzieher auftretenden Staates leiden. Pädagogik scheint also irgendwie böse, zumindest paternalistisch – und das ist ja schon fast der schlimmste Vorwurf, der sich denken lässt. So hat eine Strömung gesiegt, die einst als Antipädagogik angetreten war, um die heiligen Kühe der Erziehung zu schlachten – die übrigens von den 68ern noch ordentlich geweidet wurden, ehe das Missverständnis entstand, nach welchem antiautoritäre Erziehung und Antipädagogik gleich zu setzen seien. Nur als Marginalie möchte man hinzufügen, dass die Pädagogik abgeschafft wurde, als der Neoliberalismus seinen Siegeszug antrat, der bald vom Konstruktivismus begleitet wurde, wo man sich über das Aufwachsen von Menschen verständigen wollte. Nun sollten und konnten die Menschen sich selbst zu dem machen, was ihnen abverlangt wurde, nämlich Ich-AG und Unternehmer ihrer selbst zu sein.

An die Stelle von Pädagogik tritt nun ein sozialstrukturelles und sozialpolitisches Denken, das sich dann selbst als erfahrungsgestützt versteht und sogar auf Empfehlungen verzichten möchte. Das doppelte Dilemma besteht nur darin, dass man so weder handeln kann, noch eine Maßstab gebende Vorstellung davon gewinnt, worin ein gutes Handeln bestehen könnte. Eben diese findet sich als Haltung, auf die in der Praxis nicht verzichtet werden kann – die Aufgabe wissenschaftlicher Beratung besteht schließlich darin, Haltung durch Optionen und Selbstkritik zu erweitern. Um eine Haltung geht es jedoch nur noch selten, vor allem nicht mehr um eine pädagogische Haltung, die sich aus der Sicht auf Menschen als individuelle Subjekte begründet, welche sich entwickeln und verändern, selbst Krisen zu bewältigen haben. Im Vordergrund stehen Strukturen, die erkannt und dann – vielleicht – verändert werden müssen, Institutionen und Verhaltenstechniken, deren Effekte bemessen und berechnet werden können. Manchmal wird das dann als Ökonomisierung beklagt, doch wird meist vergessen, dass man sich diese weitgehend selbst eingebrockt hat.

In der Inklusionsdebatte findet das einen Widerhall. Sie wird zunächst weitgehend jenseits und sogar gegen das pädagogische Denken und Handeln geführt. Zuletzt machte sich – endlich – die bittere Einsicht breit, dass in einem nahezu unvorstellbaren Ausmaß unter dem Etikett von Bildung und Erziehung jungen Menschen Gewalt angetan und sie missbraucht worden sind. Nüchtern betrachtet zielt Inklusion daher auf eine klare Definition der Rechtsposition aller Beteiligten, die in keiner Weise aufgrund ihrer Individualität und Besonderheit, die alle Menschen prinzipiell als solche auszeichnet, kategorisiert oder stigmatisiert werden dürfen. Ob das lebenspraktisch realisiert werden kann, sei dahingestellt, doch ist der Anstoß allein schon wichtig, um das Denken, um Mentalitäten zu verändern.

Dennoch darf man eines nicht übersehen: Die Fokussierung auf eben diese allgemein- und sozialpolitische Debatte, das Nachdenken über Strukturen blendet Sachprobleme aus. Die Frage nach der Pädagogik hat mit einem solchen Sachproblem zu tun; so ist es vielleicht kein Zufall, dass sich in der Inklusionsdebatte nun sehr rasch diejenigen wiederfinden, die bislang als Behinderten-, Sonder- oder Integrationspädagogen angegriffen und zuweilen sogar für die Randständigkeit von Menschen mit Behinderung verantwortlich gemacht wurden. Man braucht ihr Fach- und Sachwissen (vgl. instruktiv die Beiträge in Herz/Zimmermann/Meyer 2015). Tatsächlich wird regelmäßig von *Inclusive Education* gesprochen und ist von Inklusionspädagogik die Rede, zugleich aber fehlt eine hinreichende Theorie, in der menschliche Entwicklung und Veränderung als Ermöglichung von subjektiver Bildung thematisch werden. Das strukturelle Denken bleibt seltsam unentschlossen, weil es zwar gute Rahmenbedingungen des Lebens für erforderlich hält, aber vor der dreifachen Einsicht zurückschreckt, dass solche Rahmenbedingungen Veränderungsprozesse auslösen können, mithin im Blick auf diese bedacht werden müssen, dass es vor allem darum geht, Veränderungsprozesse überhaupt erst zu ermöglichen, dass sie endlich so moderiert werden müssen, dass sie als subjektiv eigene Veränderungsprozesse realisiert werden. Wenn überhaupt werden zuweilen Vorstellungen des Konstruktivismus in Anspruch genommen, in der schönen Hoffnung, dass Menschen ihr Leben dann schon selbst übernehmen, wenn die Rahmenbedingungen stimmen. Nur: diese Hoffnung trügt. Um es etwas banal zu formulieren: Man muss lernen, das Leben zu können und selbst zu gestalten, weil menschliches Leben in uns aus Kooperation heraus entsteht und geschieht, mithin in komplexen Prozessen gegenseitiger Anregung, Unterstützung, Förderung und Widerständigkeit beginnt und sich vollzieht. Das macht den Kern aller Pädagogik aus, die eben gerade nicht auf Inklusion, auf Zugehörigkeit und Teilhabe beschränkt sein kann, weil diese dann doch mit stiller Teilhabe sich begnügen. Nicht genug damit: Die pädagogische Thematik erstreckt sich mindestens noch darauf, die Möglichkeit aktiver Mitwirkung zu erfahren, weil Wirkungserfahrungen geradezu das Zugpferd aller Entwicklung sind, weil Partizipation den Kern einer pädagogischen Praxis ausmacht. Es geht schon um reales Handeln, das am Ende von Fachkräften selbst unterschiedlichster Provenienz realisiert werden muss, mit einem grundlegenden Verständnis der Handlungssituation, zu dem der Blick auf die Subjektivität der Beteiligten gehört.

Die Sorge um die Kinder und Jugendlichen – Aufklärung eines Missverständnisses

Haltung und die Einsicht in die Handlungslogik der Pädagogik gehören zusammen. Pädagoginnen und Pädagogen zeigen Kindern, Jugendlichen, selbstverständlich Erwachsenen und zunehmend Älteren etwas; das Zeigen eines Gegenstandes, gleich ob dieser abstrakt oder konkret, symbolisch oder materiell, als Handlung oder als Ding gegeben ist, macht das operative Geschäft der Pädagogik aus, wie viel Motivationsarbeit, Anregung und Begleitung, wie viel Geduld oder gar Unterlassung damit verbunden sein mag. Alle Pädagoginnen und Pädagogen bringen jenen etwas bei, die früher als Zöglinge sachlich korrekt bezeichnet wurden, nämlich zwar angelehnt an eine Pflanzenmetapher, als sich Entwickelnde, denen doch Richtungen gezeigt und eröffnet werden, in welche sie sich in ihrem Wachsen bewegen können. Richtungen, die nicht beliebig sind, weil sie Möglichkeiten als Handlungs- und Entwicklungsformen anbieten, die eine Gesellschaft und ihre Kultur zur Verfügung stellen.

In dieser Handlungslogik geht es um eine Praxis unter Menschen, zwischen individuellen Subjekten, die einander zugewandt sind, kooperieren und basal altruistisch eingestellt sind. Das schließt den Blick auf die Rahmenbedingungen ein, mit welchen die Akteure zu tun haben; sie sind lebensweltlich gebunden und eingebettet, in Zusammenhänge, die ihre Handlungen gleichsam offen regeln, aber nur dann determinieren, wenn die Kontexte total sind, vollständig und verbindlich normiert, mit Hierarchien und Machtmechanismen geordnet, ohne Möglichkeit ihnen zu entkommen. Totale Kontexte greifen in das soziale und individuelle Seelenleben ein, lassen diesem kaum mehr Verweigerung zu, höchstens inneren Widerstand, den sie doch brechen. Manchmal fällt das nicht auf, wer lange genug im Gefängnis oder in manchen psychiatrischen Einrichtungen lebte, merkt diese institutionelle Sozialisation nicht mehr, wer vorübergehend im Krankenhaus untergebracht ist, beobachtet schon, wie sich alle Elemente der eigenen Person gegen die ihr auferlegten Rituale und die Übermacht des Personals wehren.

Solche Wirkungsmechanismen spielen auch im pädagogischen Feld eine wichtige Rolle. Man kann sie daran erkennen, wo und wenn Inklusion erfolgreich gelingt – oder scheitert. Als guter Beleg lässt sich anführen, dass und wie Inklusion in Kindergärten gelingt, im Elementarbereich erfolgreich scheint. Der Grund ist vergleichsweise einfach: Hier werden die Kinder kaum oder nur in ihrer individuellen Entwicklung bewertet, ihr Zusammenspiel wird gefördert und gelobt. Die gute, gemeinsam hergestellte Atmosphäre entscheidet, die Praxis trägt ihren Wert in sich und wird von den Kindern als solche erlebt. Oft genug spielen Urteile eine Rolle, die eher dem Bereich des Ästhetischen angehören: Das war doch ein schöner Tag, heute! Sie umfassen alle – schließen ein und nicht aus.

Ganz anders die Schule: Sie hat außerordentliche Verbindlichkeit, wird als Pflichtveranstaltung durchgeführt, man entkommt ihr nicht, weder im Allgemeinen noch in der besonderen Situation; wer auf die Toilette will, muss fragen, wer müde ist, sollte sich besser nicht erwischen lassen, nur Lehrer Linke (aus der Sendung mit der Maus) hat Verständnis für die, die im Tagtraum aus dem Fenster blicken. Schule unterwirft die Kinder einem abstrakten Bewertungsschematismus, der an alle einen gleichen Leistungsanspruch richtet – politisch mag das korrekt sein, den Regeln einer Demokratie entsprechen, die Gleichheit als Grundlage von Gerechtigkeit annimmt. Ein meritokratisches System soll wirken, das nun doch nicht funktioniert, weil die sozialen und kulturellen Voraussetzungen durchschlagen, weil das System als Ganzes diejenigen privilegiert, die aus Zusammenhängen kommen, welche den kulturellen Normen gehorchen, die für die Schule gelten. Sie ist eine bürgerliche Anstalt, was im Grunde eine gute Botschaft wäre, wenn sie wirklich dem Ideal folgen würde, das mit Bürgerlichkeit verbunden ist. Das tut sie aber kaum, weil sie eben ihrer Allokationsfunktion für ein kapitalistisch organisiertes Arbeitssystem genügen muss, sie ist Teil eines Systems. So tut sie zwar, als ob sie soziale Herkunft ignoriert, verachtet aber Individualität, ebenso wie sie unterschiedliche Leistungsfähigkeit und Leistungsfähigkeit gar nicht wahrnimmt. In der Propaganda wird unterstellt, dass im Zusammenspiel von eigener Anstrengung und Förderung durch die Lehrkraft die Differenzen ausgeglichen werden. Wirklich funktioniert das nicht. In mancher Hinsicht muss man darüber glücklich sein, weil es die Grenzen der Formbarkeit von Menschen aufzeigt. Dass die mit der Theorie der unendlichen Plastizität des Gehirns sofort wieder behauptet wird, macht auf die Macht der Ideologien aufmerksam, die doch nur ein Bild von Gesellschaft transportieren. Bei aller Beschwörung von Heterogenität wird diese dann doch ausgeblendet, wenn es ernst wird.

Aber das ist noch gar nicht das eigentliche Problem einer induzierten institutionellen Logik. Schule gibt den Zusammenhang einer eigenen Praxis auf – Lehrerinnen spielen selten mit den Kindern (obwohl das in guten Ganztagsschulen möglich ist), Lehrerinnen betreiben nicht einmal das Geschäft des Zeigens, des Aneignen und Vermittelns, des Lernens und Lehrens als gemeinsame Aufgabe. Sie sind ja schon ausgebildet, in einem langen Studium – Weiterbildung beschränkt sich auf Methodik, kaum schon auf Didaktik, noch weniger auf Inhalte. Das würde die Hierarchie stören, den Grundmechanismus des Geschehens verletzen: Macht! Diese Macht, ihre Dissemination vollzieht sich in den Bewertungsverfahren, die den Einzelnen gelten. Das Vorgehen wird nicht einmal dort geheilt, wo Lerntagebücher von den Kindern selbst geführt werden. Regelmäßig müssen parallel dazu doch noch die Beobachtungen der Lehrkräfte notiert werden, manchmal sollen auch Eltern noch beitragen, was ihnen an den Kindern aufgefallen ist. Das scheint progressiv, reformpädagogisch, ermöglicht aber eine Lehre: ich werde vielfältig überwacht, beurteilt, möglichst so, dass ich dies am Ende selbst noch besser kann.

Mehr noch: Überwachung und Überprüfung bringen die Kinder in einen Wettbewerb. Die Ideologie lautet hier, schön marktwirtschaftlich überformt: Wettbewerb steigert die Leistung aller, sie befeuern sich gegenseitig, treiben sich voran. Dass gleichzeitig erzählt wird, zurecht übrigens, wie Kinder, Jugendliche, alle Menschen im Miteinander ein gutes Resultat im Lernen erreichen, weist einmal mehr auf die Widersprüche des Systems hin; indes: in diesem

Fall handelt es sich kaum um einen Widerspruch, sondern nur um die Falschaussage über den Wettbewerb und die zutreffende, aber ungeliebte Einsicht in die Kooperation. Dabei wäre hier ein gutes Feld, um Inklusion zu begreifen: Wer in einer gemeinsamen Praxis mitwirkt – notabene: auf das Handeln käme es an –, würde diese als gute erleben, erinnern, mithin in die eigene Lebensgeschichte aufnehmen. Die Wirklichkeit sieht anders aus: Kinder werden in den Wettbewerb geschickt, gegeneinander ausgespielt, übrigens mehr denn je: die neue, an Kompetenzen orientierte Schule honoriert die Performanz des Einzelnen. Sie zwingt sie oder ihn, sich vor der Gruppe zu präsentieren und zu profilieren, sich mit den anderen zu vergleichen, besser dazustehen, sich sozusagen – in jedem Sinne des Ausdrucks – auf- und vorzuführen. Schülerinnen reagieren darauf, indem sie sich diesem Spiel verweigern und in die Gruppe zurücktreten; sie möchten nicht mehr auffallen. Aber sie entkommen dem Verfahren nicht, das auf Individualisierung zielt, also die marktgerechte Vorbereitung fördert, das die Einzelnen gegeneinander ausspielt, sie auf ihre Individualität reduziert, mit dem Effekt, dass die sozialpsychologischen Mechanismen einer Produktion von Außenseitern erst recht durchschlagen. Man kann sich seiner Gruppenidentität versichern, indem man – durchaus willkürlich und oft grausam – eine oder einen zum Außenseiter erklärt.

Inklusion kann so nicht funktionieren, schon gar nicht in der Form einer gemeinsamen Praxis, die – in der Pädagogik unvermeidlich – für sich selbst gelten soll und zugleich verbunden ist mit der unhintergehbaren Anerkennung und Achtung der Priorität von menschlicher Subjektivität, mithin mit der Anerkennung individueller Fähigkeiten und Entwicklungen, allzumal einer individuellen Eigenzeit. Sie bedeutet einerseits, dass die Zumutungen zurückgestellt werden müssen, die sich gegenwärtig dem Schulsystem stellen – ganz abgesehen davon, dass die ärgste Zumutung vielleicht schon darin besteht, dass Schule in ihrer institutionellen Gestalt inzwischen allein für Bildung steht und nicht als zwischenmenschliche Praxis des Unterrichtens. Pädagogik als Handlung verschwindet insofern, während die Institution Schule zugleich zerrissen und aufgerieben wird, zwischen den Widersprüchen bildungspolitischer Strategien: Kein Kind soll zurückgelassen werden – aber gleichzeitig sollen Bildungsprozesse effizient und effektiv gestaltet werden, um möglichst Eliten zu fördern, Spitzenbegabungen zu erkennen und zu unterstützen. Sie werden vermessen, die Ergebnisse in Listen dargestellt, nach der Platzierung auf diesen befinden Eltern, ob sie die Schulen attraktiv für ihre Kinder finden. Das wiederum entscheidet über finanzielle Zuwendungen für Schulen. Das Ranking der Schulen hängt vornehmlich davon ab, ob und wie weit sie es schaffen, dass möglichst viele Schüler bei den Leistungstests hohe Punktzahlen erreichen. Was ist aber mit jenen, die langsamer lernen, die zumindest in den standardisierten, auf spezifische Fähigkeiten und Fertigkeiten abgestellten Testverfahren scheitern müssen, weil sie eben die hier erwarteten Voraussetzungen nicht mitbringen? Mit allem Zynismus: Können Sie vielleicht genutzt werden, um als eine besondere Belastung für die scholar gewordene Einrichtung geltend gemacht zu werden? Hilft der Inklusionsplatz, um die Personalmittel aufzustocken? Die Wahrheit etwa bei Kindertagesstätten lautet: Wir müssen versuchen, dem zweisprachig aufwachsenden Kind eine förderungswürdige Sprachstörung attestieren zu lassen, damit es zum Inklusionskind wird!

Vielleicht verbirgt sich hinter der schnellen Verabschiedung einer pädagogischen Haltung der Wunsch, dass die Beteiligten nichts merken oder gar kritisch kommentieren können: Du sollst nicht begreifen, was in diesem Geschäft so passiert. Du sollst es nicht sehen, geschweige denn denken. Konzepte, Theorien oder Begriffe auszurotten erzeugt nämlich Blindheit einerseits, Offenheit für andere Vorstellungswelten andererseits. Man übernimmt die neue Sprache, der Alltag verändert sich nicht – nur die Forschung fällt darauf herein, beschreibt das Geschehen als Steigerung von Fachlichkeit. Sprachlich gebundene *Reflexion* könnte Widerstand ermöglichen. Vielleicht sollte der gebrochen werden. Die Pointe besteht nämlich darin, dass mit dem Abblenden und Verdrängen des pädagogischen Denkens die Offenheit verschwunden ist, die diesem zu eigen war und zu eigen sein musste. Der pädagogische Geist, wenn man ihn denn überhaupt beschwören darf, kennt zwei Erscheinungsformen, im Prinzip bleibt er aber immer ein wenig unsicher. Die eine Erscheinungsform kann als die der Schließung bezeichnet werden: Das pädagogische Denken tendiert dann hin zu Gewissheit, zu Objektivität oder gar zur Wahrheit. Der Unterricht in der Schule bleibt nahe an diesen Schließungstendenzen. Die andere Erscheinungsform findet sich als Öffnung – und zwar sowohl im Denken, das dann Alternativen aufzeigt, die praktisch dann zu entscheiden sind, in einem Handeln, das sich verantworten muss. Realistischer ist es allemal, weil es eingesehen hat, dass Menschen »nicht-triviale Maschinen« sind, um noch einmal das Wort Luhmanns zu zitieren. Eben deshalb bleibt im pädagogischen Denken das Problem der Kausalität dann doch ungelöst, erst recht das der Technik, der Anwendung, der Messung von Ergebnissen. Was auch immer hier an Daten gesammelt und in ihrer Geltung beschworen wird – viel kann man an diesen nicht lernen, vielleicht manches über strukturelle Bedingungen des Geschehens, nichts hingegen, um die konkrete Praxis zu gestalten. Diese bleibt auf Offenheit angewiesen, kann nur bedingt mit Effizienz und Effektivität rechnen, höchstens mit den Machtprozessen, in welchen Experten mit der Behauptung um Wirkung zu wissen, sich gegen jene durchsetzen, an welchen sie dann ihre Gewalt erproben. Das zeigt sich spätestens, wenn es um die Leiden geht, um körperliche wie psychische: So sicher können wir bei ihnen auch nicht sein, dass sie nicht Selbstbehauptung und Stärke zum Ausdruck bringen. Oder noch ein wenig anders: Wer über Inklusion nachdenkt und spricht, sollte ein Antidot gleich mit nennen. Es heißt Freiheit. Inklusion ohne Freiheit wäre eine gefährliche Angelegenheit, in einem pädagogischen Zusammenhang kann man das eine ohne das andere nicht realisieren.

Dieser Verweis auf ein mögliches Gegengift macht zunächst jedoch aufmerksam auf das, was man die Form des pädagogischen Denkens nennen kann und muss. Während in der öffentlichen und alltäglichen Vorstellung Pädagogik meist mit Festlegungen und Schließungen verbunden ist, mit Zielen und Zwecken, die realisiert sein sollen, geht pädagogisches Denken, das sich selbst treu bleiben will, mit Öffnung und Offenheit sowie damit einher, die Kontingenz und das Risiko aller menschlichen Entwicklung bewusst einzugehen – und nicht zu vermeiden, wie dies in der seltsamen Koalition von aktuellem, versicherungstechnisch motivierten Risikodiskurs und Optimierungsvorstellungen zu Tage tritt. Hier soll Kontingenz vermieden werden. Darin liegt vermutlich wohl ein Grund dafür, dass gerade viele Pädagoginnen durch das Inklusionsprojekt elektrisiert wurden. Sie vertrauten nämlich darauf, dass mit diesem eine gesellschaftliche und pädagogische Praxis ihr Ende findet, bei der Kinder mit Behinderungen oder schweren, chronischen Erkrankungen stigmatisiert und ausgegrenzt, misshandelt oder ermordet werden, vor allem jedoch unbeachtet bleiben. Nun trifft diese Annahme einerseits zu: Kinder mit Behinderungen sind über lange Zeit weggesperrt worden, herabsetzende Bezeichnungen für sie waren die Regel, wobei Vorsicht angebracht ist – manche Ausdrücke, die uns heute schockieren, waren früher weniger negativ konnotiert, wie etwa der Begriff der Idiotie. Man darf nicht vergessen, wie Kinder mit Behinderung und Krankheit in der Zeit des Nationalsozialismus grausamsten Praktiken ausgesetzt waren und zu Tausenden ermordet wurden – Berichte über die kinderpsychiatrischen Einrichtungen lösen ein Gefühl der Verzweiflung aus. Andererseits: Nicht erst in den letzten Jahrzehnten konnten sich neue Formen des Umgangs mit Kindern durchsetzen, die sich nicht in Kategorien fassen lassen, schon gar nicht in solche der Normalität. Diese neuen Handlungsformen entstanden meist in der Kooperation von Heil-, Sonder- und Integrationspädagoginnen etwa mit der Pädiatrie. Fast revolutionär sind die Erfolge etwa bei Kindern mit Trisomie 21, beginnend bei den heute möglichen Formen selbstbestimmten und hoch erfolgreichen Lebens bis hin zu der Lebenserwartung, die nahezu der für Menschen ohne Down-Syndrom entspricht. Es sind übrigens diese guten Entwicklungen, die erst recht ein wenig besorgt machen gegenüber dem Inklusionsprogramm.

Hinzu kommt, dass Verfechter der Inklusion selbst einem einseitigen Denken erliegen, wenn sie für sich in Anspruch nehmen, dem Kind mit Behinderung erst Aufmerksamkeit zu verschaffen und den Umgang mit ihm zu revolutionieren. Die Behauptung lautet: Behinderung und Krankheit werden nun überhaupt erst sozial und kulturell wahrgenommen, positiv, einschließend, als Normalität der Vielfalt.

Die Inklusionsdebatte tut so, als ob erst heute Kinder mit Behinderung und Erkrankung wahrgenommen werden; kranke Kinder und Kinder mit Behinderung seien in der Vergangenheit gesellschaftlich und kulturell gleichsam nicht vorhanden gewesen. Erst heute werden sie als Menschen gesehen. Das scheint zunächst plausibel. Noch bis in das 19. Jahrhundert galten Krankheit und Behinderung als gottgegeben, Behandlung und Versuche der Heilung wurden zuweilen skeptisch betrachtet. Adäquate Behandlungsmöglichkeiten fehlten, manche Therapien zogen selbst massive weitere Schädigungen nach sich. Doch schon seit Ende des 18. Jahrhunderts setzen intensive Bemühungen ein, die Säuglings- und Kindersterblichkeit zu senken, zumal die Ärzteschaft den Anspruch erhebt, gesellschaftliche Verhältnisse zu gestalten, während umgekehrt die Politik ihre Verantwortung an die Ärzte delegierte. Man spricht von der *Medizinalpolizey*, wobei die Pädagogen eifrig mitmischen, indem sie die Rezepte für die richtige Lebensführung versprechen (vgl. Martus 2015). Auch erkrankten Kindern oder Kindern mit Behinderung kommt Aufmerksamkeit zu, weil Behinderung, Fehlbildungen, der Ausfall von Organen, vor allem geistige Verwirrung als gottgegeben nicht vernachlässigt werden dürfen. Die größte Sorge bestand darin, dass Kinder ungetauft sterben könnten, zumal mit jeder Geburt erhebliche Risiken verbunden waren. In manchen Regionen waren daher Rituale verbreitet, die auf eine symbolische Auferweckung gestorbener Kinder gerichtet waren, um diese zu taufen. Erst dann wurden sie formell beerdigt. Tatsächlich lässt sich – wie Françoise Loux gezeigt hat – eine umfassende Tradition volksmedizinischer Auffassungen und Praktiken nachweisen, die insbesondere dem Körper des Kindes galten, schon auf vorgeburtliche Sorge gerichtet waren, in umfassender Weise seine somatische wie psychische Gesundheit sicherstellen wollten. Dazu findet sich eine Vielzahl von Hinweisen auf hygienische und diätetische Maßnahmen, zudem auch Empfehlungen für die Abhärtung der Kinder – zu den berühmtesten, vielfach übersetzten einschlägigen Werken gehört beispielsweise John Lockes *Some Thoughts Concerning Education*, das sich in weiten Passagen als Gesundheitsratgeber liest und so von den Philanthropen wahrgenommen wurde.

Auch die Versorgung von Kindern mit seelischen oder psychischen Störungen war längst Thema geworden, im 18. Jahrhundert Teil übrigens einer eigenen wissenschaftlichen Disziplin, die sich Erfahrungsseelenkunde nannte. Man kann eine ganze Kulturgeschichte der seelischen Erkrankungen und Störungen bei jungen Menschen rekonstruieren (Nissen 2005), hoch differenziert in den Haltungen und Einstellungen gegenüber den Kindern und vor allem in den Praktiken des Umgangs mit ihnen. Schon früh waren wiederum volksmedizinische Vorstellungen wichtig, manchmal spielten Dämonenglaube oder Konzepte der Hexerei eine Rolle, die oftmals Momente von Herrschaftstechniken waren. Prozesse gegen Kinderhexen begleiteten die gesamte Neuzeit (Weber 1991); es ist aber inzwischen umstritten, ob die lange verbreitete Lehrmeinung zutrifft, man habe in der Vergangenheit psychische Krankheit mit Zauberei und Teufelswerk in Verbindung gebracht, wenngleich die Medizin lange zwischen natürlichen und übernatürlichen Leiden unterschieden hat (vgl. Ritzmann, 2008. S. 212). Sicher waren Kinder mit Auffälligkeiten besonders von objektiv sanktionierenden, aber mit Krankheitsbildern verbundenen Zugriffen betroffen, dann aber vor allem Kinder, die als aufsässig galten und sich den sozialen und kulturellen Normen wie Ritualen nicht beugten. Schwer zu bewerten sind die stationären Formen der Unterbringung. Die frühen Anstalten, etwa die Arbeitshäuser in England oder das vergleichsweise fortschrittliche Amsterdamer Tuchthuis, hatten meist einen Doppel- wenn nicht Dreifachcharakter (Dörner 1975): In den Zuchthäusern ging es um Bestrafung sowie um Umerziehung ganzer Bevölkerungsgruppen, etwa vertriebener Kleinbauern, die zu willigen Lohnarbeiter zugerichtet werden sollten, manchmal dienten sie nur der Unterbringung von mehr oder weniger überflüssigen Kindern, vor allem von Mädchen, die nicht verheiratet werden konnten. Auch die Klöster erfüllten eine bevölkerungsregulierende Funktion. Die Siechenhäuser und Hospitäler nahmen ebenfalls Kinder und Jugendliche auf, wiederum viele mit geistigen und seelischen Behinderungen, wobei diese Einrichtungen mit Beginn der Moderne eine volkspädagogische Funktion erfüllten: Sie dienten dazu, den Bürgern und ihren Kindern zu ermöglichen, ein Verständnis von Normalität selbst zu konstruieren, indem ihnen die Abweichenden vor Augen gestellt wurden. Familien wählten das Irrenhaus außerhalb der Stadt, meist errichtet im Gelände der Leprosorien, als Ziel ihres Sonntagsspazierganges, um so dem Nachwuchs vor Augen zu führen, dass er doch besser den moralischen Ermahnungen seiner Eltern gehorcht.

Gleichwohl kümmerten sich Familien und Eltern intensiv um ihre Sorgenkinder, wie sie die Medizinhistorikerin Iris Ritzmann genannt hat (Ritzmann 2008). Familien und Eltern sorgten sich um die verletzten und verunglückten, die beschädigten oder mit Behinderung geborenen Kinder, um die kranken, auch um die sterbenden. Die Behauptung, dass sie gar nicht wahrgenommen wurden, dass sie vernachlässigt, misshandelt und buchstäblich gewaltsam zu Tode gebracht wurden, diese Behauptung lässt sich weitgehend widerlegen – sie trifft wohl erst für das 20. Jahrhundert zu. Im Gegenteil: man kann geradezu eine Vielzahl von mehr oder weniger Professionellen beobachten, die – auf welcher Grundlage auch immer – als Heilkundige für Kinder zur Verfügung standen und beansprucht wurden, es gab längst kinderspezifische Behandlungsformen und durchaus Einrichtungen für sie. Vor allem jedoch: Eltern kämpften geradezu um die angemessene und hilfreiche Behandlung für ihre Kinder, sie erstritten Gerichtsurteile, setzten sich mit Medizinern auseinander, wollten nicht zulassen, dass die Obrigkeit sich den Verpflichtungen für die kranken Kinder und die mit Behinderung entzog. Diese Sorge zog sich durch sämtliche Bevölkerungsschichten, auch die Armen unternahmen alles, was sie als hilfreich für ihren Nachwuchs ansahen. Mehr noch als der Hunger konnte die Angst zum Anlass von Revolten werden, dass die Obrigkeit vielleicht in die Familien eingreifen und ihnen die Kinder wegnehmen konnten; im Vorfeld der Französischen Revolution wirkte eine solche Absicht als Initialzündung, die empörten Mütter und Väter marschierten auf den Straßen von Paris, als Vorhut der revolutionären Massen (Farge 1993). So gesehen lässt sich aber eines lernen: Kinder werden wenigstens von ihren Eltern geliebt und geschätzt, ganz unabhängig von den Sorgen, die sie auslösen. Sie haben einen Status in der Welt der Erwachsenen – und der muss als Ausgangspunkt aller Überlegungen gelten, die der Pädagogik gelten.

Pädagogische Handlungslogik und pädagogische Haltung

Dabei ist schon klar: Inklusion ist eine politische Forderung, sie will gesellschaftliche Veränderung, um Pädagogik geht es nicht, selbst wenn von *Inclusive Education* gesprochen wird, von Inklusionspädagogik. Dieser Ausdruck meint nicht das Handeln, das Miteinander, eine gemeinsame Praxis, derer sich die Beteiligten dann entsinnen – sie haben was gelernt. Es geht nur um *education* im

Sinne eines öffentlichen Schulsystems, politisch verantwortet. Immerhin! Dabei könnte man es fast belassen, zumal Pädagogik und sogar Erziehung heute kein sonderliches Ansehen mehr genießen. Sozialpolitik, dann eben Bildung und Betreuung, viel mehr steht nicht mehr zur Debatte; das Ganze soll wirkungsvoll geschehen, nach Zielen, die von Experten definiert werden und als Standards gelten, um ihre Einhaltung oder Verwirklichung zu messen. Kontrolliert wird der Outcome, nicht mehr der Input – was prima taugt, weil nämlich damit die vielbeschworene Differenz und Heterogenität keine ernsthafte Rolle spielen, sondern nur mehr, ob und inwiefern das Treatment die Produkte erzeugt, die man sich wünscht. Kinder sind die Zukunft der Gesellschaft, dafür werden sie zugerichtet; das Gold in ihren Köpfen soll gehoben werden, ebenfalls für die Prosperität des Ganzen. Was sich als Blei, Holz erweisen könnte, wird weggeworfen. Beifang, auf den man gerne verzichtet. Natürlich sollen alle die gleichen Chancen haben – wie beim Fischfang: die Netze haben normierte Maschen, gleiche Chancen für alle. Blöd, wenn man nicht hindurch kommt, noch blöder, wenn man sich nicht herausmogeln kann.

Das alles ist grausam. Nur: es beruht auf einem fundamentalen Missverständnis. An Schleiermachers Unterscheidung von Politik und Pädagogik sei erinnert, an die zwei Möglichkeiten, Gesellschaft zu gestalten, das politische Handeln und die Pädagogik, die Kunst der Erziehung. Beide unterscheiden sich in den Problemen, die sie bearbeiten, und in den Lösungen, die sie verfolgen. Der Politik geht es unmittelbar um das Gemeinwesen, das nach Prinzipien geordnet werden soll, die Pädagogik befähigt Einzelne zur Subjektivität – die ihnen wiederum politisches Handeln ermöglicht. Schleiermacher verdeutlicht neben der Differenz der beiden Felder auch ihren Zusammenhang: Politik schreitet der Pädagogik voraus, weil sie Bedingungen schafft, die das pädagogische Handeln bestimmen und von diesem bedacht sein müssen. Allerdings im Blick darauf, ob die Subjekte selbst wiederum prüfen können, wie sie durch Erziehung zu einem politischen Handeln befähigt wurden. So gesehen findet Pädagogik wiederum vor der Politik statt. Dialektik! Nur ist dieser Begriff ebenfalls verloren gegangen oder verdrängt worden.

Daher müssen jedoch die Problem- und Aufgabenstrukturen beachtet werden, die sich stellen. Sie unterscheiden sich: Politik gestaltet das Ganze für alle, mit einigermaßen verbindlichen Regeln und Gesetzen, die Rechts- und damit Handlungssicherheit schaffen, ganz unabhängig von individuellen und persönlichen Präferenzen. So gesehen ist Politik ein wenig rücksichtslos, auch gegenüber besonderen Lebenslagen. Sie muss gute und überzeugende Gründe anführen, wenn sie diese besonders berücksichtigt, mithin selbst diskriminierend wirkt. Umgekehrt zeichnet Pädagogik, allzumal Erziehung, wenn sie pädagogisch bedacht und organisiert wird, in Einstellung und Haltung präsent ist, fundamental mehrerlei aus; Einstellung und Haltung – darauf kommt es nun in der Tat an: Was auch immer über Pädagogik gesagt werden kann, es lässt sich nicht in Manuale fassen, als festgeschriebene Technik beherrschen und vollziehen, um dann überprüft zu werden. Gewiss wird man sich immer fragen müssen, was man getan, warum man dies getan hat, im Vordergrund aber steht die Überlegung, mit welchem Menschen habe ich zu tun, wie kann ich mit ihr oder ihm so zusammenarbeiten, so wirken, dass Lebensprozesse und Entwicklungen so gelingen, wie die Andere oder der Andere sich das vorstellen. Manchmal weiß man nicht, ob man Andere richtig verstanden hat – es kommt darauf an, wenigstens den Versuch zu wagen, dem Leben und der Lebensform im Zusammenhang des gemeinsamen Tuns gerecht zu werden, um die Entscheidung dann wiederum Anderen zu überlassen.

Die pädagogische Einstellung zeichnet aus, Menschen anzuerkennen und eine Haltung diesen gegenüber einzunehmen, die ihrer Menschlichkeit gerecht wird, im Rahmen dessen, was als humaner Umgang verbindlich wird; ihrer Menschlichkeit als offenes Projekt (vgl. zum Folgenden auch Klein 1979). Von Defiziten oder Defekten lässt sich dann nicht sprechen, hingegen von Individualität, Kraft und Stärke, von Bildsamkeit und sogar von Würde – wobei es überraschen mag, diesen Begriff als einen pädagogischen gefasst sehen zu wollen. Indes: der große Pädagoge Friedrich Fröbel, gerühmt als Erfinder des Kindergartens, hat festgehalten, dass Kinder von Anbeginn ihres Lebens Würde auszeichnet – bemerkenswerterweise als eine geradezu aktive, Handlungen auszeichnende Kategorie. Diesen geht es um Gattungszugehörigkeit, in den Möglichkeiten, die sich historisch und gesellschaftlich längst eröffnen haben – eben ganz ohne Ausschluss. Zugleich gilt die Einsicht, dass bei aller Zugehörigkeit zur menschlichen Gattung, zur Humanität, eine jede Person Individuum und daher verschieden ist. Alle sind gleich, frei und den anderen darin verbunden, dass eine jede und ein jeder verschieden ist, prinzipiell als Person, in den unterschiedlichen Lebensphasen und Lebenszuständen. Wir alle sind anders – und darin sind wir gleich. So steht dem generellen Humanismus die radikale Wahrnehmung des Individuums in seiner Einmaligkeit, Besonderheit und Verschiedenheit gegenüber, für die heute von Diversity oder Heterogenität gesprochen wird.

Oder gehört es vielleicht zu den fatalen Segnungen des fortschrittlichen Neoliberalismus, nicht mehr von Menschen und Humanität sprechen zu dürfen? Mithin einen Maßstab preiszugeben, der verbindlich ist und zugleich doch Offenheit birgt, weil er uns immer wieder zwingt, die Idee der Humanität zu prüfen – darauf hin, ob und wie sie verwirklicht wird, darauf auch hin, ob wir selbst in unserer Einstellung und Haltung ihr genügen, nicht selbst gegen sie verstoßen, aus Gedankenlosigkeit oder auch aus einer Dummheit, die selbst durchaus menschlich sein kann. Der Humanität sich zu verpflichten, verlangt in der Tat Aufmerksamkeit und Sensibilität, fordert eine Suche an den Grenzen, die unsere eigene Beschränktheit uns zuweilen setzt; sie verlangt sich selbst zu überschreiten, allzumal im Versuch, im anderen Humanität zu entdecken und dazu beizutragen, dass diese in einer Weise entwickelt wird, wie das andere Subjekt für sich beansprucht.

Diese Grundhaltung hat in der Pädagogik zu einem Sachverständnis und Begriff geführt, der selbst durchaus offen ist; Herbart bezeichnet ihn als den ersten Begriff der Pädagogik, der mit dem von ihm ebenfalls eingeführten des (pädagogischen) Takts zusammenhängt. Er gehört zu den ungenauen Begriffen, wie sie Jacob Grimm in seiner berühmten Rede auf dem ersten deutschen Germanistentag als eigentlich produktiv für das menschliche Denken und Handeln ausgewiesen hat: *Bildsamkeit*. Heinz-Elmar Tenorth (Tenorth 2011) hat die Inklusionsdebatte einigermaßen energisch auf ihn verpflichtet und deutlich gemacht, dass sie gefälligst pädagogisch denken soll und wie sie das kann: Menschen zeichnet Bildsamkeit aus. Ein seltsamer Grundsachverhalt, der eine Eigenschaft markiert, die durchaus aktiv eingehandelt wird, sich auf höchst individuelle Weise zeigt, wenn und sofern man sie unterstellt, voraussetzt, ihr nachgeht und mit ihr in einem Sinne des Ausdrucks spielt, wie er seit Friedrich Schiller und später Friedrich Fröbel als nicht minder humanspezifisch gilt. Bildsamkeit besteht und muss taktvoll herausgefordert werden. Bildsamkeit zeigt sich als Bildung, als jener seltsame Prozess, der von anderen Menschen angeregt und moderiert wird, doch immer von den Subjekten selbst vorangetrieben und verwirklicht wird, Eigenheit zeigend, die mit anderen und in Gemeinsamkeit entstanden ist.

Bildsamkeit markiert das anthropologische Ausgangsphänomen aller Pädagogik. Es zeichnet jeden Menschen aus, wie unterschiedlich seine Bereitschaft zu Interaktion und Kommunikation sein mag, wie seine aktuellen Fähigkeiten auch sein mögen, wann immer er oder sie ihre Eigenzeit im Bildungsprozess nutzt, um zu sich zu finden. So seltsam das klingt: Bildsamkeit bleibt Bildsamkeit, selbst wenn Behinderung, Erkrankung, Not oder Elend, dramatische Erfahrungen und Krisen Menschen belasten. Sie ist Voraussetzung und Bedingung subjektiver Entwicklung, selbst wenn diese in ihrer konkreten Gestalt zunächst nicht gefasst wird – wie lange auch immer. Ein junger Mensch mag schweigen, entzieht sich dem Gespräch. Pädagogische Haltung zeichnet dann aus, die Suche fortsetzen, in welcher sich Bildsamkeit zeigt, welche Diagnose auch gestellt worden ist. Eine Pädagogin wird keine Einschränkungen akzeptieren, wie sie ein Peter Singer macht. Selbst Schweigen spricht Bildsamkeit aus, in der fehlenden Bewegung äußert sich Leben, andere müssen lernen, das zu verstehen.

Die Idee der Bildsamkeit eines Menschen steht für die pädagogische Grundeinstellung. Sie verlangt immer die Suche nach der Wirklichkeit des Anderen, ihr muss es gelingen, eine Wahrnehmung des anderen Menschen zu entwickeln, in der eine Dialektik gewahrt bleibt: Die Dialektik, den Anderen in seiner Besonderheit zu sehen, seiner Eigenheit und Identität als eigenwillig handelndem Subjekt gerecht zu werden, die äußeren Lebensumstände und die innere Lebenswirklichkeit in ihrer biographischen Bedeutung zu verstehen, einerseits, sie oder ihn aber andererseits nicht darauf zu reduzieren und zu objektivieren. Selbst hier zeichnet die pädagogische Einstellung noch eine Paradoxie aus. Manchmal schaut man weg. Blicke wirken gelegentlich obszön, um eine Figur von Bodenheimer zu variieren, das Antlitz des anderen könnte zurecht verborgen sein, wie Lévinas mahnt. Den Anderen nicht einmal mit den Augen zu berühren, bewahrt davor, schon im Augenblick das Urteil zu fällen. Jeder Mensch, der sich selbst ein Stigma zuspricht, fürchtet dieses neugierige Schauen, den Scan, der Andersartigkeit als Beschädigung und Einschränkung zu erfassen sucht, mit der Frage danach, wie konnte das passieren – man mache sich nichts vor darüber, dass die Gedanken dahinter vielleicht noch schlimmer sind. Wird nicht in fast jeder Sendung über behinderte Menschen dann doch, leise vielleicht nur, aber immerhin, die Rechnung aufgemacht, wieviel dieses Leben nun die Gemeinschaft der Versicherten kostet?

Doch was zeichnet dann pädagogisches Handeln aus, wie es in der pädagogischen Haltung imaginiert wird, die als sinnhafte und sinnstiftende Vorstellung das Handeln dann leitet? Pädagoginnen und Pädagogen arbeiten mit einer fundamentalen Theorie davon, warum und wie Erziehung Bildungsprozesse ermöglichen und leiten kann; zu dieser Theorie gehört, sich gelegentlich der eigenen Sprache zu vergewissern. Man kann sich durchaus fragen, wer eigentlich wen behindert. Oder: kann sinnvoll von *Lernbehinderung* gesprochen werden, wenn doch feststeht, dass alle höheren Lebewesen eigentlich immer lernen? Um nicht missverstanden oder gar auf eine Correctness verpflichtet zu werden, der man vielleicht nie gerecht wird, wenn man Sprache verwendet, um Welt zu verstehen und zu begreifen. Es kann schlicht passieren, dass man Ausdrücke verwendet, die jemanden verletzen; gewiss ist das keine Absicht, wohl aber Anlass, sich selbst zu prüfen, nach besseren Begriffen zu suchen, wenn und sofern diese dazu beitragen, ein besseres Verständnis und mehr Klarheit in die Sache zu bringen. Das wiederum hat Folgen für den Versuch, eben die Theorie pädagogischer Professionalität zu umreißen, wie dies im Folgenden geschieht; sie kann nur vorläufig sein, eine Skizze, mehr nicht:

Der Grundsachverhalt besteht in der Tat und auf eine durchaus paradoxe Weise darin, dass es um den stets doppelsinnigen Vorgang einer Aneignung und Vermittlung von Subjektivität und Objektivität geht, mithin darum, Individualität mit einem objektiven und meist Allgemeinen so zusammen zu bringen, dass beide Dimensionen ihre Geltung behalten. So gesehen vergewissert sich Pädagogik der Individualität, wenngleich sie es bei dieser gleichsam absolut belässt und nicht den stets schon wieder vergleichenden Aspekt der Vielfalt und Heterogenität aufnimmt. Das individuelle Subjekt gilt als ein solches, ob es andere, ihm ähnliche oder von ihm unterschiedene gibt, interessiert nur bedingt – nämlich als ein die Wahrnehmung der Individualität verstärkender Hinweis. Wenn Eltern mehrerer Kinder über die Unterschiedlichkeit ihres Nachwuchses sprechen, weisen sie auf die Eigenart der Einzelnen hin, um diese hervorzuheben und sie besser zu verstehen. Eltern haben dabei auch wenig Schwierigkeiten, auf besondere Begabungen ebenso hinzuweisen wie auf Entwicklungsgeschwindigkeit; wer mit mehreren Kindern zu tun hat, wird eher davon fasziniert ein, wie sehr sie sich unterscheiden. Zugleich zeichnet die pädagogische Handlungslogik der Erziehung aus, dass sie – um es überspitzt zu formulieren – immer auf Inklusion gerichtet ist, diese aber doch sogleich aufhebt. Menschen sind auf andere, auf die Welt außerhalb ihrer Leiblichkeit angewiesen, dürfen aber nicht von diesen und dieser gefangen werden. Sie begeben sich in eine Umarmung, die sie selbst erwidern, um sich aus ihr zu lösen.

Was kann mit einer solchen eher dunklen Formulierung gemeint sein? Menschen sind existenziell darauf angewiesen, in ihre Lebensform und Lebenspraxis, in ihre Individualität aufzunehmen, was an gesellschaftlichen und kulturellen Möglichkeiten historisch entstanden ist. Sie werden in eine von Menschen schon geschaffene Welt hineingeboren, die ihnen als Aufgabe, Herausforderung und Überlebensmittel auferlegt ist. Man entkommt ihr nicht. Im Gegenteil: Objektiv betrachtet gewinnen – im weitesten Sinne des Ausdrucks – Kulturen, Verhältnisse und Beziehungen eine Beständigkeit und Eigendynamik, die über den physischen Tod der Menschen hinausreichten. Als Produkt menschlicher Tätigkeit, die sich in der Weltgestaltung niederschlägt und in einer eigenen, artifiziellen Welt vergegenständlicht, Leben und Handeln aller Mitglieder reguliert, werden Kulturen zu einem externalisierten Gattungswesen und nicht-genetischen Gattungserbe, dessen Bestand gesichert werden muss. Menschen werden entscheidend durch dieses in ihren kollektiven wie individuellen Lebensmöglichkeiten und Lebensvollzügen bestimmt. Die Kontinuität dieses materiellen und immateriellen Gattungserbes sicherzustellen erweist sich als die Aufgabe, für die Erziehung in der Evolution der Spezies Mensch erfunden worden ist, diese eigentlich erst ermöglichend. Denn im Grunde erweist sich das menschliche Leben als eher unwahrscheinlich, so richtig fit for Survival sind Menschen nämlich nicht. Zwar verfügen sie über biologische Voraussetzungen und Verhaltensweisen, die aber eigentümlicherweise mehr auf Flexibilität und Offenheit angelegt sind. Sie lassen sich an das kulturelle Erbe anschließen. Das bedeutet nun wiederum, dass alle Erziehung zwar eine Form von Inklusion immer schon sicherstellt; sie sorgt dafür, dass Menschen von Anbeginn ihrer Existenz in die Sozial-, Beziehungs-, Interaktions- und Kommunikationsformen aufgenommen werden, welche in einer historisch gegebenen Kultur und Gesellschaft bestehen und diese auszeichnen; sie werden zu Menschen ihrer Welt, in allen nur denkbaren Facetten. Inkludiert eben.

Aber: Die Pointe des Erziehungsgeschehens besteht darin, dass es Menschen zugleich wiederum in Distanz zu dieser kulturellen und sozialen Welt bringt. So besteht die Differenz der Pädagogik zwar darin, den Zusammenhang zwischen Subjekt und Welt zu ermöglichen, dem Subjekt also Handlungsmittel zur Verfügung zu stellen, genauer noch: sozial und kulturell überformte Handlungsdispositionen zu ermöglichen. Dies aber bedeutet, dass die Vermittlung der Aneignung eigentlich stets mit einem Moment der Distanzierung einhergeht: Man zeigt Kindern und Jugendlichen etwas, damit sie es kennen, damit sie mit ihm umgehen können. Das bedeutet, dass sie zugleich gegenüber diesem freigestellt werden. Sie sollen verfügen können, es sozusagen von sich wegstellen und objektivieren, sich von dem Druck befreien, der einer sozialen und kulturellen Welt durchaus innewohnen kann. Sie wollen nicht gefesselt sein, sondern sich selbst in dem Verhältnis zur Welt er- und begreifen. Dieses Grundmoment der Distanzierung, das jedem pädagogischen Akt eignet – und, nebenbei, präzise die Differenz zur Abrichtung oder Dressur, sogar zur Sozialisation markiert – verbietet den Gedanken an Inklusion. Die Aufmerksamkeit gilt vielmehr dem individuellen Subjekt in seiner Eigenart und Einzigartigkeit, wohl wissend, dass diese nicht jenseits der Handlungsmöglichkeiten gewonnen und realisiert werden kann, die in einer Gesellschaft verfügbar sind.

Erziehung bemüht sich um Individuen, in ihrer Eigenheit, freilich als sich Entwickelnde, sich – in einem freilich traditionellen Verständnis – Bildende, die auf Kultur, auf Gesellschaft, auf menschliche interpretierte oder menschliche geschaffene Objekte beziehen. Sie hat mit Individuen in ihrer Subjektivität zu tun, die nicht bloß – wie manchmal formuliert wird – in eine Gesellschaft und Kultur einwandern; sie nehmen diese vielmehr in sich auf, eignen sie an, um mit ihren Elementen umgehen zu können. Es geht also um eine Art von Inklusion, die aber in den Subjekten stattfindet; die Kultur wird durch das Subjekt in dieses aufgenommen, wie die berühmte Fliege im Bernstein, freilich lebendig, als Moment der Handlungsdispositionen. Diese Aufnahme der Kultur, der sozialen Handlungsmuster und Verhaltensmuster, der Verhältnisse und Beziehungen, der Mentalitäten und Deutungen ermöglicht erst ein Leben auf dem gegebenen Niveau und hilft eine eigene Lebensform zu konstituieren. Dabei darf es allerdings keinen Ausschluss geben, der Menschen – möglicherweise sogar in ihrem Inneren – daran hindert, dieses, ihr Gattungswesen anzueignen. Darin liegt der spezifische *kritische* Sinn einer jeden Pädagogik. Die pädagogische Haltung zeichnet aus zu erkennen, wenn Gesellschaften, wenn die Machtverhältnisse in diesen, wenn Herrschaft und Übermächtigung dazu führen, Menschen von Aneignungsprozessen auszuschließen. Vor allem die kritische Behindertenpädagogik weist immer wieder darauf hin, wie soziale Praktiken und Gesellschaftsstrukturen eben solche Ausschlüsse produzieren, eine Teilhabe am gesellschaftlichen Leben und die Möglichkeit verhindern, dass ein individuell selbstbestimmtes Leben in einer Gesellschaft entsteht. Oder anders formuliert: Eine kritische Behindertenpädagogik verlangt, Aneignung zu ermöglichen; Inklusion aber wäre für sie zu eng gefasst, weil sie eine strikte Verbindung fordert, wo die Selbständigkeit des Subjekts eine Freiheit in der Dialektik der Zugehörigkeit verlangt (vgl. klassisch: Jantzen 1978, 1979).

Pädagogik geschieht dabei als Praxis immer exklusiv. Das birgt die größte Provokation für alle Inklusionisten – auf das Paradox weisen Glück und Mußmann hin (2009), wenn sie eine »exklusive Professionalität« fordern. Jede Unterstützung eines Bildungsprozesses, jede Förderung eines Kindes wie eines Erwachsenen geht mit Exklusivität einher; vielleicht ist sogar alle Pädagogik auf Exklusion angewiesen – und das macht sogar ihren Kern aus. Alle Erziehung gilt einem anderen Menschen in seiner Besonderheit; darin sprechen sich Anerkennung und Zuwendung aus, manchmal ist Pädagogik vielleicht sogar ein wenig naiv, weil sie an die menschliche Subjektivität glaubt. Und sie tut dies in einer Weise, die ebenfalls naiv erscheinen könnte, nämlich mit dem Vertrauen in alle Beteiligten und der Beteiligten untereinander. Mehr noch: Pädagogik hängt damit zusammen, dass jemand nach einem Anderen ganz besonders verrückt ist, wie Urie Bronfenbrenner das mal formuliert hat; Herman Nohl spricht übrigens von Leidenschaft, andere verwenden den Ausdruck »pädagogischer Eros« – wenngleich die Sorge vor Übergriffigkeit vorsichtiger werden lässt. Zudem gilt die von Bruno Bettelheim geprägte Formel: Liebe allein genügt nicht.

Selbst wenn ein Kind seinen Lernprozess selbst steuert, geht das damit einher, dass es sich aus dem Zusammenhang mit anderen löst; Maria Montessori hat das als polarisierte Aufmerksamkeit beschrieben. Im Kern bedeutet Pädagogik, dass die sozialen und kulturellen Vorgänge unterbrochen werden, um auf sie hinzuweisen, auf sie zu zeigen, um sie zu erörtern. Jeder Akt der Förderung eines Kindes geht noch damit einher, dass man mit ihm eine gleichsam umgebende Situation herstellt. Vor allem gibt es Hilfebedarfe, vielleicht nur vorübergehend, die in besonderen Settings realisiert werden müssen, um etwa die Kompetenz zur Teilhabe am allgemeinen sozialen Leben aufzubauen und einzuüben. Für sinnesgeschädigte Menschen, für Menschen mit Entwicklungsverzögerungen trifft dies zu. Pädagogik schenkt Zeit, während eine Gesellschaft drängt, wenn nicht sogar beschleunigt. Pädagogen moderieren Unterschiede in der Zeit – und manche Entwicklung dauert länger. Nicht von Behinderung darf daher die Rede sein, sondern nur davon, dass Entwicklungen und Bildungsprozessen die ihnen eigentümliche und für sie erforderliche Zeit nicht zugestanden wird. Das gilt übrigens mehr denn je, nicht nur, weil Gesellschaften und Kulturen – im vielfachen Sinne des Ausdrucks – rasend geworden sind, sondern nach einem Produktionsmuster verfahren, das auf Effizienz beruht: Mehr Leistung, überprüfbar und in kürzerer Zeit! Outcome eben. Pädagogik bedeutet hier etwas ganz Anderes – vielleicht wird sie deswegen von den einen verachtet, von den anderen aber verdrängt: Pädagogik will und kann nichts mit einem Leistungsbegriff zu tun haben, der ein Lernen immer wieder darauf reduziert, ein vorbestimmtes Wissen und Können in einer vorbestimmten Zeit erworben zu haben. Pädagogik zeigt, macht aufmerksam, weil sie sich durchaus der Welterfahrung verpflichtet fühlt, ist sich aber unsicher, wie die lernenden Subjekte diese Welt aufnehmen und was sie aus ihr machen. Vor allem: Pädagogik lässt den Menschen Zeit, die ihnen eigene Zeit, sich mit der Welt auseinanderzusetzen und sie anzueignen. Insofern trifft natürlich zu: Eine Pädagogik, die so denkt und handelt, gehört nicht einer Gesellschaft an, die mit ihren Zeitbegriffen alles dominiert. Auch das bestärkt die bittere Einsicht: eine inklusive Pädagogik gibt es nicht. Pädagogik ist nicht für diese Welt, sie ignoriert sie zwar nicht, aber sie hat sich den Subjekten und Personen verpflichtet, ihrer Eigenart und Eigenzeit.

Hinzu tritt daher, charakteristisch für Pädagogik: Sie ist nicht als Technik zu haben und funktioniert nicht als unilineare Einflussnahme, obwohl selbst in der Tradition pädagogischen Denkens oft von Einwirkung gesprochen wird. Erziehung vollzieht sich immer mit Subjekten, die in einer gemeinsamen Praxis miteinander handeln. Die Prämisse des Geschehens besteht darin, dass alle Beteiligten aktive Lebewesen sind, die sich aufeinander beziehen. Erziehung umgreift gewissermaßen in einer gemeinsamen Praxis subjektive Bildungsprozesse, wie immer diese aussehen mögen und wie lange sie dauern.

Dem Geschehen liegt Aktivität zu Grunde, selbst dann, wenn Lebewesen etwas erleiden, einem Geschehen ausgeliefert sind; Bildung als Kern des pädagogischen Geschäftes ist nicht auf andere Menschen gerichtet, sondern im Kern selbstgesteuert. Man könnte formulieren: Bildung gründet im Leben als einer sich selbst regelnden Auseinandersetzung mit dem, was das Leben umgibt und was es selbst hervorbringt. Das Bildungsgeschehen geht dabei und daher stets mit einer Veränderung von Modi einher, mit der Modifikation von Lebensformen. Das passiert ganz einfach. Nur muss es von den Pädagoginnen und Pädagogen bedacht werden, weil es einerseits bedeutet, dass kein Verständnis von Bildung sinnvoll sein kann, das nicht diese grundlegende Aktivität voraussetzt. Es geht nicht, Lebewesen bilden zu wollen, indem man sie stillstellt und zur Inaktivität verurteilt oder sie zu gestalten versucht – sie bleiben selbst aktiv, mit dem Effekt allerdings, dass ihre unterdrückte Aktivität sich dann in irgendeiner Weise äußert. Kurz: wer über pädagogische Praxis redet und diese gestaltet, organisiert Erziehung um die Grundaktivität von menschlichen Lebewesen. Man muss ihre Bildsamkeit und Bildungstätigkeit in Rechnung stellen und darf dann davon ausgehen, dass sie etwas tun, selbst wenn sie nichts tun oder sich verweigern.

Bildsamkeit und die Bildung in der Erziehung haben dabei eine natürliche, biologische Grundlage. Das wird gerne vergessen, obwohl es bei der Entwicklung der modernen Pädagogik, also um 1800, stets präsent war, wenngleich häufig metaphorisch verpackt. Präsent blieb es im Kraftbegriff, allzumal dann in Verbindung mit dem der Form, so etwa bei Schiller. Präsent blieb es in einem dynamischen Naturbegriff – etwa bei Schelling. Präsent blieb diese Naturgrundlage in einer religiösen Auffassung, beispielhaft bei Fröbel. Der sieht in Bildsamkeit und bildender Tätigkeit Gott wirken – und rückt so moderner Entwicklungsbiologie nahe: Gott ist in uns, er ist das bewegende Prinzip, das Veränderung ermöglicht, dabei Selbsterkenntnis ermöglicht; weil Gott in uns ist, können wir uns selbst verstehen; und: weil Gott in uns ist, hat niemand das Recht über uns zu verfügen. Fröbel erklärt: Man darf Kinder nicht schlagen, man darf ihren Willen nicht brechen wollen, weil das Gott Gewalt antun würde.

Das theologische Motiv ist so wichtig, weil es eine sehr praktische Norm nach sich zieht. Mit der Natur muss gut umgegangen werden, sie ist mindestens pfleglich zu behandeln, so dass die Selbstwirksamkeit und die subjektive Entwicklung geschehen und gelingen können. Pestalozzi hat dies mit dem schönen Wort von der Allseitigen Besorgung bezeichnet, die für ihn die Ernährung und Reinigung des Körpers ausmacht, damit sowohl die Seele wie auch der Leib Kraft gewinnen – ironischerweise, nicht nur um aufzunehmen, was in der pädagogischen Praxis passiert, sondern auch um Widerstand zu leiten. Erziehung bedeutet immer ein wenig, anderen zu ermöglichen, sich zu widersetzen. Der Konflikt deutet meist pädagogischen Erfolg an. Dabei stellt sich jedoch ein seltsames Problem ein, das insbesondere die Heilpädagogik als eine Form der pädagogischen Arbeit mit Menschen auszeichnet, die als behindert bezeichnet werden. Die Naturgrundlage darf und kann als solche behandelt werden, wenn die allein im menschlichen Miteinander gegebenen praktischen Tätigkeiten nicht ausreichen. Heilung ist zulässig, die Idee der Krankheit war ein Fortschritt. Sie führt aus einer Erstarrung, bei der Krankheit, Behinderung, Folgen eines Unfalls nicht als gottgegeben betrachtet werden. Damit wird Gott nicht von den Menschen überwunden, vielmehr wird sichergestellt, dass die fundamentale, von Gott selbst gegebene Bildsamkeit und Bildungstätigkeit auch in ihrer natürlichen Seite gewahrt wird. Zugegeben: eine wilde theologische Konstruktion, für die schlicht gilt: Wenn es den Beteiligten hilft, Bildsamkeit zu realisieren, soll kein Einwand erhoben werden. Mit Ausnahme des Vorbehalts, der einer medizinisch pharmazeutischen Behandlung gilt, die menschliche Praxis ersetzen und nicht ermöglichen soll. Wie auch immer das geschieht: Bildsamkeit als ein Aneignungsmodus wird vorausgesetzt, er bildet die Zone der aktuellen Leistung, weil sich Menschen mit ihren Fähigkeiten schon in der Welt bewegen, die ihnen zugänglich wurde. Immer zeigen sich dabei Momente, die auf eine künftige Leistung verweisen, auf ein Handeln, das die aktuelle Lebensform überschreitet – und sei es, dass dies gedanklich oder symbolisch geschieht, übrigens noch in der Reflexion darauf, dass diese aktuelle Leistungszone vom Subjekt als gelungen verstanden wird.

Die Praxis der Erziehung und ihre merkwürdigen Elemente

Dies zu erkennen stellt eine Aufgabe der Pädagogik dar, die dann und soweit eine Schutzfunktion für das sich selbst fassende Subjekt übernimmt. Das wiederum verlangt einen noch schärferen Blick auf die gemeinsame Praxis der Erziehung und die emotionale und soziale Entwicklung der Subjekte, vielleicht auf ihre Seele (vgl. Zimmermann/Meyer/Hoyer 2016).

Natur, die biologische Ausstattung ist *strukturell* gegeben, birgt aber Entwicklungsmöglichkeiten in sich. Bei Lebewesen handelt es sich entscheidend um das Zentralnervensystem in den Teilen, die sich durch Zellteilung differenzieren und vernetzen können. Es geht also um die entwicklungsbiologisch jüngsten Teile unseres Gehirns, die produktiv instabil sind – ihre Entwicklungserfolge gehen leider wieder verloren, wie man etwa an der Vernetzungsdichte der Neuronen erkennen kann. Die strukturelle Grundlage zeichnet jedoch etwas aus, das vorrangig bei Menschen anzutreffen ist. Es ist die biologisch in uns verankerte Fähigkeit zum Altruismus, mithin die Fähigkeit, andere als Vertreter der eigenen Spezies und als Spiegel des eigenen Selbst wahrzunehmen. Diese Disposition ermöglicht die Sorge um den anderen aus Sorge um sich selbst; Sozialität und Egobezug sind miteinander verschränkt, Fremdbild und Selbstbild sind wichtig, um zu erfassen, dass und wie man gemeinsame Absichten verfolgen kann und muss. *Shared Intention* nennt Tomasello diesen Mechanismus, der schon bei kleinen Kindern festzustellen ist (Tomasello 2010). Vor ihm hat Selman auf die Fähigkeit zur Perspektivenübernahme hingewiesen (Selman 1984). Diese Fähigkeit entsteht aus der Gruppe und ihrer Praxis, ermöglicht zugleich Gruppenbildung. Aber: Der aufeinander gerichtete Blick kann abgewendet werden und sich auf anderes richten. Deshalb irritieren Menschen, wenn sie uns beim Gespräch nicht ansehen. Den Blick weg zu richten, auf anderes zu lenken, stellt nun im Zusammenspiel mit der geteilten Aufmerksamkeit die Bedingung der Möglichkeit dar, gemeinsam auf Anderes zu blicken; hinzu kommt eine humanspezifische Fähigkeit, nämlich die zu deiktischen Aktionen. Menschen können auf Anderes zeigen, sogar nur den Blick auf Anderes richten, Mitmenschen folgen diesem; Tiere können dies erst, wenn es ihnen antrainiert worden ist. Die entscheidende Frage wird die nach dem sein, was da gezeigt wird – und ich kann gleich hinzufügen: Mit dem Gezeigten und seiner Aufnahme in die menschliche Lebensform wird Bildung erst fassbar.

Die Pointe des Geschehens besteht nun darin, dass Gehirnfunktionen sich in der Regel einigermaßen zuverlässig entwickeln und für den Erhalt unserer vegetativen Leistungen grosso modo ausreichen, dass jedoch das menschlich Wesentliche in diesem neuronalen Apparat nur bedingt eingebaut ist. Kooperation und Zeigehandlung lassen Natur und Kultur im Individuum interagieren und sich verbinden. Manchmal verzögern sich diese Entwicklungen, bleiben aus, vollziehen sich eigenartig. Pädagogisch ändert sich nicht wirklich viel, weil nämlich der schon angedeutete Grundmechanismus keineswegs außer Kraft gesetzt wird, vielleicht mit besonderer Sorgfalt, aufmerksam und sensibel inszeniert werden muss. Freilich scheiden sich hier eine soziale Vorstellung von Normalität und eine pädagogische. Soziale Normalität definiert sich statistisch (oder meist: mit den Pseudostatistiken, die Menschen im Umgang miteinander verfolgen. Das ist doch nicht normal! Wieso eigentlich nicht?). Maria Montessori hat einen pädagogischen Begriff der Normalität und der Normalisierung demgegenüber geltend gemacht: Kinder, so ihr Argument, verfügen über einen inneren Bauplan, der – bei ihr – von Gott gegeben ist und in ihrer Natur sich zeigt. Kinder können aufgrund dieses Bauplans Fähigkeiten und Fertigkeiten entwickeln, um die gesellschaftlichen und kulturellen Erwartungen sich so zu eigen machen, dass sie gut in dieser leben, kritisch würde man vielleicht einwenden: funktionieren. Häufig genug aber ist das nicht der Fall, mischen sich eben diese gesellschaftlichen Erwartungen und Praktiken so in die Entwicklungsprozesse ein, dass die Polarisierung der Aufmerksamkeit aufgehoben oder gar zerstört wird, dass vor allem der innere Bauplan nicht mehr beachtet wird und das Kind in seiner Entwicklung von diesem gleichsam abgelenkt wird. Die Leistung der Pädagogik liegt für Montessori dann in einer Normalisierung, welche die Entwicklung des Kindes gegenüber dem gesellschaftlichen Druck nicht nur schützt, sondern es auf den Weg bringt, der als sein innerer Bauplan gelten darf, gewissermaßen den Weg zeichnet, auf welchem die Interaktion von Natur und Kultur im Subjekt stattfindet.

Was zeichnet nun jedoch die biologisch verankerten Grundmechanismen aus? Um zu überleben kooperieren Menschen. Sie tun dies zunächst in einer sehr elementaren Weise, indem sie gemeinsam Bewegungen ausführen – einiges spricht dafür, dass Tänze und spielerische Figuren den Anfang menschlicher Sozialität ausmachen (Dunbar 2014), welche sich in Regeln und ritualisierten menschlichen Beziehungen objektiviert. Sie ermöglichen gemeinsame Verhaltensweisen in und gegenüber der bestehenden Umwelt. Diese wiederum erlauben gestaltende Eingriffe in die Umwelt, die über die unmittelbare Nahrungsaufnahme hinausgehen. Es entstehen rituell bedeutsame Plätze, Vorstufen der Sesshaftigkeit, die sozialen Zusammenhang symbolisieren, Gerätschaften, um diese Plätze und die Rituale zu gestalten. Zugleich etablieren sich erste Erinnerungen, die tradiert werden und ihrerseits auf Künftiges verweisen, zumindest aber so etwas wie eine Alternative des Lebens andeuten; religiöse Transzendenz tritt neben die Erinnerung und wird Inhalt erster Geschichten. Die Erfindung von Geschichten, Fiktionalität und Religion markieren die ersten Stufen menschlicher Existenz. Daneben entstehen Kleidung, Werkzeuge aller Art, zur Jagd wie vor allem zur Aufbereitung und Aufbewahrung von Nahrungsmitteln. Die entscheidende Zäsur stellt dann die neolithische Revolution dar, in welcher sich im Zusammenspiel von sozialen Ritualen, Werkzeugen und Konservierung von Nahrungsmitteln Kultur verfestigt, als eine Objektivität von Artefakten, die nun unabhängig von der physischen Existenz der Einzelnen besteht, diese übergreift, nicht zuletzt, weil sie aus der Kooperation entstanden ist.

Wie archaisch Menschen sich zuweilen verhalten, sie tun dies auf einem in sozialer und kultureller Evolution entstandenen Niveau; diese kulturelle Evolution hat jegliche (evolutions-)biologisch denkbare Entwicklungsgeschwindigkeit hinter sich gelassen und zu dem geführt, was als geschichtlich-gesellschaftliches

Gattungswesen, als nicht-genetisches Erbe schon mehrfach angesprochen worden ist. Obwohl in der Einsicht von der Historizität der Menschheit spätestens seit der Renaissance zugänglich, haben es wohl Karl Marx und Friedrich Engels in ihren *Thesen ad Feuerbach* in den Sätzen gefasst, nach welchen das menschliche Wesen nicht absolut rein natürlich und ewig, sondern als Ensemble der gesellschaftlichen Verhältnisse zu begreifen sei. Gemeint sind die sozialen und kulturellen Objektivationen, die in gemeinsamer Lebenspraxis erzeugte Wirklichkeit übrigens auch der Ideen und Worte. Alles mithin, was jenseits, vor und in der gemeinsamen Praxis besteht. Objektiv gegenständlich, sogar verdinglicht werden kann, Werkzeuge, Regeln, sprachliche Zeichen, Sinnkonzepte, die für sich bestehen – und daher auch immer wieder erklärt werden müssen. Hier stellt sich dann die Frage der Behinderung; so hat das zumindest Wolfgang Jantzen überzeugend dargelegt: Exklusion findet sich dort, wo Menschen durch selbst noch gesellschaftliche Prozesse, nämlich durch Machtprozesse und Herrschaft von dem ausgeschlossen werden, was als gesellschaftliches Wesen bezeichnet werden kann.

Niemand kann und will also die Notwendigkeiten unserer Physis, die natürlich gegebenen Bedingungen und Möglichkeiten unserer Existenz verlassen, wie sehr sie uns einschränken oder quälen. Immer, genauer: in der Regel ermöglichen sie uns und verpflichten uns sogar, das in Betracht zu ziehen, was als kulturelles, soziales Sein der Menschen entstanden ist; ein Sein, das immer historisch bestimmt ist, inhaltlich aktuell gegeben und zugänglich, ein gesellschaftlich-geschichtliches, mithin nicht-genetisches Gattungserbe, das Menschen zu einem Duplexsein zwingt, ohne ihnen ein bestimmtes Wesen zu geben. Wie sehr Menschen ihrer Natur verpflichtet und auf diese angewiesen sind, weil sie sich nur mit dieser entwickeln können, werden sie noch bis hinein in ihre Gefühlswelt durch die kulturellen Möglichkeiten überformt. Sie sind Menschen in ihrer Zeit – müssen sich diese Gegebenheiten aneignen, denen sie damit zugleich einen weiteren Bestand verschaffen, allzumal dann, wenn und sofern diese Aneignung selbst organisiert wird – das macht übrigens die funktionale Notwendigkeit von Erziehung aus. Sie zeigt auf das kulturell-gesellschaftliche »Sein-Wesen«, auf das »être«, macht es in seiner Realität und in seiner symbolischen Repräsentanz zugänglich, bewahrt es so und verhindert, einem Wagenheber gleich, dass die menschliche Kultur historisch zurückrutscht (Tomasello 2002).

Allerdings sind Gruppen wie Einzelne vergesslich. Was ein weiteres Argument für eine pädagogische Organisation der Aneignungsprozesse bietet, zugleich aber mit Vorsicht zu genießen ist: Erziehung insistiert auf Wiederholung, macht Praxis manchmal dröge, weil sie noch einmal will, was die Beteiligten doch schon können. So recht wollen die sich freilich nicht entscheiden, wie jeder weiß, der mit Kindern, Jugendlichen und sogar Erwachsenen zu tun hat. *Ich möchte dabeibleiben! Lass uns das doch noch einmal machen! Es ist gerade so schön, gefällt mir so gut.* Und umgekehrt wehren sie sich: *Bitte nicht noch einmal! Ich weiß das doch schon. Ich kenne das. Und ich kann das.* Innere Wiederholungszwänge, Kontinuität, sogar das Ausblenden aller Umwelt, wie es Maria Montessori als polarisierte Aufmerksamkeit beschrieben hat, zeichnen die Praxis einerseits aus, andererseits kann sie gar nicht umhin, manches einzuüben. Zeigen, Wiederholen, bis zum Verdruss trainieren. Wo die Schuhe aufgeräumt und die Kleidung aufgehängt werden. Der Straßenverkehr, die Alltagsrituale, Essen, Hausaufgabenmachen, das abendliche Schlafengehen.

Zugleich rennt pädagogisches Handeln gegen das Vergessen an, heute mehr als in der Vergangenheit. Die jüngere Moderne zeichnet geradezu aus, dass in ihr die Furie des Vergessens wirkt, die Beschleunigung der Veränderung sogar den Zwang ausübt, sich rasch und vorgeblich kreativ anzupassen, ohne zu überlegen, ob man nicht in der Vergangenheit ähnliches schon erlebt und gekonnt hat. Wenn Kompetenz eigentlich Performanz ist, bleiben Fähigkeiten und Fertigkeiten auf der Strecke. Hinzu kommt allerdings ein grundsätzliches Paradox des Lernens. So macht, wie Wolfgang Sünkel zeigt, Erziehung zwar das geschichtlich-gesellschaftliche Erbe zugänglich, schränkt aber individuell ein. Wer Radfahren lernt, lernt nicht das Schwimmen, das geht nur sukzessive, nacheinander – und manchmal klappt das nicht. Alle Erziehung ist Einschränkung, selbstverständlich eben auch Zivilisierung unseres Verhaltens. Wer gut erzogen ist, lässt halt nicht die Sau heraus. Man konnte schon ein wenig boshaft sein und an Tomasellos Hinweis anknüpfen, dass Kinder den angeborenen Altruismus und die Fähigkeit zur Kooperation spätestens dann verlieren, wenn sie in pädagogische Anstalten gesteckt werden. Zuviel Erziehung beschädigt unsere Natur!

Das führt nun freilich zurück zu dem entscheidenden Grundbegriff, der uns das Handeln und Geschehen verdeutlicht. Alle Erziehung findet in einer gemeinsamen *Praxis* statt. In einer Praxis in dem Verständnis, wie es seit Aristoteles verfügbar ist, neuzeitlich immer wieder gegen die Vorstellung der Arbeit, Herstellung und Produktion verteidigt werden muss; sie wurde in der Antike als Poiesis bezeichnet, was bis in die Moderne hinein der Praxis untergeordnet. Um 1800, übrigens parallel zur Etablierung des Bildungsbegriffs, verkehrte sich der Wert dieser Handlungsbegriffe: Unter dem Einfluss der modernen Ökonomie drängte sich der Arbeitsbegriff auch dort in den Vordergrund, wo die menschliche Verfasstheit gemeint war. Hegel war nicht frei von dieser problematischen Verdrehung, erst recht nicht Marx, obwohl er doch in der mit Engels verfassten »Deutschen Ideologie« eine Utopie verfasste, die das praktische Leben in der Vielfalt der Handlungen erhoffte. Arbeit wurde dennoch zum Leitmotiv. Erst im 20. Jahrhundert gewann die Praxis wieder ihren Stellenwert zurück, sicher als Gegenbegriff zur Theorie, vor allem jedoch in Konzeptionen, die Praxis mit Interaktion und Kommunikation verbunden und eher als Merkmal menschlicher Lebenswelt diskursiv verstanden dem gegenübergestellt haben, was als System bezeichnet wurde.

Praxis bezeichnet einen gemeinsamen Zusammenhang handelnder Subjekte, die sich in diesem regelhaft verhalten und dies als Bereicherung ihres Lebens sehen; die Nähe zu dem, was als Gemeinschaft bezeichnet wird, liegt nahe. Der Ausgang des Geschehens ist offen, nicht immer weiß man, ob man jemals wieder in der Praxis zusammenkommt. Manchmal bleibt die Erinnerung, bewegt einen, wird zu einem Moment des Ich, der eigenen Lebensform, Modus des Handelns. Für die Akteure ist der Vollzug des Geschehens wichtig, die Erfahrung des gemeinsamen Handelns wirkt sich auf sie aus, wird von ihnen als Erinnerung bewahrt und gerne wiederholt. So gesehen birgt Praxis beides in sich, ein Geschehen, das als solches normativ wirkt und zugleich doch Veränderung, Bildung auslöst. Sie verpflichtet durch eine eigene, sie auszeichnende Tugend, das Ethos der Praxis besteht darin, diese gut zu verwirklichen. Pädagoginnen können und müssen diese Praxis ermöglichen und organisieren. Aber steuern lässt sich diese nicht, weil die Beteiligten als menschliche Akteure ihren Eigensinn im praktischen Zusammenhang verfolgen und diesen erst wirklich werden lassen. Alle sind beteiligt, selbst diejenigen, die sie initiieren und zuweilen auf Dauer stellen. Man kann nur eintreten in diese gemeinsame Praxis, mit einer Einstellung und Haltung gegenüber sich selbst und allen anderen, nicht aber mit der Sicherheit, diese beeinflussen zu können. Wirkungen hängen davon, dass sich alle Beteiligten in ihrer Eigenart und Persönlichkeit, durchaus als Organon verstehen und begreifen – Professionalität besteht dann darin, die oder den Anderen und noch sich selbst als Subjekt zu be-achten, anzuerkennen und zur Wirksamkeit in der Praxis zu verhelfen, eingedenk übrigens der unterschiedlichen Kräfte und Geschwindigkeiten, mit der Akteure in der Praxis wirken. Jede und jeder verfügen über einen Eigenwillen und eine Eigenart, sie sind nicht zu hintergehen, Menschen sind unterschiedlich, individuell, daher nicht kategorial zu reduzieren. Möglich ist nur, Ähnlichkeiten zu sehen – und vielleicht zu verwerfen.

Diese gemeinsame Praxis zeichnet aus, dass sie aus sich besteht, nicht von außen in ihrem Verlauf, in ihren Themen bestimmt werden kann. Sie ist unsere Angelegenheit, exklusiv, lebt von einer Art Intimität der Beteiligten, die noch darin münden kann, dass sie in eine gemeinsame Sprach- und Fantasiewelt führt. Dieses strukturelle Merkmal von Erziehung ist freilich heikel, weil es zu Nähe führt, die in Übergriffigkeit münden kann. Die Beteiligten müssen lernen, ihr Miteinander auszubalancieren, sie müssen lernen, sich an Grenzen zu bewegen, die sie selbst setzen und verteidigen. Die professionelle Haltung verpflichtet hier zu besonderer Aufmerksamkeit und zu einer allerdings außerordentlich schwierigen Sensibilität. Körperlichkeit ist wichtig, doch zeichnet Haltung aus, dass man sich in der Praxis zurücknimmt, ohne die andere oder den anderen zu verletzen. Manche Menschen brauchen die sinnliche Berührung, wollen sich anschmiegen, müssen das tun, weil diese Unmittelbarkeit noch ein Merkmal des Miteinanders höher organisierter Lebewesen ist. Grooming ist für Entwicklung und Wachstum wichtig, muss aber kontrolliert sein.

Das Zusammenspiel von biologisch gegebenen und kulturellen Möglichkeiten führt in eine doppelt offene Determination von Menschen. Sie entkommen weder ihrer Natur, noch aber dem, was ihnen als soziale und kulturelle Umwelt sich zwar aufdrängt, von ihnen aber aufgenommen werden muss. Damit entsteht in der Praxis und aus dieser Handlungsdisposition eine Lebensform, die immer gleichzeitig individuell und sozial wie kulturell bestimmt ist, die zugleich aber eine Vielfalt von Handlungs- und Bezeichnungs- mithin auch Bedeutungsmöglichkeiten eröffnet. In den Zwängen der Natur und der Gesellschaft sind wir einigermaßen ›frei‹, freilich stets in Abhängigkeit davon, was uns die natürliche Verfasstheit erlaubt und welche Einschränkungen uns eine Kultur schafft. Wer klein gewachsen ist, hat Schwierigkeiten mit dem Basketballspiel, kurze Finger erlauben selten große Klaviervirtuosität, die sich ebenfalls nicht einstellt, wenn das gute Gehör fehlt. Mängel in der natürlich-technischen Seite des Hörens lassen sich zwar kompensieren, Musikalität aber fordert eine genetische Disposition, die sich kaum erzwingen lässt. Die Determination ist offen, weil sie auf Entwicklungsprozessen ruht, die eine eigene Temporalität haben, damit ebenfalls nicht erzwungen werden können. Zwar wissen wir relativ gut Bescheid darüber, wie sich das Gedächtnis konstituiert, wie vor allem neuronale Verschaltungen als Basis des Gedächtnisses dichter und dann doch wieder lockerer werden. Einiges spricht aber dafür, dass Erinnerungen und Erfahrungen in einer Weise auch gespeichert werden, dass sie sehr viel später, anlass- und situationsbezogen wieder herausgekramt werden; darin gründet ein besonderer Spaß für Großeltern, weil sie nämlich beobachten können, wie ihre eigenen, oft lange widerspenstigen Kinder spätestens dann auf Handlungsweisen zurückgreifen, wenn sie ihre eigenen Kinder erziehen müssen.

Natur und Gesellschaft bedingen und bestimmen Menschen in ihrer Praxis, zunächst kollektiv, dann auch individuell; Natur und Gesellschaft wirken dabei zugleich aufeinander, einschränkend und ermöglichend, gerade darin aber sich jeweils auch transzendierend. Hier nun kommt eine fast metaphysisch klingende Überlegung herein; sie hört sich zumindest scheußlich kompliziert an, man muss sie dann doch fast Schritt für Schritt ausführen: Es ist diese wechselseitige Negation der Bedingungen menschliches Existenz, die dazu führt, dass der unvermeidliche Ausgangspunkt des Geschehens, nämlich die lebendige Aktivität der Individuen sich verändert, sich gleichsam selbst überschreitet, eine andere wird. Die Kooperation weist buchstäblich aus sich heraus, die Beteiligten zeigen einander die Welt außerhalb ihrer selbst, bestimmen dieses in einer gemeinsamen Sprache und machen den Umgang mit ihm zu einem für sie selbst geregelten Vorgang: Menschen können und müssen auf eine Welt jenseits ihrer unmittelbar persönlichen Wahrnehmung des Anderen auf die Gegenstände und Artefakte sehen, die in der sie umgebenden Welt zu erfassen sind; wenn man so will, können sie in der Kooperation zwei grundlegend deiktische Akte vornehmen, die sich in den geradezu kategorialen Äußerungen: *Sieh' mich an* oder *schau dort hin* aussprechen. Sie können auch nichtverbal, durch Gesten realisiert werden. Sieh mich an – das meint die unmittelbare Begegnung, den Blick auf das Antlitz des anderen, Verbindung, vielleicht Liebe, leider auch Schmerz. Es bleibt aber unter uns – und möglicherweise deshalb auch seltsam unbestimmt; wir können des anderen nicht sicher sein, wir lernen diese oder jenen in der Unmittelbarkeit kaum wirklich kennen.

Menschen zeigen Gegenstände, bezeichnen diese und entwickeln gemeinsame Techniken wie zugleich auch moralische Vorstellungen, welche im Kern vereinbarte und geschützte Techniken des Handelns sind. All diese Symbolisierungsakte stiften Gemeinsamkeit, eine Sprache für die Beteiligten. Aber sie ermöglichen zugleich individuelle Reflexion, die Konstitution einer individuell eigenen Bedeutung, in der sich das Ich in seiner Lebensform konstituiert.

Hier kommt nun endgültig das Subjekt mit seiner individuellen Verfasstheit unmittelbar ins Spiel, obwohl es latent schon immer vorhanden war. Tätig nämlich, in der Kooperation mit anderen, verbunden mit diesen durch eine geteilte Welt an Vorstellungen, wird nun eine Auseinandersetzung mit der Welt möglich, die mir subjektiven Sinn gibt, meine Bedeutung darstellen lässt. Sie ist eigen, weil sie unvermeidlich auf die biologische Individualität, auf die Besonderheit der Tätigkeit gestützt und zugleich doch daran gebunden ist, das eigene Ich immer wieder zu überschreiten, nämlich hin auf den Kontext der Kooperation. Das Paradox aber besteht darin, dass die Leistung des Subjekts prioritär darin besteht, Wirklichkeit erst einmal nicht anzueignen, in das eigene Ich zu überführen. Hier verlassen wir endgültig die bislang noch denkbare Gemeinsamkeit mit der Lerntheorie, gehen über zu Bildung in einem strengeren Sinne des Ausdrucks, zur Bildung in Beziehung zur Subjektivität. Subjektivität bedeutet nämlich Innehalten, Herstellung von Distanz zum Gezeigten und vielleicht sogar zu den Zeigenden, mithin die Provokation des Konflikts, vor allem aber die Epoché durch Verbindung mit den verfügbaren Symbolsystemen. Sprache, die Konstruktion von Bezeichnungen, die Suche nach Kategorien, endlich auch die sprachlich verbundenen Vorstellungen wirken geradezu als Barriere, verunsichern und lassen eigentümlicher Weise sogar das Gefühl entstehen, man selbst sei gar nicht Akteur.

So gesehen findet sich Subjektivität geradezu in der Verweigerung, das geschichtlich gesellschaftliche Erbe unmittelbar anzunehmen, es vielmehr von sich zu halten, im Wissen, dass man ihm nicht entkommt, es dennoch selbst prüfen will; auch im Blick darauf, wie Hegel festgehalten hat, ob das Urteil über es allgemein gelten kann. Etwas überspitzt formuliert: Bildung setzt mit Lernverweigerung ein, wer an den Zwängen einer Instruktionseinrichtung, also einer Schule scheitert oder sich diesen entzieht, indem sie oder es andere Lerngebiete außerhalb der Schule sich zu eröffnen, gewinnt die Chance zur Bildung. Darin gründet übrigens die ebenfalls von Hegel ausgesprochene Einsicht, dass Bildung und Nützlichkeit kaum in eins fallen – so gesehen kann man große Teile der Pädagogik, sei es die der Philanthropen im ausgehenden 18. Jahrhundert, sei es die des beginnenden 21. Jahrhunderts, schlicht vergessen, wenn und sofern es um Bildung geht; mehr als Abrichtung zur Brauchbarkeit ist eben damit nicht verbunden.

Pädagogik achtet dabei auf Bildung, indem sie das Subjekt aufhält. Im Bildungsprozess, als gebildetes bleibt das Subjekt stets eigentümlich schwankend; es ist sich seiner selbst nicht sicher, bleibt für manchen und für sich selbst immer wieder im Modus des Ungefähren. Man fühlt sich ein wenig erinnert an den Autofokus einer modernen Kamera allzumal bei Nachtaufnahmen; der lässt sich nicht so richtig einstellen und festhalten, der Fokus muss dann manuell bedient werden. Eben dies passiert wohl auch mit uns: In diesem Hin und Her einer Auseinandersetzung mit der Welt, die sich zwischen mir und den anderen bewegen muss, bleibt uns nichts Anderes übrig, als uns eine feste eigene Gestalt zu geben, ein Urteil zu formulieren, mit dem wir unser Weltverständnis für uns selbst und für die anderen aussprechen. Dabei zeichnet Subjektivität aus, beides auszubalancieren, die Bewegung des Hin und Her sowie die Festigkeit und Sicherheit eines Könnens und Wissens, vielleicht auch eines Gefühls, eines – wie Schiller angedeutet hat – ästhetischen Ausdrucks.

Endlich schließt sich ein philosophisch klingender Sachverhalt an, der aber gegen alle Inklusion eben pädagogisch geltend zu machen ist. Man könnte es so formulieren: Bildung ist auch Verweigerung. Sie ist fundamental in menschlicher Aktivität und die sie bestimmende Doppeldeutigkeit verankert, sie hat mit den Möglichkeiten zu tun, die aus der Kooperation entstehen, sie verweist dann auf die Welt, die uns gezeigt und symbolisch wie sinnhaft erschlossen wird. In diesem doch komplexen Feld bildet sich die Subjektivität aus, die wir für uns selbst empfinden, die uns von anderen zugesprochen wird – übrigens zuweilen durchaus herablassend, wenn einem der Vorwurf zu Teil wird, dieses oder jenes sei doch bloß subjektiv. Das ist es auch. Diese Subjektivität spricht Freiheit aus, Autonomie, Selbständigkeit. Das muss nicht romantisiert werden, wie es zuweilen in radikaler Auseinandersetzung mit Behinderung geschehen ist. Besser denkt man nüchtern, pragmatisch, erinnert sich an den Ausgangspunkt der Überlegung, dass Menschen ihre Subjektivität finden, indem sie kooperativ in der Welt aktiv sind. Verweigerung schmerzt, schließt eben konkret aus; der Ausflug mit den Rollstühlen fällt dann flach.

Dies erschwert die Auseinandersetzung mit Inklusion; man kann ihr nicht einfach abstrakte Freiheit entgegensetzen, selbst wenn man diese als intrinsisches Moment von Bildung betrachtet. Freiheit hat eine gleichsam tangentiale Qualität: Die natürliche Grundlage individueller Existenz schafft einen Komplex der Möglichkeiten. Menschen hängen von Naturgegebenheiten ab, von der Art und Weise, wie sich biologisch die Vernetzungen in ihrem Gehirn gestalten und dieses seine Eigenheiten entwickelt – bedingt durch seine zumindest statistische Einmaligkeit und Unverwechselbarkeit. Menschen sind nur bedingt frei in dem, was Gesellschaft, Kultur und Geist ihnen zumuten und abverlangen. Sie sind geradezu unvermeidlich auf den – notabene – kollektiv erzeugten und durchaus auf eine lange Tradition verweisenden Zusammenhang menschlicher Artefakte angewiesen. Sie entkommen auch nicht der Geschichte, bleiben Menschen ihrer Zeit – einer Zeit freilich, die selbst schon eine Vielzahl von Möglichkeiten in sich birgt. Möglichkeiten, die sie wahrnehmen müssen, gegenüber denen sie sich verhalten können, als Momente ihrer subjektiven Entscheidungen, ihres Denkens, Fühlen und Handelns.

Bescheidenheit – oder auch: die Grenzen des Geschehens

So viel ist deutlich geworden: Einerseits trifft zu, dass es gar keine besondere Pädagogik für Menschen mit Behinderung gibt; Erziehung und Unterricht, die pädagogische Praxis unterscheidet sich prinzipiell nicht, insofern hat das freilich umstrittene Wort Berechtigung, nach dem alle pädagogische Arbeit dann doch in das Gebiet der Allgemeinen Pädagogik fällt. Es geht um Erziehung und um nichts anderes, die Logik ihrer Praxis muss beachtet und realisiert werden. Ein spezifisch inklusiver Zugang ist demnach überflüssig, er taugt auch nicht, weil er die Komplexität und Dialektik übersieht, welche Erziehung und Unterricht auszeichnet – ganz abgesehen davon, dass er die Grundeinsicht gleichzeitig ignoriert und überhöht, nach der jedes pädagogische Tun immer mit Individuen zu tun hat. Vielfalt, Heterogenität waren schon immer in der Pädagogik bedacht und als Leitfiguren ausgemacht; die Praxis sieht freilich anders aus, viele wissen nicht, was nun Pädagogik kennzeichnet, unter den Stichworten Erziehung und Unterricht verbergen sich Grausamkeit, Übergriffigkeit, sogar Terror. Und eben auch Kategorisierungen, die Menschen einteilen, damit sie dann bearbeitet werden können. Wobei: empirisch wahrscheinlicher ist wohl, dass Menschen allzumal in Anstalten einfach Adressaten eines routinisierten und mechanischen Umgangs, dann vor allem fachlich vergessen werden. In der Kinder- und Jugendhilfe ist das durch eine berühmte Studie aufgedeckt worden, aus der das Programm Looking after Children entstanden ist. Ob das Problem damit verschwunden ist, sei dahingestellt. Andererseits: Eben, weil es um Praxis, um Kooperation mit subjektiven Akteuren und Zeigehandlungen geht, dürfen die Erfahrungen und das Wissen nicht ignoriert werden. Individualität verlangt eben durchaus die Frage nach Ähnlichkeiten, nach dem Wissen, das über Unterstützungsmöglichkeiten zur Verfügung steht. Technische Hilfen, auch pharmakologisches Wissen, die gekonnte, angeleitete Übung in der gemeinsamen Kooperation und Förderung stützen sich auf Erkenntnisse und Einsichten, die nicht beliebig zur Seite geschoben werden dürfen. Eine Allgemeine Pädagogik muss und kann zwar die Grundideen des Ganzen festhalten, damit es ein pädagogisches Geschehen bleibt; aber sie wird immer darauf verweisen, dass ein besonderes Wissen und Können erhalten und hilfreich bleibt.

Wichtig scheint indes, dass die Bedeutung und Rolle der Pädagogik erkannt bleibt. Eben diese Einsicht droht der Inklusionsdebatte verloren zu gehen, obwohl inzwischen Beruhigung naheliegt. Ein wenig spöttisch gesagt: Die Inklusionisten haben sich auf Friedensverhandlungen eingelassen, die Vertreter der Sonder-, Behinderten- und Integrationspädagogik erweisen sich als diejenigen, die noch das Inklusionsprogramm am Ende besser begreifen. Business as usual wird das dennoch nicht, zu sehr mischen Politik und Öffentlichkeit mit, gewiss als kritische Instanzen, leider auch mit Erwartungen, die dann nicht realisiert werden; noch einmal: die Realität allzumal des Schulwesens hat sich eher zum Nachteil der Betroffenen verschlechtert. Vorsicht bleibt angebracht gegenüber den großen Erwartungen, die an Pädagogik gerichtet werden; Erwartungen, die Menschheit zu retten oder den neuen Menschen zu schaffen. Mit politischen Revolutionen hat Pädagogik wenig zu tun, eher wird die Sache gefährlich, wenn das von ihr erwartet wird. Insofern gilt, was schon anklang: Das Geschäft ist ein wenig technisch, obwohl es doch als Kunst gestaltet werden muss. Als Kunst, die sich der Einsicht verschrieben hat, dass Kinder ohnehin das machen, was sie bei den Erwachsenen sehen. Man darf schon kurz an Siegfried Bernfeld erinnern, der in den zwanziger Jahren des letzten Jahrhunderts für die Beschreibung des pädagogischen Geschäfts die Figur des Sisyphos ins Spiel gebracht hat; Pädagogik hat ihr Symbolum in jenem traurigen Helden der antiken Mythologie gefunden, den Zeus dazu verdammt hatte, auf einen Berg einen Stein zu wälzen, der ihm aber stets wieder nach unten stürzte. Erziehung leidet ein bisserl unter ihrer Vergeblichkeit. Wobei das nicht stimmt, nur die schnellen, möglichst plan- und messbaren Wirkungen treten nicht ein, die nach der Blaupause entstehen sollen, die andere als Ziele gesetzt haben.

Eine der entscheidenden (und frustrierenden) Aufgaben von Pädagogen besteht freilich darin, die Rahmenbedingungen für ihr eigenes Geschäft zu sichern. Pädagoginnen und Pädagogen sehen regelmäßig ihre gesellschaftlichen Rahmenbedingungen in Frage gestellt, real sowie durch gelegentlich irritierende Debatten, die meist politisch überzogen sind, zuweilen einem ethischen Rigorismus folgen, für den gilt, dass er im allgemeinen Prinzip zutrifft, in der besonderen, individuellen Praxis verfehlt ist. Der vor allem eines selten beachtet, nämlich, dass und wie Menschen sich in ihrer eigenen Zeit entwickeln, verändern, dass sie lernen. Leben lässt sich nicht bloß strukturell erfassen, sondern nur als ein Prozess; dem muss ein fachliches Denken und Handeln gerecht werden. Um nur zwei Beispiele anzuführen: Inklusion fordert – zum einen – Beteiligung und Mitwirkung, manchmal sogleich Verantwortung. Es trifft zu, dass Wirkungserfahrungen menschliche Entwicklung, die Erkenntnis der eigenen Autonomie und die Bildung der Subjektivität eigentlich erst ermöglichen. Aber Wirkungserfahrungen setzen doch schon immer ein Können voraus, verlangen Übung, entstehen aus einer Verbindung von eigener Erprobung und Unterstützung, die mit Anerkennung einhergeht. Wo dies fehlt, droht ein Scheitern, entstehen Enttäuschung, Verzweiflung und Frustration, liegt der Rückzug nahe. Misslingende Autonomie, bei der die Subjekte sich nicht auf schützende Rahmenbedingungen zurückfallen lassen können, beschädigt diese – wobei die grammatische Doppelstruktur des Satzes hier beabsichtigt ist. Inklusion, wie sie gegenwärtig verhandelt wird, nimmt keine Rücksicht auf solche komplexen Lernprozesse, die auf eine elementare Autonomieentdeckung und Autonomieentwicklung gerichtet sind. Sie setzt schon voraus, was doch erst werden muss – und eben darin überfordert sie nicht bloß, sondern verachtet den realen Ernst einer jeden Lebensform. Sie verachtet damit auch, dass und wie Menschen in ihrer Entwicklung begleitet, angeregt und unterstützt werden müssen, wie sie darauf angewiesen sind, dass ihnen ein Handeln gezeigt wird, das ihre Autonomie konkret werden lässt. So gesehen kann Inklusion nur werden, wenn sie mit einer Pädagogik verbunden ist, die Autonomie als Moment von Bildsamkeit unterstellt und zugleich entwickeln hilft. Das zweite Beispiel deutet sich hier schon an: Inklusion bleibt seltsam diffus, wird gleichsam ubiquitär gedacht, ohne jedoch auf Orte zu verweisen, an welchen sie konkret wirklich entwickelt und erfahren wird. Das hängt mit dem Vorbehalt der Inklusionisten zusammen, der sich gegen Räume richtet, die vorgeblich besondere Sonderräume darstellen. Ein Erbe der Inklusionsdebatte aus dem Debatte um die Reform der Psychiatrie, das seinen Ausdruck etwa in der Ablehnung von schützenden Werkstätten für Menschen mit Behinderung findet. Sie werden als Sonderwelten diskreditiert. Manchmal möchte man dem entgegenhalten, dass längst alle Menschen, allzumal jene in der kapitalistischen Arbeitswelt auf solche Schutzräume angewiesen sind. Vor allem jedoch: Diese Kritik an den Sonderwelten verkennt beides, die belastete und anstrengende Lebenssituation von Menschen mit Behinderung und Erkrankung, die dem Arbeitstempo nicht standhalten können, die Konkurrenz und Druck nicht aushalten, die sich in arbeitsteiligen Prozessen eben gerade nicht als wirksam erleben (Asmus et al.

2016). Sie brauchen Zuspruch, Unterstützung und Anerkennung, die in den Betrieben ›draußen‹ nur selten zuteil wird. Hinzu kommt: Solche Sonderwelten geben Schutz, bieten vor allem Rhythmen, Regeln, ein äußeres Gerüst für das innere Leben, das in der Arbeitswelt schon immer vorausgesetzt wird; anders wäre dieses nicht auszuhalten. Was aber, wenn dieses innere Gerüst nicht stabil genug ist, leicht umgestoßen werden kann? Was passiert, wenn ein Mensch plötzlich merkt, wie ihm der Boden entzogen wird, wie er die Fassung verliert?

Professionelle müssen also darum kämpfen, dass sie das tun können, was sie eigentlich professionell tun müssen – und dass sie das tun können, ohne darin dauernd eingeschränkt oder gestört zu werden. Sie müssen um diese Rahmenbedingungen kämpfen, weil sie erst dann die Möglichkeit zur Begegnung gewinnen, zu einem einfühlsamen Miteinander und einer Kooperation, die Weltaneignung erlaubt. Dabei haben sie selbstverständlich ein Dilemma, das sie in der Sozialpädagogik mit dem Begriff des doppelten Mandats umschreiben; sie unterliegen einer doppelten Verpflichtung, sind Klienten gegenüber verantwortlich, müssen parteilich für diese sein, zugleich aber doch einem gesellschaftlichen Auftrag gehorchen. Das gilt nicht minder für die Schule, die junge Menschen befähigen soll, sich selbst zu finden, um mit Wissen und Können, mit Fähigkeiten und Fertigkeiten in der Welt zu bestehen, die aber zugleich den Erwartungen einer Gesellschaft und ihrer Wirtschaft genügen soll; Schule soll zur Bildung von Personen beitragen, sie aber sogleich nach ihrer Leistung selegieren, wobei Eigenart und Eigenheit formal egalisiert werden. Friedrich Karl Wächter hat dies einmal in einer hübschen Karikatur dargestellt, die zeigt, wie ein Papagei, ein Affe und ein Elefant ganz gerecht vor die gleiche Aufgabe gestellt werden, nämlich auf einen Baum zu klettern. Schule ist Normalisierungsinstanz und Institution – daran wird sich bei allen Inklusionshoffnungen wenig ändern, zumal Eltern – wie Heinz Bude kürzlich gezeigt hat – in ihrer Bildungspanik für weitere Spaltungen sorgen.

Jedenfalls verfügen die Pädagoginnen und Pädagogen nur in den allerseltensten Fällen über die Bedingungen ihres Tuns: Staat und Politik weisen ihnen Mittel zu, die Öffentlichkeit in ihren unterschiedlichsten Formen, selbstverständlich auch die Politik, endlich mehr oder weniger sachkundige Experten sagen ihnen, was sie tun sollen und wie sie das tun sollen. Und umgekehrt müssen die Pädagoginnen und Pädagogen immer wieder gegen die unterschiedlichsten Formen der Inanspruchnahme durch Gesellschaft, Politik und Öffentlichkeit ihren eigenen Handlungsspielraum wahren oder wiederherstellen. Vor fast hundert Jahren hat man deshalb das etwas schwierige Wort von der Autonomie der Pädagogik geprägt – um diese geht es auch heute wieder, wenn sich Pädagogen für Inklusion engagieren. Mit diesem Engagement bringen sie nämlich einmal mehr wieder zum Ausdruck, was ihre Arbeit fundamental auszeichnet – da wird die pädagogische Welt nicht wirklich neu erfunden, sondern gegen die Eingriffe allzumal der Politik und der Wirtschaft verteidigt.

9   Inklusion – eine ethische Frage

Wer die Debatte über längere Zeit verfolgt, kann die Frage kaum vermeiden, ob und wieweit es bei Inklusion überhaupt um eine ethische Problematik geht. Zumindest um eine ethische Problematik, die besondere Aufmerksamkeit und ein gründliches Bedenken verlangt. Das Grunddilemma hat sich ja schon öfters angedeutet: Wenn Inklusion dazu beitragen soll, die soziale Besonderung von Menschen zu verhindern, dann entkommt sie dem Problem nicht; aus dem Behinderten wird dann der Inklusionsfall. So gesehen darf weder von Behinderung noch von Inklusion gesprochen werden, beide Begriffe stigmatisieren. Aber wäre das nicht grausam, weil dann Menschen notwendige Hilfe verweigert wird, weil sie gar nicht benannt werden darf? Vielleicht liegt hierin ein guter Grund dafür, auf eine Ethik der Inklusion zu verzichten. Es könnte nämlich sein, dass sich die Debatte erledigt, wenn und sofern sie sich auf einen hinreichenden Begriff menschlicher Würde stützt. Um es paradox zu formulieren: Inklusion wird überflüssig dann, wenn der Begriff meint, dass jeden Menschen die Würde auszeichnet, unbedingt als Person anerkannt zu sein, sein Leben selbst zu entwerfen, zu planen und zu bestimmen, in dem Ausmaß, der Weite und Breite, die dieser Mensch für sich selbst will. Um diese ihre Würde zu verwirklichen, bedarf die Person der Unterstützung durch alle und durch das Gemeinwesen, uneingeschränkt, zudem ohne Bewertung ihrer Kräfte und Fähigkeiten. Denn: Wer mag denn ernsthaft darüber befinden, ob und wie weit jemand über die geistigen, sozialen Kapazitäten verfügt, politische oder ökonomische, soziale oder kulturelle Entscheidungen gut begründet zu treffen? Oder dann etwas weniger paradox, stärker auf die Intention etwa der Vereinten Nationen und ihrer Konvention bezogen: Wenn diese dazu beiträgt, wenn die Forderung nach Inklusion das Anliegen unterstützt, allen Menschen zu ermöglichen, dass sie ihre Würde im alltäglichen Leben konkret wahren, dann sollte sie unterstützt und realisiert werden. Zu ergänzen wäre aber sogleich: Prüft die Geltung der Konvention, schafft sie ab, wenn sie nicht mehr erforderlich ist.

So gesehen kann man sich vielleicht beim Thema Inklusion ethische Debatten ersparen und sich auf die Pragmatik des Geschehens beschränkten, wie das hier schon mehrfach empfohlen worden ist; der Fortschritt der Debatte läge dann darin, dass sie insofern doppelt normativ wirkt, uns nämlich eine Prämisse des Miteinanders und damit der Wahrnehmung anderer auferlegt, dann abverlangt hinzusehen, wie sich die konkrete Lebenspraxis ausgestaltet. Man kann das als Haltung bezeichnen, die sich von einem großangelegten Programm und Projekt sozialer und politischer Veränderung von vornherein darin unterscheidet, dass sie auf das Verhältnis und das Verhalten von Menschen miteinander und untereinander abhebt, deshalb konkret werden muss. Als eine Haltung, der es also um Gemeinsamkeit, um eine Praxis geht. Peter Bieri würde sie wohl als die Haltung des Gebildeten bezeichnen: »Der Gebildete ist einer, der ein möglichst breites und tiefes Verständnis der vielen Möglichkeiten hat, ein menschliches Leben zu leben« (Bieri 2012, S. 233). Man möchte ergänzen, dass diese Bestimmungen allen unterstellt werden, dass sodann doch Inklusion in einer gleichsam kleinen Bedeutung zum Tragen kommt, nämlich in dem Sinne eine gemeinsame Praxis auch gemeinsam zu bewältigen.

Die Prämisse dieser gemeinsamen Praxis besteht darin, andere als Menschen anzusehen und zu begreifen, ohne Wenn und Aber. Die angeblichen Grenzfälle, die der australische Philosoph Peter Singer gerne angeführt hat, sind nur dann Grenzfälle, wenn – vorgeblich – wissenschaftliche Urteile zu Verurteilungen geführt haben oder den Einsatz technischer Geräte einen Erhalt des Lebens erzwingen. In der banalen Lebensrealität fällt die Entscheidung anders, ironischerweise stärker aus Freiheit: Wenn Menschen leben wollen, tun sie das – es kann sein, dass sie dafür dann Unterstützung benötigen. Selbstverständlich führt diese Überlegung in schwierigste Entscheidungssituationen – möglicherweise müssen wir tatsächlich lernen, genauer hinzuhören und hinzusehen, um den kleinen Funken an Lebenswillen zu erkennen, der dann aufgenommen werden muss, möglicherweise mit Apparaten. Das bedeutet, dass Menschen, die ohne Gehirn geboren werden – so Singers Beispiel –, doch so viel Lebenswillen zeigen, dass ihnen der Personstatus zuzubilligen ist. Die erste Prämisse lautet also: Wir haben mit Menschen zu tun, normativ folgt: Sieh nach, was sich als Bildsamkeit entdecken und aufgreifen lässt. Lass Dich ruhig überraschen, nimm Dir Zeit für den Anderen und für Dich selbst – wie anstrengend die gemeinsame Lebenspraxis sein wird. Hier nun kommt die zweite Prämisse ins Spiel: Sie verlangt von uns, darauf zu sehen, dass und wie die konkrete Lebenspraxis in einer Weise ausgestaltet wird, die als gut empfunden wird, selbst wenn sie belastend und zuweilen bedrückend wirkt.

Es geht also um die prinzipielle Anerkennung und Achtung des Anderen als Person und als ein Subjekt, das will und sich – wie rudimentär auch immer – entwirft, mit Unterstützung von anderen und in einer gemeinsamen Praxis. Noch vor aller Inklusion muss etwas Grundlegenderes, nämlich eine Art – um den von Adam Smith geprägten Ausdruck zu verwenden – Moral Sentiment stehen, nämlich, dass Staat und Gesellschaft alle Individuen achten und in ihrer Bildung anerkennen, sie als gleichwertig ansehen und dennoch die Bereitschaft schaffen, »mit dem Studium des anderen zu beginnen« (Taylor 1993, S. 70). Unter dieser Voraussetzung kann dann Praxis konkret gelingen, nicht abstrakt, nicht als Durchsetzung eines generellen Prinzips von Gerechtigkeit und Gleichheit, sondern in einer banalen Vorstellung von kleiner Freiheit und großer Sorge umeinander. Alles andere spricht nur eine Ideologie aus, die sich schnell als Lüge erweist. Wie das eben mit dem Reden von Inklusion geschieht. Bei diesen Reden bleiben das Subjekt und seine konkrete Situation, die wirkliche, leibhaft erlebte Praxis auf der Strecke.

Eine solche, stark zurückgenommene Ethik mag zwar auf den ersten Blick überraschen, spricht jedoch eine Einsicht aus, die wenigstens als Prüfinstrument genutzt werden muss – vorab schon: es reicht nicht, wir entkommen der Debatte nicht, sollten dem Einwand dennoch folgen: Schon die Entstehung von Behinderung, dann der Umgang mit ihr, vor allem jedoch die realen Lebenslagen der Betroffenen drücken Klassenverhältnisse aus. Sie sind zumindest von diesen sogar dann nicht zu trennen, wenn die Vorstellung von Klassen fehlt, wenn die Einsicht verschwunden ist, dass die modernen Gesellschaften Klassengesellschaften sind – vor allem und zu allererst. Ausschließen lässt sich nicht, dass es noch zu den hegemonialen Mechanismen gehört, die allzumal von den ideologischen Apparaten praktiziert werden, von Medien, von Intellektuellen, von einer politischen Kaste, die Realität der Klassen auszublenden; jeder ist dann seines Glückes Schmied, als Unternehmer seiner selbst für sich verantwortlich und stets nur als freies Individuum in kulturellen Milieus unterwegs. Selbst der Unterhaltungsfilm bleibt ehrlicher: Ziemlich beste Freunde, Intouchables, belehrt schließlich darüber, dass und wie die Klassenlage zwar nicht die Objektivität der Behinderung und das Leiden an ihr beseitigt, dennoch Möglichkeiten einer persönlichen Assistenz eröffnet, die anderen verwehrt bleiben. Kurz und wenig gut: wer von Behinderung spricht, sollte an Kapitalismus und vor allem an einen Staat denken, der längst ein wenig gemein beim Wohl geworden ist.

Freilich: ganz frei von Ethik lässt sich das nicht diskutieren. Immerhin geht es doch um Menschenrechte, um die Würde des Menschen, um den Status von Personen. Zugleich drängt sich die Erinnerung an die Auseinandersetzungen um die Arbeiten und Auftritte von Peter Singer auf. Oft genug wurde er daran gehindert, seine Überlegungen überhaupt nur vorzutragen. Das Urteil über diese war gefällt und klar, obwohl besonnene Philosophen zur Vorsicht mahnten. Noch einmal, weil man die Debatte nicht leichtfertig führen darf: Singer, der eine wichtige Rolle in der Debatte um Tierethik spielt, argumentiert dafür, die Tötung eines Neugeborenen mit schwerster Behinderung als moralisch nur bedingt verwerflich anzusehen, weil es sich noch nicht um eine Person handle. Er setzt dies mit der Abtreibung eines Fötus gleich, der selbst nach deutschem Recht noch kurz vor der Geburt abgetrieben werden darf, wenn eine schwere Behinderung erkannt wird. Singer bleibt freilich selbst in einem Widerspruch gefangen. Er rechtfertigt seine Überlegung nämlich mit dem Verweis auf die Subjektivität des Kindes – ein Leben mit schwerster Behinderung habe für dieses keinen Sinn. Das impliziert jedoch schon (ein Minimum an) Personalität und Würde.

Gleichwohl: Jenseits dieser Auseinandersetzungen wird die Inklusionsdebatte in ethischer Hinsicht eher erstaunlich zurückhaltend geführt. Einschlägige Beiträge bleiben überschaubar, zumindest wenn man nicht die große Breite mit berücksichtigt, in der Fragen der Menschenrechte inzwischen zumindest in der Sozialen Arbeit diskutiert werden. Dass diese Debatte heikel ist, wurde schon angesprochen. Es könnte in vielerlei Hinsicht in die Irre führen, wenn eine Profession sich vorrangig über die Aufgabe definiert, die Menschenrechte zu wahren: Wo bleibt eigentlich die Fachlichkeit, wo bleibt die Tugend des guten Könnens, an die MacIntyre oder Sennett erinnern? Schwierig bleibt zudem, auf welcher Ebene ethischer Vergewisserung man sich bewegt: Geht es um Verteilungsgerechtigkeit, wie sie John Rawls diskutiert hat, oder um Fragen der Anerkennung, die ihrerseits häufig genug eher meritokratisch entschieden sein wollen? Anerkennung als Recognition trägt nicht so weit wie ein Begriff der Achtung. Der aber birgt seinerseits Tücken. Lévinas hat auf diese hingewiesen, mehr noch vielleicht Aron Bodenheimer. Achtung kann penetrant werden, wenn sie nicht Distanz wahrt, Beachtung kippt in eine Form der Neugier um, die verletzend wirken kann. Aber manchmal eröffnet die Neugier erst ein Gespräch, in welchem man zueinander findet, weil man über den anderen etwas erfährt, das Gemeinsamkeit herstellt; es ist eben nicht damit allein getan, Andere, Fremde nur zu tolerieren, aber sie nicht nach ihrem Herkommen oder nach den Gründen ihres Verhaltens zu fragen. Desinteresse verletzt mehr als die neugierige, zuweilen peinliche Frage, wie man sie von Kindern und manchmal von Älteren kennt. Gewiss: man stöhnt auf, kann sich aber zuweilen in ein Lächeln retten, das eine Beziehung zu begründen vermag. Menschliches Miteinander gelingt nur in einem sensiblen Umgang, taktvoll balancierend, im Wissen um kulturell vermittelte Regeln, die den Abstand bestimmen, der nicht unterschritten werden darf; und die wiederum bedacht und geprüft sein müssen. Darf man sie außer Acht lassen, vielleicht sogar revidieren? Ein Dilemma und eine Chance könnten sogar darin liegen, dass der Umgang mit Behinderung und Erkrankung sehr rasch an die Grenzen von Regelungen führt, an die sich das Kriterium der universellen Geltung anlegen lässt: *Da könnte doch jeder kommen!* Nein, es geht um einen Einzelfall, eine besondere Lebenslage – jedes Kind erkennt dies sofort und beansprucht nicht für sich, was das andere Kind unabdingbar benötigt. Martha Nussbaum weist deshalb in »die Grenzen der Gerechtigkeit« darauf hin, dass die Lebenssituation sowohl von Menschen mit Behinderung oder schwerer Krankheit wie die ihrer Angehörigen nahezu unvermeidlich nach Hilfen und Unterstützung verlangt, die individuell bestimmt und ausgemessen werden müssen; gute menschliche Gesellschaften können nicht nur Besonderheit unterstützen, sie bieten vielleicht sogar Auswege aus den Fallen eines formalen Universalismus. Noch einmal sei an Herder erinnert und seine Vorstellung von einer umfassenden Humanität, die eben alle in ihrer Unterschiedlichkeit umfasst und so überhaupt erst zu einem Begriff der Menschheit und Menschlichkeit kommt, der handlungsrelevant wird – die UN-Konvention meint eben dies, wenn sie von der Human Family spricht.

Man muss bei Herder einen theologischen Hintergrund vermuten; er war Hofprediger in Weimar. So spielen denn auch bei der Debatte um Inklusion Erwägungen eine wichtige Rolle, die in einem moraltheologischen Kontext stehen. Sie treten für Inklusion ein und machen dafür ein Argument geltend, das gleichermaßen universalistisch und individualistisch angelegt ist. Sie verweisen auf die prinzipielle Gleichheit aller Menschen vor Gott. Diese verbiete, Behinderung als Differenzkriterium zu behaupten, wenn und sofern damit Abwertungen vollzogen werden. Alle Menschen sind als Gottes Geschöpf zu betrachten und zu achten. Überraschen mag, dass eine Überlegung fehlt, die der Theodizee-Debatte folgt. Wieso lässt der gütige und allmächtige Gott Behinderung oder Krankheit zu? Um Strafe kann es sich kaum handeln. Manch Atheist verweist auf dieses Problem. Tatsächlich führt es in Abgründe, weil die menschlich betriebene Verhinderung von Behinderung dann als Gotteswille zu rechtfertigen wäre. Allerdings führt eine formal egalitäre Normierung von Inklusion dazu, die – letztlich gottgegebene und göttliches Handeln repräsentierende – individuelle Besonderheit von Menschen aufzuheben und sogar zu tilgen. Dieser Vorbehalt mag auf den ersten Blick schwer zu ertragen sein, allzumal, wenn man die konkrete Lebenssituation und Lebensform von Menschen in Betracht nimmt, doch sollte er bedacht sein: Selbst, wenn man nicht theologisch oder religiös argumentiert, bleibt der Grundsatz zu beachten, dass Menschheit in einer im Grunde unendlichen Vielfalt von Individuen gegeben ist – keiner ist eben wie der andere, wie Jens Asendorpf einmal mit Blick auf die Resultate der Genforschung festgehalten hat. Wenn diese Einsicht gilt, dann kann und darf es kein Konzept geben, das in irgendeiner Weise Differenzen kategorisiert. Das wird keinen Widerspruch der Inklusionsanhänger hervorrufen. Die ethische Konsequenz aber beeindruckt: Sie stellt der egalisierenden Inklusion eine Praxis entgegen, in der die je individuelle Eigenheit eines Menschen in besonderer Weise wahrgenommen und als menschliche Lebensform gewürdigt wie unterstützt wird. Dies bedeutet aber, dass über Inklusion nicht (sozial-)politisch, sondern im Blick auf das konkrete Miteinander von Menschen gesprochen werden muss, bezogen auf eine gemeinsame Praxis, die zu einem Gut für alle Beteiligten werden kann: es geht dann schon darum, in welcher Gesellschaft wir leben wollen und wie diese beschaffen sein muss, damit die Einzelnen in einer Weise miteinander umgehen können, die für sie selbst und das Ganze ein gutes Leben und eine gute Entwicklung ermöglicht – übrigens einschließlich auch noch der Chance, einander aus dem Weg gehen zu können, ohne Selbst- und Fremdachtung zu verlieren.

Das markiert aber eine Art Gegenpol zur üblichen Inklusionsrhetorik, freilich nicht zu einer Pädagogik für Menschen mit Behinderung; die kann sich nämlich weder der Besonderheit noch aber dem subjektiven Wunsch entziehen, die eigene Lebensform bewahren zu wollen. Paradoxerweise lässt dieser sogar verstehen, warum ethische Debatten in den Hintergrund getreten sind: Etwas hart und zugespitzt formuliert könnte man sagen, dass die Zeit der ethischen, mithin einer philosophisch geführten Auseinandersetzung vorbei ist, dass inzwischen die Geduld fehlt oder obsolet geworden ist, nach Begründungen und Rechtfertigungen zu suchen, wenn und sofern es um den Umgang mit Menschen geht, die behindert sind oder mit Erkrankungen hadern. Skandalisiert werden muss demnach nur, wo Gesellschaft sie immer noch ausschließt, wie dies beispielsweise in zahlreichen Wahlgesetzen auch in der Bundesrepublik Deutschland der Fall ist. Geistige Behinderung erlaubt nicht, dass jemand von Wahlakten ausgeschlossen wird; Demokratie lebt davon, dass Menschen entscheiden, in ihrer Privatheit, in ihrem Selbstverständnis. Anders zu denken ist in ihr erlaubt und sogar gefordert – übrigens von jedem und jeder. Das bedeutet nun wiederum umgekehrt, dass die Debatte um Inklusion dann nur noch politisch und pragmatisch zu führen ist. Streit kann dann nur noch über die technische Ausgestaltung der grundsätzlichen Normen gelten, die – so gesehen – ethisch gar nicht mehr zu hinterfragen sind. Problematisiert muss nur werden, wenn und sofern Einschränkungen auftreten, die entweder auf mangelnde Konsequenz der politischen Durchsetzung gründen oder mit empirischen Einschränkungen zu tun haben, die schleunigst zu beseitigen sind; und wo dies nicht gelingt, müssen übergangsweise Handlungsformen realisiert werden, die dann zu einer Regelunterstützung führen. Aber: dies bedeutet dann wiederum, dass das pädagogische Denken gleichsam vom hohen Ross stürzt und sich darauf beschränkt, gute Erziehung und ordentlichen Unterricht zu leisten, Bildung zu begleiten. Ja, so könnte man einwenden: um nichts anderes geht es doch. Schon möglich, nur führt ein solches Verständnis von Erziehung auch von den aufgeregten Auseinandersetzungen weg, die beispielsweise eine soziologische Auffassung von Behinderung gegenüber einer medizinischen favorisieren. Es geht dann um kühle Nüchternheit, die Behinderung als Lebensfaktum begreift, mit dem dann in einer Weise umzugehen ist, wie sie von den Subjekten gewünscht ist oder ihre Zustimmung findet.

Kurz: die Debatte um Inklusion könnte also der ethischen Auseinandersetzung entwachsen sein, weil und sofern sie eine soziale und kulturelle Normalität ausspricht. Zuweilen gewinnt man den Eindruck, dass die Verfechter sogar ein wenig trotzig selbst dort Normalität behaupten, wo sie empirisch eher fragwürdig ist; man kann das Fehlen der Normalität eines inklusiven Umgangs schlicht politisch und juristisch einfordern, als Mangel, dessen Beseitigung aber gar nicht weiter begründet werden muss. Möglicherweise handelt es sich dabei jedoch um eine kluge Strategie, weil diese gar nicht mehr erlaubt, irgendwelche Ausflüchte geltend zu machen. Als Hintergrund einer solchen Strategie lassen sich zwei Annahmen ausmachen. Die eine, man könnte sie die optimistische nennen, unterstellt eine wenigstens tendenziell schon gute, im strengen Sinne des Ausdrucks ethisch gewordene Gesellschaft. Die Grundfragen menschlicher Existenz, die nach dem guten, gerechten Leben in Freiheit, Gleichheit und Brüderlichkeit sind zwar nicht erledigt, verweisen aber nicht mehr auf strittige Probleme. Sie sind im Einzelnen zu lösen und zu bearbeiten, konkret, sozusagen in Piece-Work, Step by Step, in der Form eines Social Engineering. So gesehen wäre die Lage dann ernst, aber nicht hoffnungslos, weil sich als ihr Hintergrund abzeichnet, dass ein guter Fortgang möglich ist. Eine solche, in mancher Hinsicht dem Denken Karl Raimund Poppers nahestehende, hoffnungsvolle Deutung mag naiv erscheinen, allzumal angesichts der Scheußlichkeiten und Grausamkeit, die täglich in der Welt begegnen. Sie birgt aber den Vorteil, dass reale Probleme wahrgenommen, vielleicht bewältigt werden, vor allem jedoch überprüft werden können. Solches gilt freilich auch für die andere Strategie, die allerdings ein wenig pessimistischer ausfällt. Sie geht davon aus, dass diese Gesellschaft substanziell inhuman geworden ist, dass es sich nicht mehr lohnt, grundlegende Fragen der Ethik überhaupt noch zu verhandeln. Es geht dann nur noch darum, das Schlimmste zu vermeiden. Erneut könnte man sagen: Immerhin – und vor allem: in der Summe wirkt sich das immer noch besser aus als die zuweilen großmäuligen Sonntagsreden, die ethische oder moralische Konzepte verkünden, die sie am Montag dann vergessen. Diese pessimistische Strategie trifft sich ein wenig mit dem berühmt-berüchtigten, in Österreich gerne zitierten Satz, nach welcher die Lage hoffnungslos, aber nicht ernst sei.

Die fatale Ethik der Verbesserung

Wie sieht also der Horizont aus, vor dem sich die Debatte um Inklusion bewegt, in ihrer Orientierung an der Gegenwart und doch mit Blick auf die Zukunft? Vielleicht liegt das Problem darin, dass es bei Inklusion nicht nur um Funktionalität für eine Gesellschaft, für ihre Grundorganisation geht, sei sie nun mit Arbeit und der Zugehörigkeit zum Arbeitsmarkt oder mit dem Zwang zum Konsum gefasst. Vielleicht droht vielmehr, was vielen doch als gute Aussicht erscheint. Denn eine Tendenz zeichnet sich ab – in der deutschen Debatte wurde sie wohl durch die Formel von der großen Lösung verraten. Man könnte sagen: weg mit den Problemen, die Menschen belasten; Kampf der Behinderung, vergleichbar dem Krieg gegen Armut, der dann doch immer zu einem Krieg gegen die Armen wird. Wachsamkeit empfiehlt sich also. Denn im Hintergrund wirkt ein Denken, das spätestens in der Aufklärung sich durchgesetzt und seitdem fortgewirkt hat. Das Produktions- und Fortschrittsparadigma der Moderne ist eng mit einer Anthropologie verbunden, die Menschen als Schöpfer ihrer selbst sieht und Würde darin erkennt, dass Menschen als Freigelassene der Schöpfung sich selbst entwerfen, wohl wissend, dass sie sich für den Weg in die Hölle entscheiden können – die sie dann am Ende noch für sich selbst gestalten. Menschen können sich überwinden und übersteigen; Transzendenz ist ein fundamentales Merkmal, das aller Medizin und aller Pädagogik zum Grunde liegt – vom Sport einmal ganz abgesehen. Die Aufklärungspädagogik setzt auf pefectibilité, Kant sieht das Geheimnis der Vervollkommnung in der education, die dunkle Seite der Erziehung zeigt sich darin, dass sie den Eigenwillen brechen soll, um das beste aller Kinder zu produzieren.

Es geht um die Idee einer Perfektionierung von Menschen, um die Optimierung des zum Produkt gemachten Einzelnen wie die Erzeugung des neuen Menschen als Gattungswesen (vgl. Liessmann 2016); die Plastizität des Leibes wird beschworen, für die Schule ein wenig mehr die des Gehirns und seines Lernvermögens. In Wirklichkeit handelt es sich um die Träume grenzenloser Beeinflussbarkeit. Sie klingen noch in der Vorstellung von Bildung an, obwohl doch – bei Schiller etwa – die Freiheit als höchster Gewinn erreicht sein sollte. Die Idee des Fortschritts der menschlichen Gattung hat allerdings einen realen Grund. Sie stützt sich auf die Einsicht in die Evolution des nicht-genetischen Erbes, in die kulturelle Evolution; sie ist meist als Fortschritt gelesen worden, nur wenn es um die Jugend geht, dann spricht man gerne von Verfallsgeschichten. Ansonsten wird gerne übersehen, wie viel in Vergessenheit geraten ist, was als menschliche Lebensweise auch möglich wäre. Der Fortschrittsoptimismus hält die Menschen allzumal im kapitalistischen, marktförmigen Neoliberalismus bei Laune und lässt sie an ein Geschehen glauben, das immer nur als Verbesserung erscheint – für die Technik mag das zutreffen, bei vielen Gütern fragt man sich schon, worin der Fortschritt nun besteht, zumal in ihnen Obsoleszenz längst eingebaut wird. Fortschritt setzt sich durch, weil Reparaturen nicht mehr möglich sind, der Zustand der Brauchbarkeit sich gleichsam von selbst erledigt. Geht es um Menschen, wird die Sache heikel. Sie führt an Ränder der Debatte, die dem nahestehen, was gelegentlich – angelehnt an Foucault – als Biopolitik bezeichnet wird, konkreter aber schon mit den modernen Biotechniken in Verbindung gebracht wird, wie sie von den modernen Lebenswissenschaften propagiert werden, eifrig gegen die alten Sozial- und Geisteswissenschaften ins Feld geführt, die nach dem Handlungssinn fragen. Es geht nun um das Machen des Lebens (Grabau 2013), um die frühzeitige Erfassung möglicher Defekte von Menschen, um die Vermeidung des Risikos ihrer Existenz, die eine Gesellschaft belasten könnte. Menschen, die nicht so ganz funktionsfähig und systemisch einfügbar sind, kommen einer Gesellschaft teuer zu stehen – zumindest wenn eine Gesellschaft sich nur mehr danach begreift, was das Tun und Handeln in ihr kostet. Viele Gesellschaften sind dem schon ziemlich nahegekommen: Jeder Polizeieinsatz bei einer Demonstration wird heute geldwert ausgedrückt; die Freiheit der Meinungsäußerung, die Wahrnehmung eines Grundrechts mussten mit einer Hundertschaft Polizisten geschützt werden (meist eher unnötigerweise), deren Einsatz nun mit Zehntausenden Euro zu Buche schlägt. Kann man diesen den Organisatoren in Rechnung stellen? Bei Fußballspielen mag das anders aussehen: Hier geht es um ziemlich hohe Erträge – Eigentum muss ja geschützt werden, die Polizei sichert also die Produktion von Wirtschaftsgütern.

Menschen mit Behinderung? *Sie müssen doch nicht sein, wenn rechtzeitig die Pränatal-Diagnostik eingesetzt und das Elend vermieden wird; der Abortus ist in solchen Fällen noch bis zuletzt möglich. Behinderung kann verhindert werden! Man bedenke die Kosten, welche ein Behinderter verursacht!* Zeugung soll daher vorab bedacht und klug geplant sein, Schwangerschaft wird zur Prüf- und Teststrecke für die erzeugten Objekte. Sie werden auf Herz und Nieren untersucht, gewiss möglichst schonend, damit sie nur keinen Defekt zeigen, der sich auswirken könnte. Menschen mit Behinderung sollen nicht sein, weil sie dem Bild des perfekten Menschen widersprechen – in der Tabelle der *Ins and Outs* weist für sie ein roter Pfeil nach unten. So gesehen wird alles getan, um das Material zu verbessern – idealerweise tun dies die Subjekte selbst, ohne zu merken, dass sie sich um ihre Subjektivität bringen. Normen des optimalen Menschen setzen sich durch, täglich werden sie verbreitet und schärfer gefasst. Der Zynismus mancher Debatte um Grenzwerte von allerdings gefährlichen Emissionen liegt darin, dass es nicht um die Gefährdung menschlichen Lebens geht, sondern um Kostenvermeidung und die Schaffung von Milieus, die den Einzelnen bessere Funktionalität erlauben.

Doch vor der Selbststeuerung steht schon die Herstellung und Bearbeitung, die Verbesserung und Optimierung des Menschenmaterials – dass sie das dann selbst tun wollen, lässt einen Hauch von Widerständigkeit spüren, in der noch die Residuen der Selbstverfügung anklingen. Oder auch – das wäre die Version für Schwarzseher – die Sparsamkeit des Staates und sein politisch-pädagogischer Anspruch, die noch verlangen, dass sich die Einzelnen selbst abrichten, sogar dort noch, wo sie eigentlich keine Handlungs- und Lebensmöglichkeiten vorfinden. Eben das zeichnet den modernen, aktivierenden Sozialstaat aus, der angeblich den Einzelnen entgegenkommt und ihnen auf die Sprünge hilft. Aber vielleicht sollte man nicht zu schnell urteilen und noch einmal den Raum der Möglichkeiten genauer prüfen – mal abgesehen davon, dass die Mediziner, die

Psychiater und inzwischen sogar die Psychologen längst auf diesem Weg zur Optimierung Spalier stehen. Ethik brauchen sie nicht: Mit dem Verweis auf Evidenz, nicht mehr mit der aus klinischer Erfahrung stammenden, sondern der statistisch gesicherten, tendieren sie zu einem technischen Handeln, zu pharmakologisch und insofern medikamentös gestützten Therapien, die hilfreich sein können und Entlastung bieten. So gesehen steht für manche schon fest, was geschehen soll; ironisch könnte man sagen: wie er vermessen wird, wie mit denjenigen umgegangen werden soll, die sich in ihm aufhalten oder bewegen. Sie werden festgestellt oder bewegt – das nennt sich dann Diagnose und Therapie. Sie gehorchen den Experten, die die Herrschaft übernommen haben, übrigens wiederum mit dem Versprechen, die Welt und die Menschen zu verbessern, schön ordentlich nach Manualen. Die Betroffenen muss man nicht mehr fragen.

Spannend wäre das schon, in jedem Fall übrigens: Manche leiden unter ihrer Behinderung oder Krankheit, an der Schädigung, die ein Schlaganfall hinterlassen hat. Das reicht schon bis zur Wut gegen den eigenen Körper, der sich dem Willen nicht mehr beugt. Andere sehen sich behindert nur durch diejenigen, die sie als behindert bezeichnen: Nennt uns nicht mehr Behinderte, rufen sie mit einigem Zorn und all der Berechtigung, die aus der Erkenntnis entsteht, dass Menschen eben unterschiedlich sind, eigen, eigenartig und eigenwillig. Nur: dieser Ruf verhallt, wenn eine Gesellschaft sich der Optimierung verschrieben hat und diese an Normen orientiert, die nicht jene sind, welche die des Einzelnen sind – wie das Maria Montessori eben in ihrem Konzept der pädagogischen Normalisierung entworfen hat: jede und jeder hat einen eigenen, inneren Plan, eine eigene Norm, die es gilt zu verwirklichen. Das wäre als Erziehung zu verstehen.

Das neue Modell, das Konzept des optimierten, perfekten und doch immer weiter zu verbessernden Menschen stellt sich anders dar. Meistens dominiert der Gedanke der Störung, vielleicht noch der von der Krankheit, die man bearbeiten und der man einigermaßen beikommen kann. Die Manuale beschreiben das Normalmuster der Störung, dann ihre Ätiologie, um die Behandlungen und Bearbeitungen dann zu regeln. Aber der Optimierungsgedanke greift ein wenig weiter aus, genauer: er greift vor, begleitet freilich von einer sozial moralisierenden Abwertung der Behinderung. Diese muss doch heute nicht mehr sein! Ein behindertes Kind – das kann man doch vermeiden! Vor dem Ziel des Fortschritts ist eben nichts mehr heilig. Alles, jeder und jede kann modifiziert werden – und wenn das nicht gelingt, dann zählt das nur als Ausschuss. Weg damit!

Die Debatte um Inklusion findet in einer Rahmung statt, in der die Produktion des Neuen Menschen eine neue Qualität gewinnt. Der Traum der Welt- und Menschenverbesser wird in der extrauterinen, gesteuerten Zeugung wahr, im Notfall dient er als Software, um den 3D-Drucker zu steuern. Der stellt Einzelteile für den Körper des Menschen her. Der biologische Körper, wenn er denn überhaupt noch denkbar ist, wird zum Anhängsel der Maschinen, die ihn bewegen. Weitere Optimierung ist schon Wirklichkeit geworden, lässt längst die chirurgischen Eingriffe hinter sich, mit der bislang Ohren angelegt, Nasen, Brust, Bauch und gegebenenfalls die Vagina verschönert werden: Die Prothese revolutioniert den Sport, Laufen und Springen erreichen nun Zeiten und Höhen, die noch kein Doping ermöglicht hat. Mittelfristig fällt die diskriminierende Unterscheidung in Olympics und Paralympics; einschlägige Auseinandersetzungen stehen schon an, werden bislang noch damit abgewehrt, dass die Leistungsfähigkeit der Akteure des Versehrtensports doch nicht gleichgesetzt werden kann, die Sportlerinnen mit Behinderung insofern geschützt werden müssen. In Bereichen der Leichtathletik, etwa bei den Sprintern oder bei den Weitspringern, kehrt sich dieses Argument gerade um: Läufer mit modernen, digital gesteuerten und mit empfindlicher Sensorik ausgestatteten Prothesen eilen den anderen davon, Springerinnen erreichen Weiten, die in den kühnsten Träumen unvorstellbar waren. Mensch-Maschine, der so technisch verbesserte und optimierte Mensch wird dem überlegen, der sich auf seine Naturausstattung verlassen muss – das Kontinuum, das bislang nur Optimierung durch neue Trainingsmethoden, Ernährung oder eben chemisch-pharmazeutische Instrumente zuließ, erweitert sich schlagartig. Darf man diese Mensch-Maschinen von der Teilnahme am Sport ausschließen? Aber was bedeutet das dann eigentlich in einer Gesellschaft, deren Sportifizierung und Ideologie der Leistungssteigerung soweit fortgeschritten ist, dass die Überschreitung des gegebenen oder erreichten Status schon den Charakter eines Glaubensbekenntnisses hat, wenn nicht alle religiösen Transzendenzvorstellungen überholt hat? Werden ehrgeizige Sportlerinnen, getrieben von ihren nationalen Verbänden, die Optimierung durch Selbstamputationen betreiben, um mit modernen Körperersatzteilen dann höhere Leistungen zu erreichen, wenn alle Sportlerinnen einander erst einmal gleichgestellt sind? Wer sich auf das Spiel einer formalen Gleichheit einlässt, in der die Differenz der Lebensform getilgt ist, während die Maßstäbe des Lebens vereinheitlicht und einem Diktat des Leistungsvergleichs unterworfen sind, sollte sich besser auf Irritationen einlassen. Noch einmal: All das steht in einem engen Zusammenhang mit der Durchsetzung von Vermessung und Quantifizierung, von Reduktion aller Qualität auf möglichst digitale Zahlenreihen (Mau 2017).

Niemand wird das hören wollen. Aber Inklusion verschiebt die Grenzen, der Hybridmensch schafft neue Rekorde. Gelingt die Einflussnahme auf den Geist? Wieder spielt die Störungsmetaphorik eine wichtige Rolle. Kann man die Funktion wiederherstellen, gemäß den Normen für ein normales Gehirn, einen normalen Willen, ein normales Verhalten? Die psychogenen Substanzen stehen zur Verfügung, Fantasien zeichnen sich ab, welche eine enge Verbindung zwischen dem menschlichen Nervensystem und den Maschinen behaupten. Cyborgs heißen diese Wesen, die für das stehen, was als Menschheit 2.0 fantasiert wird – zu spät übrigens schon für eine Wirtschaft, die in der Version 4.0 agiert. Und wieder muss der Vorbehalt genannt werden: Ja, Medikamente können helfen, in manchen Fällen trägt Ritalin dazu bei, dass Kinder so zur Ruhe finden, dass sie ein neues Handlungsrepertoire aufbauen können.

So kann alles angefochten werden, die Kritik am Eingriff wie dieser selbst. Dennoch sei als eine harte Position markiert: Inklusion ist ein gefährliches Projekt, das gesellschaftliche Entwicklungen nicht in Frage stellt, sondern vorantreibt, die ein gutes Leben von Menschen eher gefährden.

Die Chance der Inklusionsdebatte

Das Optimierungsdenken macht fast alles zunichte, allzumal wenn es mit Verdatung verbunden zur Technologie wird: Ein Index für die Inklusion entspricht dem aber; Kriterien, klare Normen und Regeln, ein wenig erinnert das an die Wahlplakate, die in kruder Verhunzung aller Sprachen »Digitalisierung first, Bedenken second« verlangten. Normen und Vermessung zuerst, dann die Nachfragen an die Beteiligten und Betroffenen, ob sie zu all dem etwas zu sagen hätten. Dennoch: Die Inklusionsdebatte eröffnet in ethischer Hinsicht gleichwohl eine Chance, weil und sofern sie eine Form der Reflexion ermöglicht, die verloren scheint – von den Beteiligten freilich selbst verworfen und preisgegeben. Sie macht eine Spannung sichtbar, verweist auf eine Dialektik, die mit der menschlichen Existenz zu tun haben könnte. Kants Befund der geselligen Ungeselligkeit ist schon erwähnt worden, Menschen kämpfen um ihre Individualität und Eigenheit, machen ihre besondere Subjektivität deutlich, wollen ein Selbst sein, unverwechselbar. Sie wissen aber um das Paradox: eine monologische Existenz ist nur gegenüber einer Gesellschaft möglich, eigentlich nur in dieser und mit dieser, zugleich doch in Auseinandersetzung mit dieser, in der sich die Subjekte ihrer selbst vergewissern; Adornos Verdikt gegenüber der Integration hat diese unvermeidliche Spannung ausgesprochen. Ganz abgesehen von aller sozialisatorischen Bedingtheit, der man ebenso wenig entkommt wie der eigenen Natur, muss man gewissermaßen Gesellschaft können, ebenso wie Kultur. Um unsere Individualität zu verteidigen, bedienen wir uns unserer kulturellen Artefakte, sozialer Deutungsmuster, die am Ende sogar noch die Möglichkeit der Individualität als Sinn zur Verfügung stellen. Menschen denken sich gleichsam gesellschaftlich ihre Individualität, noch in den Formen und mit den Bestimmungsmerkmalen, die einem sozialen und kulturellen Kulturmuster entsprechen. Sie brauchen dafür Rahmenbedingungen, die – hier kann man dem Capability Approach folgen – Freiheit, Selbstbestimmung, Wirkung ermöglichen. Diese Offenheit von Strukturen, ihr ermächtigender Charakter macht vermutlich den tiefen Sinn einer Demokratie aus, die den Menschen erlaubt, ihre Fähigkeiten auszubilden und zu realisieren.

Inklusion ist demgegenüber zu administrativ, als Dispositiv der Ordnung gedacht, vor allem zu affirmativ, sie legt – um mit Rousseau und Kant zu sprechen – die Menschen in die Ketten gegebener Verhältnisse, hilft ihnen nicht einmal bei all dem Zwang die Freiheit zu kultivieren. Dennoch eröffnet sie eine Perspektive, wenn es gelingt, dass diese Spannung im Denken aufrechterhalten wird. Aber dazu muss Inklusion sich von aller politischen und sozialen Technik befreien und sich einer Offenheit des Denkens und Handelns verpflichten, sie muss sich davor hüten, selbst zum Grunde von Ausgrenzung zu werden (Jantzen o. J). Einer Offenheit, die alle Beteiligten zwingt, sich eben nicht festzulegen, sondern aufeinander zuzugehen, den Blick auf den anderen zu wagen, vielleicht scheu und vorsichtig, aber doch zuwendend und achtend, wissend, dass eben nichts entschieden ist, sondern alles praktisch, mundan, konkret zu bewältigen ist, das mit dem Leben und der Entwicklung von menschlichen Subjekten zu tun hat. Diese Offenheit muss dazu führen, dass diese Subjekte in ihrer Wirklichkeit in den Blick genommen werden.

Zunächst: In ihrer Lebensform, wie beschädigt und behindert diese wird. Menschen kommen aus der Spannung nicht heraus, mit der Natur ihres Körpers und ihres Geistes zu leben und dieses Leben dann eben doch schon als sozial und kulturell vermittelt selbst zu erfahren. Es darf eben nicht vergessen werden: Schon ein Behördengang mit zwei Krücken erweist sich als Hazard. Von der Unfreundlichkeit ganz zu schweigen, die einem gelegentlich begegnet. Manch einem fehlt schon deshalb die gute Laune, der sich in seinen Aktivitäten eingeschränkt erlebt und belastet fühlt. Vielleicht ist sie auch vergangen. Schmerzen, Anstrengung, schon der fehlende Atem lassen die eigene Stimme anders klingen, man will hinter sich bringen, was erledigt sein muss. Krankheit, Behinderungen lassen gelegentlich die Ungeduld wachsen, sogar weniger die mit Anderen, sondern mehr, die man sich selbst gegenüber erlebt. Wer nach einem Schlaganfall mit Lähmungen kämpft, möchte sich gelegentlich schon die nutzlosen Gliedmaßen ausreißen oder sie zerstören, weil sie einen stören und vor Augen führen, wie man nicht mehr zu dem imstande ist, was einem zu tun das Gehirn noch sagt. Selbst altersbedingte Wortfindungsstörungen können einen zur Weißglut bringen, zuweilen, weil man meint, in der Vergangenheit doch schlagfertig gewesen zu sein und alle anderen Menschen bei ihrem Namen genannt zu haben. Was gar nicht zutreffen muss. Krankheit, Behinderung führen einen an die Grenzen der eigenen Lebensform. Dann in der Art und Weise, wie Subjekte ihre Lebensform praktisch realisieren. Es gibt keine Standards, keine Norm für den Umgang mit der eigenen Lebenssituation. Sie kann abgelehnt werden oder angenommen, beklagt oder ignoriert, sie kann als Last empfunden werden oder als Bereicherung. Vielleicht muss man sogar sich selbst gegenüber misstrauisch werden, wenigstens Ironie entwickeln. Aber auch die kostet Kraft.

Inklusion eröffnet jedoch eine Perspektive, wenn und sofern über eine Gesellschaft nachgedacht wird, die eine andere wird. Die nicht alles zerstört, was sie als Gewinn verspricht, um dann doch in das kapitalistische Getriebe eingegliedert zu werden. So gesehen aber muss der Grundgedanke abgewehrt werden, der da heißt: Einschluss. Selbst die Vorstellung von Teilhabe muss verworfen werden, weil sie eben doch verlangt, mitzuwirken oder bloß stiller Arbeitskraftgeber zu sein. Es geht eben nicht an, Menschen auf ihre bloße physische Existenz zu reduzieren, ihre Individualität nur noch als formale zu dulden, um ihnen dann als Preis dafür abzuverlangen, dass sie mitwirken, wo ihnen die Mitwirkung eben gerade verweigert wurde. Die Paradoxa lassen sich nicht übersehen – und wieder sei sofort die realistische Sicht bemerkt: Man entkommt ihnen nicht, aber man kann lernen, mit ihnen umzugehen, sie zu moderieren. Die vereinnahmende Formulierung sei verziehen: Wir können lernen, wir alle.

Die Offenheit von Bildungsprozessen. Das wäre vermutlich die beste Perspektive für einen Weg, der weiterführt. Für einen Weg, auf dem niemand mehr mit Fallen und Hindernissen rechnen muss, auch wenn ihm die Schlaglöcher drohen, denen ein Leben nicht ausweichen kann. Eben Behinderung,

Krankheit. Ob man sie nicht bezeichnen darf? Das muss offenbleiben, denn für manche ist es wichtig auszusprechen, was sie berührt und belastet. Manchmal tut es gut, wenn das von anderen gesehen und nicht ignoriert wird, womit man selbst hadert. Manche Bezeichnungen würdigen einen sogar, in dem, was man leistet. Niemanden kategorisieren? Ob das geht? Das Dilemma besteht darin, dass dann auch niemand mehr hervorgehoben, für sein Tun, für sein Denken, Sprechen und Handeln ausgezeichnet werden darf. Das Lob des einen wird schnell zum Tadel für den anderen. Dennoch: eine erste Grundidee und Grundregel könnte und müsste lauten: Lasst Menschen für sich sprechen! Wer spricht? Die Subjekte selbst sprechen, über sich, von sich – oder sie schweigen. Der Grund könnte sein: Was Anderen Anstoß zur Neugier und zum Fragen geben könnte, muss mich gar nicht bewegen. Leidet sie, leidet er? Nein, Menschen leben mit sich – und sie tun dies unspektakulär. Manchmal nerven Lebensformen, einfach so, vor allem jedoch, weil und wenn man Umwege gehen muss. Hört auf sie, hört auf alle, nehmt ernst, wenn sie etwas über sich aussagen, was sie aussagen und wie sie das tun. Achtung und Anerkennung beginnen beim Zuhören, lange vor dem Fragen, das obszön sein kann. Indes: Fragen ist nicht verboten. Wenn zuweilen empfohlen wird, andere nicht zu fragen, nicht nach Herkunft oder nach ihrer Lebenslage, Lebensform oder Lebensweise, kann das selbst schon Missachtung demonstrieren. Interesse an Menschen ist nicht illegitim, es steht am Anfang aller gemeinsamen, kooperativen Praxis. Dann: Inklusion ist bislang mit dem Hinweis auf Heterogenität, auf Vielfalt und Unterschiedlichkeit verbunden worden. Wiederum zeigen sich Tücken, sie werden später diskutiert. Dennoch, eine zweite Grundidee und Grundregel wären denkbar. Alles Reden sollte konkret sein, die Lebensform und Lebensweise beschreiben, als subjektiv sinnliche Praxis, wie sie mit anderen sich vollzieht. Das bedeutet aber auch, dass die Lebensweise ernst genommen wird, mithin auch das, was einer selbst als Behinderung bezeichnet.

Vielleicht könnte tatsächlich ein wenig helfen und weiterführen, wenn eine Form von individuellem Anarchismus sich breitmacht, bei dem tatsächlich jeder über sich spricht, seine Lage und Lebensweise beschreibt – und vielleicht sogar selbst darüber Auskunft, wie er diese mit anderen bewältigen will. Was bedeutet das aber? Es verlangt, sich in Ruhe und Gelassenheit auf komplizierte Gespräche einzulassen, auf Verständigungsprozesse, in welchen die Lage, die Situation und die Praxis von Subjekten ausgehandelt werden; bis dahin, dass eine gemeinsame Bezeichnung für gültig erkannt wird. So sehr das irritieren mag: dieses ist ein vollkommen normaler Vorgang, der in der Evolution der Menschheit wohl zur Erfindung einer gemeinsamen Sprache geführt hat. Bei allen Allgemeinbegriffen kommen wir niemals daran vorbei, diese sozusagen immer konkret zu fassen und auszubuchstabieren. Menschen zeigen auf die Phänomene der Welt und bezeichnen diese symbolisch. Das Allgemeine wird immer im Einzelfall und an diesem konkret. Und das führt zu einer eigentümlichen Pointe, nämlich zu dem seltsamen Effekt, dass es ganz entscheidend darauf ankommt, zwar kleine, aber doch umfassende Theorien zu entwickeln, die der Lebenssituation gerecht werden. Inklusion, wenn der Begriff irgendeinen Sinn haben soll, kann weder im Allgemeinen noch in dem nicht minder allgemeinen

Begriff von Besonderheit beschlossen sein. Sie verlangt eine Reflexion, sie verlangt die gemeinsame Erfindung von Theorien, das gemeinsame Erzählen.

Reden wir doch mal über Menschen

Die Chance der Inklusionsdebatte zu nutzen, verlangt freilich die Bereitschaft zu einem Denken, das wohl kaum mehr üblich ist. Schlimmer noch: Es scheint fast ein wenig verboten. Altmodisch und vielleicht überholt wäre vom Menschenbild der Inklusion zu sprechen. Doch zu den Seltsamkeiten besonders des fachlichen Gesprächs in den Sozialwissenschaften, erst recht in den Bildungswissenschaften und selbst bei jenen, die sich noch als Pädagoginnen verstehen, gehört nämlich: Es wird nicht über Menschen geredet. Der Ausdruck verbietet sich, solcher Substanzialismus geht längst mit einer Herrschaftsattitüde einher, verschweigt die Macht und verkennt die Unterschiede – die des sozial konstruierten Geschlechts, die der gesellschaftlich zugewiesenen Lebenslagen, die der Lebensphasen, die der Diskurse, welche uns konstruieren und die Alterität entstehen lassen oder ausschließen. Der Mensch ist dekonstruiert. Es gibt nur noch viele Menschen, bestimmt durch die Zusammenhänge, in welchen sie benannt werden – der 15. Kinder- und Jugendbericht hat eine solche Denkweise zum Exzess getrieben, mit dem Effekt, dass man nicht mehr weiß, wovon noch die Rede ist, wenngleich so hinterrücks sich dann doch eine Vorstellung etabliert. Die ist dann auch ein wenig absurd, weil sie »Jugend als einen Integrationsmodus demokratischer Gesellschaften für die nachwachsende Generation an der Schwelle zum selbstverantwortlichen Erwachsenen« definiert (Deutscher Bundestag 2017, S. 42). Diktaturen kennen dann keine Jugendlichen.

Wie immer bei solchen Abschaffungsakten merkt man: Sie funktionieren nicht, machen aber Platz für dann unreflektierte Vorstellungen. Und schlimmer noch: Sie schlagen einem die sprachlichen Werkzeuge aus der Hand, mit welchen man Wirklichkeit denken und vielleicht auch kritisch prüfen kann. Wem nicht mehr erlaubt ist, vom Menschen zu sprechen, der läuft allerdings Gefahr, dass ihm die wirklichen Menschen aus dem Blick geraten. Das passiert gerade, übrigens besonders im Zusammenhang sozialwissenschaftlich geschulter Bildungswissenschaften. Noch einmal der Blick auf den Kinder- und Jugendbericht: Dort ist zwar die Rede von Jugendlichen, doch sie kommen nicht mehr so recht vor, genauer gesagt: nur noch eingeklammert im typographischen Kasten, in dem dann von der Einzelnen erzählt wird. Alle anderen sind zu rechnerischen Einheiten geworden, verdatet, meist begleitet von der Klage darüber, dass nicht genug belastbare Daten vorliegen. Was sich der Statistik verweigert, existiert nicht mehr so recht.

Aber genau darum geht es doch. Zu begreifen, dass und wie wir es mit konkreten Menschen zu tun haben, handelnd und leidend, glücklich und unglücklich, an den Grenzen ihrer Lebensform oder auch mitten in dieser (vgl. López

165

Melero 2012). Vorab und ohne Blick auf die oder den anderen lässt sich das nicht entscheiden, es kommt vielmehr auf eine gemeinsame Praxis an. Eine Praxis, die sich nicht auf Technik verkürzen lässt, wie dies gegenwärtig überall dort passiert, wo etwa von Bildung gesprochen, Instruktionen aber gemeint sind, die nach Anweisung vorgenommen werden und in ihrem Ergebnis gemessen können werden In dieser menschlichen Praxis entscheidet sich, wie sich Subjekte zu sich und zu anderen verhalten, ob sie ihre Eigenschaften und Eigenheiten, eben auch ihre Behinderung oder Krankheit, ihre Beschädigung oder ihre Verletzlichkeit als wichtig für sich selbst und für andere empfinden. So hängt die gemeinsame Praxis allerdings davon ab, dass die Aufmerksamkeit sehr wohl dem individuellen, konkreten Subjekt in seiner Zufälligkeit und in seiner Bildsamkeit gilt, dass davon auszugehen ist, dass jeder Mensch sich besonders darstellt, entwickelt und verändert, dabei zu einem Selbstbewusstsein und zu seiner Selbstbestimmung in der Lage ist – darin aber stets auf eine Unterstützung durch andere Menschen angewiesen ist. Man kann von Begegnung im Alltag sprechen (Hildenbrand/Welter-Enderlin 2004). Oder anders, ein wenig schärfer formuliert: es sind Lebenszustände und Situationen sehr wohl denkbar und sogar wahrscheinlich, in modernen Gesellschaften mehr denn je, durch welche Einzelne oder ihre Angehörige in einem solchen Maße belastet und beansprucht sind, dass die Verpflichtung zur Sorge um den Anderen wie für ihn so stark wird, dass Gesichtspunkte der Gleichheit oder Gerechtigkeit außer Kraft gesetzt werden müssen. Diese Überlegung hat allerdings eine fast dramatische Bedeutung. Sie demontiert nämlich ein wenig – um es sehr vorsichtig zu formulieren – die vorrangig gerechtigkeits- und gleichheitslogische Begründung der Inklusion, führt dagegen eine – nochmals vorsichtig gesprochen – individualitäts- und auf gemeinsame Sorge bezogene Rechtfertigung als prioritär ein. Sie hat dann, Markus Dederich weist darauf hin (Dederich 2013), nicht mit dem Ganzen von Gesellschaft zu tun, sondern richtet sich durchaus im Sinne von Lévinas auf die Anerkennung des anderen – und zwar als primären Impuls unseres Lebens und Handelns. Es geht dann nicht um die mehr oder weniger gute Ordnung des Sozialen, sondern um die Mikrologiken, die wir im Leben mit anderen Menschen, höchst individuell, höchst besonders, höchst eigentümlich, aber eben auch in der begegnenden Praxis des Miteinander zu bewältigen haben – und noch einmal, dabei handelt es sich um eine Dimension unserer Lebensrealität als die, die wir gemeinhin als sozial bestimmen.

Autonomie, Selbstbewusstsein und Selbstbestimmung haben zwar eine eigene Gestalt, sie sind mit individueller Kraft verbunden – um den Ausdruck aufzunehmen, der zwar auf die Antike zurückgeht, aber seit Ende des 18. Jahrhunderts unverzichtbares Moment einer pädagogischen Anthropologie geworden ist. Die Kraft des anderen Subjekts, die eben nicht reduziert werden kann, auf Störungen seiner Funktion, auf seine Brauchbarkeit in Gesellschaft oder in der Schule, darauf, ob es die Leistungsfähigkeit aller erhöht. Die Kraft des Subjekts, sein Handeln, sein Leben, das als solches geliebt wird – man wagt es kaum zu sagen und darf sich doch auf einen der großen Forscher berufen, nämlich auf Urie Bronfenbrenner und seinen Hinweis darauf, dass alle gute Entwicklung eines Kindes davon abhängt, ob und wie weit jemand »mad about that kid« ist.

Nicht die Kälte sozialtechnologischer und sozialpolitischer Verordnung, sondern die Zuwendung zum anderen, die Teilnahme am wirklichen Leben entscheiden. Wie banal dieses auch sein mag. Aber muss man sich nicht doch eingestehen, wie es verblüfft und begeistert, berührt und dann doch anregt, wenn ein als behindert bezeichnetes Kind völlig selbstverständlich mit anderen Kindern spielt, sogar eine Kreativität in die ganze Gruppe bringt, die einen erst begreifen lässt, dass Formeln falsch klingen, die von Verhaltensoriginalität sprechen? Warum ist man ein wenig über sich selbst verwundert, dass man Vorbehalte hat?

Dieses Kind zeigt Kraft. Kraft, die uns alle bewegt, uns allen etwas gibt, wenn man nur bereit ist, sich darauf einzulassen, sich auch etwas zu nehmen, das man so vielleicht noch gar nicht kannte. Aber diese Kraft entwickelt sich nur in sozialen Zusammenhängen, in Gemeinschaft mit Anderen. Menschen kommen zu sich selbst, wenn sie mit Anderen Beziehungen eingehen, gebunden sind. Sie brauchen Strukturen, Verhältnisse, Beziehungen die sie schützen, bergen, umgeben, ohne sie zu fesseln. Man muss auch fliehen können. Strukturen, Verhältnisse, Beziehungen, die einbetten und ermöglichen, dass Menschen Fähigkeiten ausbilden – und zwar auch dazu, sich zu verweigern. Strukturen, Verhältnisse und Beziehungen, die in menschlicher Praxis konkret werden, sich als das zeigen, was als Angewiesenheit erlebt wird. Sie werden im Miteinander erfahren und erworben, auf freilich höchst individuelle Weise in das eigene Leben, in das eigene Fühlen, Wollen und Handeln eingewoben, also Dispositionen für die eigene praktische Existenz. Man kann auch sagen: das Allgemeine wird durch die unmittelbaren Beziehungen individuell. Manchmal spielen dabei Vorerfahrungen, schon Erlebtes, Erfahrenes und Gelerntes, Momente der Resilienz, aber auch Eigenheiten mit; besonderes Sensibilität, ja, um den vermaledeiten Ausdruck zu verwenden: Begabungen.

Behinderung darf und kann nicht allein als ein sozialpolitisches Projekt bewältigt werden, das mit Inklusion Freiheit und Gleichheit verwirklichen möchte, dabei aber vor allem auf eine Lösung schielt, die mit staatlichen Institutionen einhergeht. Was passiert denn eigentlich, wenn die staatlichen, die öffentlichen Ressourcen nicht mehr ausreichen, um die Institutionen zu betreiben, um Professionelle zu bezahlen? Vielleicht gibt es sie auch einfach nicht mehr oder nur um den Preis, dass die Lebensverhältnisse an anderen Orten katastrophal werden, eben wie sich das für die modernen Familien abzeichnet, die Erziehungsleistung im Ausland einkaufen. Behinderung wird zu einem Crucial Point für die Auseinandersetzungen darüber, wie wir leben wollen – und die entscheidende Botschaft müssen wir nicht neu erfinden: In der Französischen Revolution wurde eine Formel gesetzt, die bis heute nahezu jede Schule ziert, auf vielen Rathäusern zu finden ist, in politischen Dokumenten und in der öffentlichen Debatte ständig präsent ist: Gleichheit, Freiheit und Brüderlichkeit.

Um eine Trias geht es, nicht um Ausschließlichkeiten; möglicherweise klingt die katholische Lehre von der Dreifaltigkeit nach. Das muss aber nicht beschäftigen. Wichtig ist vielmehr der Verweis auf die Brüderlichkeit, darauf, dass Menschen solidarisch miteinander umgehen müssen, dass Gleichheit und Freiheit nur dann taugen, wenn zugleich dieser Pol der Gemeinschaft, der Anerkennung und Achtung des konkret Anderen in seiner subjektiv gegebenen und verwirklichten Sinnlichkeit gewahrt bleibt. Vorstellungen von Inklusion taugen nur dann, wenn und sofern sie ein gesellschaftliches Miteinander zum Thema machen, mithin nicht das Individuum vorrangig oder allein in den Blick nehmen, sondern sich mit dem Gemeinsamen, mit Solidarität auseinandersetzen, kurz: wenn die Menschen sozialpädagogisch denken.

Literaturhinweise

Adorno, Theodor W.: Einführung in die Dialektik (1958): Hrsg. v. Christoph Ziermann (Nachgelassene Schriften IV. Abteilung, Vorlesungen Band 2). Berlin 2010.
Adorno, Theodor W.: Vorlesung über Negative Dialektik (1965/66): Fragmente zur Vorlesung. Hrsg. v. Rolf Tiedemann (Nachgelassene Schriften IV. Abteilung, Band 16). Frankfurt am Main 2003.
Adorno, Theodor W.: Zur Lehre von der Geschichte und von der Freiheit (1964/65): Hrsg. v. Rolf Tiedemann (Nachgelassene Schriften IV. Abteilung, Band 13). Frankfurt am Main 2001.
Adorno, Theodor W.: Einleitung in die Soziologie. (1986): Hrsg v. Christoph Gödde (Nachgelassene Schriften IV. Abteilung, Band 15). Frankfurt am Main: Suhrkamp 2003.
Adorno, Theodor W.: Philosophische Elemente einer Theorie der Gesellschaft (1964): Hrsg. v. Tobias ten Brink und Marc Phillip Nogueira (Nachgelassene Schriften IV. Abteilung, Band 12). Frankfurt am Main: Suhrkamp 2008.
Ahrbeck, Bernd (2014): Inklusion. Eine Kritik. Stuttgart: Kohlhammer.
Asendorpf, Jens (1988): Keiner wie der andere. Wie Persönlichkeitsunterschiede entstehen. München: Piper.
Asmus, Michael/Bremer, Fritz/Holsten, Rainer/Stürmer, Barbara (2016): Werkstätten, Arbeitsprojekte & Co als notwendige Lernfelder und Schutzräume. In: Soziale Psychiatrie 4, S. 20–24.
Bauman, Zygmunt (2000): Liquid Modernity. Cambridge: Polity Press.
Bauman, Zygmunt (2004): Wasted Lives: Modernity and Its Outcasts. Cambridge: Polity Press.
Bauman, Zygmunt (2005): Liquid Life. Cambridge: Polity Press.
Bauman, Zygmunt (2016): Die Angst vor den anderen. Ein Essay über Migration und Panikmache. Berlin: Suhrkamp.
Bauman, Zygmunt/Tester, Keith (2001): Conversations with Zygmunt Bauman. Cambridge: Polity Press.
Bauman, Zygmunt/Donskis, Leonidas (2013): Moral Blindness. The Loss of Sensitivity in Liquid Modernity. Cambridge: Polity Press.
Beck-Gernsheim, Elisabeth: Die neue Elternpflicht: Genetik vor Bildung. In: Sozialwissenschaftliche Literatur Rundschau 11, Heft 16, S. 83–91.
Becker, Uwe (2015): Die Inklusionslüge. Behinderung im flexiblen Kapitalismus. Bielefeld: transcript.
Bielefeldt, Heiner (2010): Menschenrecht auf inklusive Bildung. Der Anspruch der Behindertenrechtskonvention. In: Vierteljahrschrift für Heilpädagogik und ihre Nachbargebiete 79, Heft 1, S. 66–69.
Biewer, Gottfried (2012): Die neue Welt der Bildungsstandards und ihre erziehungswissenschaftliche Rezeption aus der Perspektive einer inklusiven Pädagogik. In: Vierteljahrschrift für Heilpädagogik und ihre Nachbargebiete, Heft 1, S. 9–21.
Bodenheimer, Aron Ronald (1984): Warum? Von der Obszönität des Fragens. Stuttgart: Reclam.
Boltanski, Luc/Chiapello, Ève (2006): Der neue Geist des Kapitalismus. Konstanz: UVK.
Braun, Kathrin (2016): Aussieben vor. Leben. In: Süddeutsche Zeitung 207, 7. September 2016, S. 2.

Brodkorb, Matthias (2013): Warum Inklusion unmöglich ist. In Profil. Magazin für Gymnasium und Gesellschaft. Deutscher Philologenverband. April 2013, S. 25–34.
Budde, Jürgen/Hummrich Merle (2014): Reflexive Inklusion. In: Zeitschrift für Inklusion. www.inklusion-online.net/index.php/inklusion-online/article/view/139/199 [9.2.2014].
Bude, Heinz (2008): Die Ausgeschlossenen. Das Ende vom Traum einer gerechten Gesellschaft. München: Hanser.
Bude, Heinz/Willisch, Andreas (Hrsg.) (2008): Exklusion. Die Debatte über die »Überflüssigen«. Frankfurt am Main: Suhrkamp.
Crouch, Colin (2008): Postdemokratie. Frankfurt am Main: Suhrkamp.
Crouch, Colin: Die bezifferte Welt. Wie die Logik der Finanzmärkte das Wissen bedroht. Berlin: Suhrkamp.
Dammer, Karl-Heinz (2011): All inclusive? Dabei sein ist alles? Ein Versuch, die Konjunktur des Inklusionsbegriffs in der Pädagogik zu verstehen. In: Pädagogische Korrespondenz 11, Heft 43, S. 5–29.
Dammer, Karl-Heinz (2012): »Inklusion« und »Integration« – zum Verständnis zweier pädagogischer Zauberformeln. In. Behindertenpädagogik 51, Heft 4, S. 352–380.
Dammer, Karl-Heinz (2015): Vermessene Bildungsforschung. Wissenschaftsgeschichtliche Hintergründe zu einem neoliberalen Herrschaftsinstrument. Baltmannsweiler: Schneider-Verlag Hohengehren.
Dannenbeck, Clemens/Dorrance, Carmen (2009): Inklusion als Perspektive (sozial-)pädagogischen Handelns – eine Kritik der Entpolitisierung des Inklusionsgedankens. In: Zeitschrift für Inklusion 2, http://inklusion-online.net/index.pbp/inklusion-online/article/view/161/161 [9.2.2014].
Debord, Guy (2013): Die Gesellschaft des Spektakels. Berlin: Edition Tiamat.
Dederich, Markus/Beck, Iris/Bleidick, Ulrich/Antor, Georg (2016): Handlexikon der Behindertenpädagogik. Schlüsselbegriffe aus Theorie und Praxis. 3., erweiterte und überarbeitete Auflage. Stuttgart: Kohlhammer.
Dederich, Markus (2013): Inklusion und das Verschwinden der Menschen. Über Grenzen der Gerechtigkeit. In: Behinderte Menschen, Heft 1.
Deutsche Gesellschaft für Erziehungswissenschaft (Hrsg): Inklusion – Perspektive, Herausforderung und Problematisierung aus Sicht der Erziehungswissenschaft. In: Erziehungswissenschaft 26, Heft 51.
Deutscher Bundestag. Bundesministerium für Familie, Senioren, Frauen und Jugend (Hrsg.) (2009): 13. Kinder- und Jugendbericht. Bericht über die Lebenssituation junger Menschen und die Leistungen der Kinder- und Jugendhilfe in Deutschland. Drucksache 16/12860. Berlin.
Deutscher Bundestag – Bundesministerium für Familie, Senioren, Frauen und Jugend (Hrsg.) (2017): 15. Kinder- und Jugendbericht. Bericht über die Lebenssituation der Kinder- und Jugendhilfe in Deutschland. Drucksache 18/11050. Berlin 2017.
Dornes, Martin: Die Modernisierung der Seele. Kind – Familie – Gesellschaft. Frankfurt am Main: Fischer 2012.
Draxler, Helmut (2016): Abdrift des Wollens. Eine Theorie der Vermittlung. Wien: Turia + Kant.
Dugain, Marc/Labbé, Christoph (2016): L'homme nu. La Dictature invisible du Numérique. Paris: Edition Robert Laffon/Plon.
Dunbar, Robin (2014): Human Evolution. London: Pelican.
Ehrenberg, Alain (1991): Le culte de la performance. Calmann-Lèvy – Hachettes Littératures.
Ehrenberg, Alain (1998): La fatigue d'être soi. Dépression et société. Paris: Éditions Odile Jacob.
Eitler, Pascal/Elberfeld, Jens (Hrsg.) (2015): Zeitgeschichte des Selbst. Therapeutisierung, Politisierung, Emotionalisierung. Bielefeld: transcript.
Elias, Norbert (1991): Die Gesellschaft der Individuen. Frankfurt am Main: Suhrkamp.
Farin, Sina (2008): Sichtbarkeit durch Unsichtbarkeit. Die Rhetorik der Exklusion in der Systemtheorie Niklas Luhmanns. In: Soziale Systeme 14, Heft 2, S. 191–209.

Fraser, Nancy (2017a): Vom Regen des progressiven Neoliberalismus in die Traufe des reaktionären Populismus. In: Heinrich Geiselberger (Hrsg.): Die große Regression. Eine internationale Debatte über die geistige Situation der Zeit. Berlin: Suhrkamp, S. 77–92.

Fraser, Nancy (2017b): Who cares? Die Ausbeutung der Sorgearbeit und ihre Krise. In: Blätter für deutsche und internationale Politik 61, Heft 4, S. 105–114, und Heft 5, S. 91–100.

Furedi, Frank (2004): Therapy Culture. Cultivating Vulnerability in an Uncertain Age. London: Routledge.

Gelhard, Andreas/Alkemeyer, Thomas/Ricken, Norbert (Hrsg.) (2013): Techniken der Subjektivierung. München: Wilhelm Fink.

Geyer-Hindemith (2014): Alle einschließen, wollen wir das? faz.net/aktuell/feuilleton/debatten/inklusion-alle-einschliessen [18.6.2014].

Giesen, Bernhard (1991): Die Entdinglichung des Sozialen. Eine evolutionstheoretische Perspektive auf die Postmoderne. Frankfurt am Main: Suhrkamp.

Glück, Christian W./Mußmann, J. (2009): Inklusive Bildung braucht exklusive Professionalität – Entwurf für eine ›Inklusive Sprachheilpädagogik‹. In: Sprachheilarbeit 5, S. 212–219.

Grabau, Christian (2013): Leben Machen. Pädagogik und Biomacht. München: Fink.

Han, Byung-Chul (2014): Psychopolitik. Neoliberalismus und die neuen Machttechniken. Frankfurt am Main: Fischer.

Herz, Birgit/Zimmermann, David/Meyer, Matthias (Hrsg.) (2015): »... und raus bist Du!« Pädagogische und institutionelle Herausforderungen in der schulischen und außerschulischen Erziehungshilfe. Bad Heilbrunn: Klinkhardt.

Hess, Henner (2011): Soziale Ausschließung? Über die historische Tendenz zur Inklusion. In: Merkur. Deutsche Zeitschrift für europäisches Denken 65, Heft 11, S. 1015–1023.

Hillenkamp, Sven (2016): Negative Moderne. Strukturen der Freiheit und der Sturz ins Nichts. Stuttgart Klett-Cotta.

Hinz, Andreas (2013): Inklusion – von der Unkenntnis zur Unkenntlichkeit!? – Kritische Anmerkungen zu einem Jahrzehnt Diskurs über schulische Inklusion in Deutschland. In: Zeitschrift für Inklusion 1. http://www.inklusion-online.net/index.php/inklusion-online/article/view/26/26 [9.4.2014].

Hinz, Andreas/Kinne, Tanja/Kruschel Robert/Winter Stephanie (Hrsg.) (2016): Von der Zukunft her denken. Bad Heilbrunn: Klinkhardt.

Hirschle, Jochen (2012): Die Entstehung des transzendenten Kapitalismus. Konstanz: UVK.

Hochschild, Arlie Russel (2003): The Commercialisation of Intimate Life. Notes from Home and Work. Berkeley, Los Angeles, London: University of California Press.

Hondrich, Karl Otto (2006): Einwanderung ist die Zumutung. In: Die Welt. https://www.welt.de/print-welt/article214904/Einwanderung-ist-Zumutung.html.

Honneth, Axel (2002): Befreiung aus der Mündigkeit: Paradoxien des gegenwärtigen Kapitalismus (Frankfurter Beiträge zur Soziologie und Sozialphilosophie). Frankfurt am Main, New York: Campus.

Horvath, Wolfgang (2012): Glücklich standardisiert. Vom heimlichen Nutzen der Bildungsstandards. Wien: Löcker.

Hubert, Christian/Wilbert, Jürgen (2012): Soziale Ausgrenzung von Schülern mit sonderpädagogischem Förderbedarf und niedrigen Schulleistungen im gemeinsamen Unterricht. In Empirische Sozialforschung 2, S. 147–165.

Illouz, Eva (2009): Die Errettung der modernen Seele. Frankfurt am Main.

Jantzen, Wolfgang (1978): Behindertenpädagogik, Persönlichkeitstheorie, Therapie. Vorbereitende Arbeiten zu einer materialistischen Behindertenpädagogik. Köln: Pahl-Rugenstein.

Jantzen, Wolfgang (1979): Grundriss einer allgemeinen Psychopathologie und Psychotherapie. Köln: Pahl-Rugenstein.

Jantzen, Wolfgang (2012): Behindertenpädagogik in Zeiten der Heiligen Inklusion. In: Behindertenpädagogik 1, S. 35–53.

Jantzen, Wolfgang (2013): Das behinderte Ding wird Mensch. Inklusion verträgt keine Ausgrenzung. Vortrag bei der Fachtagung »Behindertenhilfe und Sozialraum – Praktische Wege in das Gemeinwesen« 5.12.2013, http://wv-eh.de/aktuelles/content/user/¬prof-wolfgang-jantzen_bremen_referat.pdf [9.4.2014].
Kaufmann, Jean-Claude (2005): Der Morgen danach. Wie eine Liebesgeschichte beginnt. München: Goldmann.
Kaygusuz-Schurmann, Stefanie (2016): Intellektuelle subalterner gesellschaftlicher Gruppen und ihre Perspektive auf Mündigkeit – subalterne Strategien in Migrationsregimen. Diss. phil. Jena. MS.
Klein, Ferdinand (1979): Die häusliche Früherziehung des entwicklungsbehinderten Kindes. Ein Beitrag zur pädagogischen Praxis. Bad Heilbrunn: Klinkhardt.
Koch; Katja (2015): Integration versus Inklusion. Differenzlinien im wissenschaftlichen Diskurs und ihre Konsequenzen für die Entwicklung eines inklusiven Bildungssystems am Beispiel Mecklenburg-Vorpommer. In: Zeitschrift für Pädagogik und Theologie 67, S. 217–226.
Kronauer, Martin (2010): Exklusion. Die Gefährdung des Sozialen im hoch entwickelten Kapitalismus. 2., aktualisierte und erweiterte Auflage. Frankfurt am Main, New York: Campus.
Krüger, Tim (2017): Sterben und Tod. Kernthemen Sozialer Arbeit. Würzburg: Ergon.
Kuhlmann, Andreas (2011): An den Grenzen unserer Lebensform. Texte zur Bioethik und Anthropologie. Institut für Sozialforschung. Frankfurt am Main, New York: Campus.
Lévinas, Emmanuel (2007): Die Spur des Anderen. Untersuchungen zur Phänomenologie und Sozialphilosophie. 5. Auflage. Freiburg, München: Alber.
Lévinas, Emmanuel (2005): Humanismus des anderen Menschen. Hamburg: Meiner.
Liessmann, Konrad Paul (Hrsg.) (2016): Neue Menschen! Bilden, optimieren, perfektionieren. Philosophicum Lech. Wien: Zsolnay.
Liessmann, Konrad Paul (2017): Bildung als Provokation. Wien: Zsolney.
Link, Jürgen (2006): Versuch über den Normalismus. Wie Normalität produziert wird. Göttingen: Vandenhoeck und Ruprecht.
Link, Jürgen (2013): Normale Krisen? Normalismus und die Krise der Gegenwart. Konstanz: University Press.
López Melero, Miguel (2012): Träume einer Gesellschaft der Inklusion. Von der Exklusion zur Inklusion, ein Humanisierungsprozess. In: Behinderte Menschen 1, S. 33–43.
Lüders, Christian (2014): »Irgendeinen Begriff braucht es ja …«. Das Ringen um Inklusion in der Kinder- und Jugendhilfe. In: Soziale Passagen. H. 6, S. 21–53.
Marcuse, Herbert (2004a): Der eindimensionale Mensch. In: Herbert Marcuse: Schriften Band 7. Springe: zu Klampen.
Marcuse, Herbert (2004b): Repressive Toleranz. In: Herbert Marcuse: Schriften Band 8, Springe: zu Klampen, S. 136–166.
Martschinke, Sabine/Kopp, Bärbel/Ratz, Christoph (2012): Gemeinsamer Unterricht von Grundschulkindern und Kindern mit dem Förderschwerpunkt geistige Entwicklung in der ersten Klasse. Erste Ergebnisse einer empirischen Studie zu Effekten auf sozialen Status und soziales Selbstkonzept. In: Empirische Sonderpädagogik 2, S. 183–201.
Martus, Steffen (2015): Aufklärung. Das deutsche 18. Jahrhundert – ein Epochenbild. Berlin: Rowohlt.
Mau, Steffen (2017): Das metrische Wir. Über die Quantifizierung des Sozialen. Berlin: Suhrkamp.
Melber, Ari/Hause, Marti (2016): Half of People Killed by Police Have a Disability: Report. Nbcnews.com/pages [19.4.2017].
Meyer, Matthias (2013): Eine gesellschaftskritische Haltung in der Inklusionsdebatte als grundlegende Voraussetzung für den Einsatz eines Instruments wie den Index für Inklusion. In: Inklusion-online. http://www.inklusion-online.net/index.php/inklusion-¬online/article/view/17/17 [15.4.2016].
Mouffe, Chantal (2007): Über das Politische. Wider die kosmopolitische Illusion. Frankfurt am Main: Suhrkamp.

Münch, Richard (2009): Globale Eliten, lokale Autoritäten. Bildung und Wissenschaft unter dem Regime von PISA, McKinsey & Co. Frankfurt am Main: Suhrkamp.
Nachtwey, Oliver (2016): Die Abstiegsgesellschaft. Über das Aufbegehren in der regressiven Moderne. Berlin: Suhrkamp.
Nussbaum, Martha C. (2004): Hiding from Humanity. Disgust, Shame, and the Law. Princeton, New Jersey: Princeton University Press.
Nussbaum, Martha (2010): Die Grenzen der Gerechtigkeit. Behinderung, Nationalität und Spezieszugehörigkeit. Berlin: Suhrkamp.
Prange, Klaus (2005): Die Zeigestruktur der Erziehung. Grundriss der Operativen Pädagogik. Paderborn u. a.: Schöningh.
Rea, Particia J./McLaughlin, Virgina L./Waltther-Thomas, Chriss (2002): Outcomes for Students With Learning Disabilities in Inclusive and Pullout Programs. In: Exceptional Children 68, S. 203–225.
Reckwitz, Andreas (2017): Die Gesellschaft der Singularitäten. Zum Strukturwandel der Moderne. Berlin: Suhrkamp.
Ritzmann, Iris (2008): Sorgenkinder. Kranke und behinderte Mädchen und Jungen im 18. Jahrhundert. Köln, Weimar, Wien: Böhlau.
Schmoll, Heike (2017a): Illusion Inklusion. Wieder sind die Schulen zum Schauplatz einer Ideologie geworden. Das Opfer: die Förderschulen. Dabei konnten sich Kinder mit Lernbehinderungen dort oft besser entfalten. 28.5.2017 http://faz-net/aktuell/politik/ inland/überforderte-schulen-ist [30.5.2017].
Schmoll, Heike (2017b) Lehrer stellen Inklusion vernichtendes Zeugnis aus. Die Inklusion wird ihren eigenen Ansprüchen nicht gerecht: Die meisten Lehrer fühlen sich laut einer neuen Umfrage schlecht vorbereitet und überfordert. Sie haben einen deutlichen Appell an die Politik. 29.5.2017. http://www.faz.net/aktuell/politik/inland/lehrer-stellen-inklusion-vernichtendes-zeugnis-aus-15037925.html [30.5.2017].
Sennett, Richard (1998): Der flexible Mensch. Die Kultur des neuen Kapitalismus. Frankfurt am Main, Wien: Büchergilde Gutenberg.
Sünkel, Wolfgang (2011): Erziehungsbegriff und Erziehungsverhältnis. Allgemeine Theorie der Erziehung. Band 1. Weinheim, München: Juventa.
Savage, Mike (2015): Social Class in the 21st Century. London: Pelican.
Schönherr, Kerstin (2017): Außenseiter in der zeitgenössischen Kinderliteratur. Masterarbeit Jena. MS.
Selman, Robert L. (1984): Die Entwicklung des sozialen Verstehens. Entwicklungspsychologische und klinische Untersuchungen. Frankfurt am Main: Suhrkamp.
Seethaler, Robert (2014): Die Biene und der Kurt. Zürich-Bern: Kein und Aber.
Seethaler, Robert (2012/2013): Der Trafikant. Zürich-Bern: Kein und Aber.
Seethaler, Robert (2008/2016): Die weiteren Aussichten. Zürich-Bern: Kein und Aber.
Seethaler, Robert (2014): Ein ganzes Leben. München: Hanser.
Siedentop, Larry (2015): Die Erfindung des Individuums. Der Liberalismus und die westliche Welt, Stuttgart: Klett-Cotta.
Singer, Peter (1984): Praktische Ethik. Stuttgart: Reclam.
Speck, Otto (2015): Inklusive Missverständnisse. In: Süddeutsche.de 26. Januar 2015. http://www.sueddeutsche.de/bildung/2.220/inklusions.-debatte-inklusive-missverstaendnisse-1.2182484 [18.4.2016].
Taylor, Charles (1993): Multikulturalismus und die Politik der Anerkennung. Mit Kommentaren von Amy Gutmann. Hrsg. v. Steven Rockefeller, Michael Walzer und Susan Wolf. Frankfurt am Main: Fischer.
Tenorth, Heinz-Elmar (2011): Inklusion im Spannungsfeld von Universalisierung und Individualisierung – Bemerkungen zu einem pädagogischen Dilemma. Eröffnungsvortrag am 13.10.2011 zur Tagung »Schule auf dem Weg zur Inklusion – Unterschiedliche Leistungen als Herausforderung« Würzburg. MS http://www.schulentwicklung.bayern .de/unterfranken/userfiles/SETag2011/Tenorth-Inklusion-Wuerzburg-2011.pdf [24.11. 2017].
Thema Jugend (2016): Inklusion funktion(alis)iert. Zeitschrift für Jugendschutz und Erziehung, Heft 2.

Thurn, Susanne (2015): Auf dem Weg zur inklusiven Schule. Klare Visionen – reale Situationen – konkrete Schritte. In: Pädagogik 67, Heft 12, S. 6–9.
Tomasello, Michael (2002): Die kulturelle Entwicklung des menschlichen Denkens. Zur Evolution der Kognition. Frankfurt am Main: Suhrkamp.
Tomasello, Michael (2009): Die Ursprünge der menschlichen Kommunikation. Frankfurt am Main: Suhrkamp.
Tomasello, Michael (2010): Warum wir kooperieren. Edition Unseld 36. Berlin: Suhrkamp.
Trojanow, Ilija (2013): Der überflüssige Mensch. St. Pölten, Salzburg, Wien: Residenz Verlag.
Wagner, Petra (2016): Inklusion und Partizipation. Wie gehören sie zusammen? In: Thema Jugend, Heft 2, S. 8–9.
Welter-Enderlin, Rosmarie/Hildenbrand, Bruno (2004): Systemische Therapie als Begegnung. 4. Auflage. Stuttgart: Klett-Cotta.
Weingart, Peter (2001): Die Stunde der Wahrheit? Zum Verhältnis der Wissenschaft zu Politik, Wirtschaft und Medien in der Wirtschaftsgesellschaft. Weilerswist: Velbrück.
Wilkinson, Richard/Pickett, Kate (2010): The Spirit Level. Why Equality is Better for Everyone. Published with Revisions. London: Penguin.
Wiede, Wiebke (2014): Subjekt und Subjektivierung. http://docupedia.de/zg/wiede_subjek_v1_de_2014 [25.11.2017].
Winkler, Michael (1993): Das Allgemeine und das Besondere. Über sozialwissenschaftliche Zeitdiagnose und pädagogische Theorie aus Anlaß von Gerhard Schulzes »Erlebnisgesellschaft«. In: Sozialwissenschaftliche Literatur Rundschau 17, Heft 27, S. 42–51.
Winkler, Michael (2006): Kritik der Pädagogik. Der Sinn der Erziehung. Stuttgart: Kohlhammer.
Wocken, Hans (2015): Gründet die Inklusion auf einem Missverständnis? Eine Gegenrede. https://www.news4teachers.de/2015/02/inklusive-missverstaendnisse-ein-einspruch-gegen-falschmeldungen-ueber-inklusion/ [18.4.2016].
Wolf, Allison (2002): Does Education Matter? Myths about Education and Economic Growth. London: Penguin.
Zeitschrift für Pädagogik und Theologie (2015): (Themenheft) Inklusion. Zeitschrift für Pädagogik und Theologie. Der evangelische Erzieher 67.
Zimmermann, David/Meyer, Matthias/Hoyer, Jan (Hrsg.) (2016): Ausgrenzung und Teilhabe. Perspektiven einer kritischen Sonderpädagogik auf emotionale und soziale Entwicklung. Bad Heilbrunn: Klinkhardt.

Bernd Ahrbeck

Inklusion

Eine Kritik

3., aktualisierte Auflage 2017
160 Seiten. Kart. € 26,–
ISBN 978-3-17-031598-3

auch als EBOOK

Brennpunkt Schule

Die schulische Inklusion ist heute ein allseits akzeptiertes Ziel. Ein Mehr an Gemeinsamkeit von Kindern mit und ohne Behinderung kann nur begrüßt werden. Allerdings bleiben in der Inklusionsdebatte viele der anstehenden Fragen ungeklärt, darunter auch solche grundsätzlicher Art. Sie beziehen sich auf das Fernziel einer „inklusiven" Gesellschaft, das weitreichende Versprechen einer neuen Bildungsgerechtigkeit und gewagte pädagogische Konzepte, die dazu führen, dass die Bedürfnisse behinderter Kinder nur noch unzureichend beachtet werden. Vor unrealistischen Erwartungen, die mit einem radikalen Inklusionsverständnis einhergehen, wird gewarnt. Mit der Inklusion beginnt kein neues Zeitalter der Pädagogik: Die Grenzen des Möglichen und Sinnvollen müssen gesehen und anerkannt werden.

Leseproben und weitere Informationen unter www.kohlhammer.de

W. Kohlhammer GmbH
70549 Stuttgart

Kohlhammer

Iris Beck (Hrsg.)

Inklusion im Gemeinwesen

2016. 269 Seiten, 5 Abb.,
15 Tab. Kart. € 39,–
ISBN 978-3-17-031322-4

*Inklusion in Schule und
Gesellschaft, Band 4*

Inklusion in das Gemeinwesen und Inklusion in Angebote der Bildung, Erziehung und sozialer Unterstützung sind untrennbar aufeinander bezogen. Das Buch verschafft hierzu einen grundlegenden Einblick, indem zentrale Fragestellungen der Verwirklichung gerechter Bildungs- und Erziehungschancen im Rahmen konkreter sozialräumlicher Strukturen und auf der Ebene eines Gemeinwesens behandelt werden: Was bedeutet Inklusion und Partizipation in der Gemeinde bzw. im Sozialraum, und welche historischen und aktuellen Konzepte und Verständnisweisen gibt es hierzu? Wie können sich Bildungseinrichtungen sozialräumlich positionieren und vernetzen? Wie kann in einem regionalen oder kommunalen Rahmen Inklusion geplant und umgesetzt werden, welche Akteure, welche Handlungsansätze und Instrumente gibt es? Wie sind kommunale oder regionale Bildungslandschaften über die Lebensspanne zu denken, welche Begründungen und welche Ansätze existieren hierzu? Welche Chancen und welche Grenzen beinhalten soziale Räume als Orte der Lebensführung und wie wirken transnationale und globale Entwicklungen hierauf? Das dem Buch zugrunde liegende Inklusionsverständnis ist sozialwissenschaftlich fundiert und erfährt seine normative Begründung in der menschenrechtlichen und gerechtigkeitstheoretischen Perspektive.

Leseproben und weitere Informationen unter www.kohlhammer.de

W. Kohlhammer GmbH
70549 Stuttgart

Kohlhammer